Theodore Rubin

Gegeneinander oder miteinander?

Theodore Rubin

Gegeneinander oder miteinander?

Beziehungsfallen erkennen – Freunde gewinnen

mvg verlag

CIP-Titelaufnahme der Deutschen Bibliothek

Rubin, Theodore Isaac:
Gegeneinander oder miteinander? : Beziehungsfallen erkennen
– Freunde gewinnen / Theodore I. Rubin. – 2. Aufl. – München :
mvg-Verl., 1991
(mvg-Paperbacks ; 429)
Einheitssacht.: One to one ‹dt.›
ISBN 3-478-08429-6
NE: GT

Titel der Originalausgabe: One to One – Understanding Personal Relationships

Aus dem Amerikanischen übertragen von Angelika Bardeleben.

Umschlaggestaltung: Gruber & König, Augsburg
Satz: Fotosatz Roßkopf, Augsburg
Druck- und Bindearbeiten: Presse-Druck Augsburg
Printed in Germany 080 429/191602
ISBN 3-478-08429-6

Unseren Kindern,
die uns lehren zu verzeihen.
Wir vergeben ihnen in jedem Fall.
Wir lernen dabei, mit uns und anderen
Nachsicht zu üben.
Sollte dieses Bemühen jemals aufhören,
werden wir verloren sein.

Inhalt

Vorwort

Wenn mir ein Klient sagt, er habe Schwierigkeiten in der Partnerschaft oder im Umgang mit Menschen im Berufs- oder Privatleben oder in der Öffentlichkeit, dann stelle ich vier Fragen:

1. Sind Sie an der Beziehung zu diesen Menschen tatsächlich interessiert? Es kann durchaus sein, daß keiner der Beteiligten die Beziehung wirklich fortsetzen möchte. – In diesem Fall wäre der Versuch, diesen Kontakt zu intensivieren, nur sinnlose Zeitverschwendung. Möglicherweise möchte auch nur einer der Beteiligten die Beziehung aufrechterhalten. Die Aussicht auf Erfolg ist dann natürlich sehr gering.

2. Könnte es nicht sein, daß diese eine Beziehung sich negativ auswirkt auf Ihre anderen Freundschaften? Zum Beispiel, wenn einer der beiden Partner den anderen ausschließlich für sich allein in Anspruch nehmen möchte und dadurch zusätzliche Beziehungen von vornherein ausschließt. Dies muß natürlich nicht zutreffen. Genausogut kann es sein, daß keiner der beiden Partner solche Besitzansprüche stellt oder beide damit einverstanden sind.

3. Wie sah die Beziehung bisher aus? Mit dieser Frage möchte ich die ehrliche, aufrichtige Meinung über die Beziehung kennenlernen und erfahren, was die beiden Partner voneinander halten, was sie voneinander erwarten und verlangen. Und ich möchte auch die Gefühle der einzelnen Partner und ihre Einstellung zu ihrer Beziehung kennenlernen.

4. Welche Vorstellung haben Sie von dieser Beziehung, wie soll sie in Zukunft sein? Auch bei dieser Frage erwarte und verlange ich Offenheit; mich interessieren keine vagen, idealisierten Bilder einer Traumbeziehung, sondern die wirklichen Erwartungen, Gefühle und das Verhalten, wie es in dieser Partnerschaft tatsächlich praktiziert wird.

Schließlich frage ich den Klienten noch konkret nach seinen

Ideen und Vorstellungen, nach den für ihn realistischen Möglichkeiten, wie seine Beziehung künftig verbessert werden könnte.

Der Kontakt zu anderen Menschen, Beziehungen und Partnerschaften, spielen eine erhebliche Rolle während unseres ganzen Lebens.

Leben ist beinahe gleichzusetzen mit zwischenmenschlichem Kontakt, Freundschaft, Partnerschaft. Von Geburt an entwickeln sich unsere Gefühle und unsere Einstellung gegenüber anderen. Nicht immer sind uns diese Gefühle bewußt; wir verzerren und verdrängen bisweilen und verlieren dann den direkten Bezug zu unseren Gefühlen. Gefühle, die wir mit anderen teilen, und auch die Art und Weise, wie wir sie teilen (oder auch nicht teilen), bestimmen die besondere Qualität unserer Beziehungen.

Die Intensität und Qualität einer Beziehung ist weitgehend von den Charakterstrukturen der Beteiligten abhängig. Sie ändern sich manchmal auch unter dem Einfluß einer Beziehung oder anderer »Kräfte«, die von außen auf den einzelnen einströmen. Tiefgreifende Charakterveränderungen kommen allerdings selten vor oder sind nur von kurzer Dauer. Deshalb erweisen sich bestimmte Beziehungsmuster, wenn sie einmal festgefahren sind, als sehr zäh.

Dennoch handeln wir Menschen häufig in ganz unvorhersehbarer Weise, wahrscheinlich weil wir Gefühle, Sehnsüchte und Bedürfnisse unterdrücken, die dann auf einer unbewußten Ebene völlig unerwartete Handlungen auslösen; Handlungen, die man der betreffenden Person nie zugetraut hätte.

Wir Menschen sind unendlich kompliziert und vielfältig. Dies gilt erst recht für unsere Beziehungen, die von den Gefühlen, Meinungen und Eigenheiten von zwei oder mehreren Menschen bestimmt werden.

Es gibt kein Patentrezept dafür, wie man sich in Beziehungen verhalten sollte. In jeder Beziehung, ob sie nun destruktiv oder konstruktiv ist, lassen sich zumindest auch einige wenige Merkmale anderer Beziehungsmuster beobachten. Es ist deshalb nichts Ungewöhnliches, in Beziehungen, die auf Freundlichkeit und Wärme aufgebaut sind, gleichzeitig Elemente äußerster Grausamkeit zu finden, oder Elemente von Herzlichkeit in Beziehungen, die vor allem durch extremen emotionalen Sadomasochismus gekennzeichnet sind.

Die meisten Menschen sind sich wenig oder gar nicht bewußt, auf welche Weise sie mit anderen kommunizieren und Kontakt halten. Viele Menschen bauen Beziehungen auf, die kaum oder nur in geringem Maße auf einer bewußten Wahl beruhen. Selbstbestimmtes Handeln und eine verantwortungsbewußte Kontrolle des eigenen Verhaltens sind in Beziehungen nur selten entscheidend: Unsere Beziehungen werden hauptsächlich von unbewußten Kräften bestimmt.

Wir knüpfen Beziehungen, weil wir Kontakt brauchen. Das liegt in der Natur des Menschen. Ein Leben ohne Kontakt zur Umwelt läßt in uns häufig die Vorstellung imaginärer Freundschaften aufkommen. Sehr kleine Kinder, besonders jene, die keine Geschwister oder Spielkameraden haben, malen sich in ihrer Phantasie manchmal eine Traumwelt mit Freunden aus, und in dieser Vorstellung spielen sie manchmal Erwachsene, denen man für längere Zeit alle menschlichen Kontakte vorenthält, entwickeln im Extremfall Psychosen mit visuellen und akustischen Halluzinationen.

Es ist schade, daß so viele menschliche Beziehungen destruktiv und verletzend sind. Besonders schwierig sind Beziehungen, die nicht mehr funktionieren, in denen die Partner aber so sehr feststecken, daß sie nicht in der Lage sind, voneinander loszukommen. Und wer die Trennung schließlich doch schafft, begeht in der nächsten Beziehung oft den gleichen Fehler. Viele Beziehungen sind so verfahren, daß keine Kommunikation mehr möglich ist. Gegenseitige emotionale und sogar körperliche Angriffe, tiefe Enttäuschung, nicht erfüllte Erwartungen, innere Einsamkeit und das Gefühl der Sinnlosigkeit sind nichts Außergewöhnliches. Man haßt sich selbst und auch den Partner.

Destruktive Beziehungen wirken sich nicht nur auf die einzelnen Partner aus. Wenn sie zur Regel werden, beeinflussen sie auch die Gesellschaft: Aggression, Krieg, Umweltzerstörung,

Raubbau an der Natur, Gleichgültigkeit sind - zumindest teilweise - auch darauf zurückzuführen. Wir allen leiden darunter. Als Menschen sind wir aber auf soziale Kontakte angewiesen. Kontakte und Beziehungen, die nicht mehr funktionieren, können die gesellschaftliche Fehlentwicklung nur noch verstärken.

Wer konstruktiv Beziehungen aufbaut, hat kein Interesse, jemandem zu schaden oder ihn zu unterdrücken. Im Gegenteil, er neigt dazu, auch in größeren Gruppen und Gemeinschaften kooperativ und beruhigend zu wirken und kann durch sein individuelles, konstruktives Verhalten ein Beispiel für andere sein.

Wenn ich den Reden unserer Politiker zuhöre, auch jenen, die vor der Vollversammlung der Vereinten Nationen sprechen, dann gehören Stolz, Konkurrenzdenken, Herrschsucht, Selbstlob und intrigantes Verhalten nicht zu den selten anzutreffenden »Tugenden«. Demut und Dankbarkeit scheinen immer mehr zu Fremdwörtern zu werden. Unterstützung und Führung bei der Verbesserung unserer Gesellschaft können wir deshalb nicht einfach erwarten, wir müssen uns selbst darum bemühen. Jeder kann in seinen Beziehungen und Partnerschaften seinen Beitrag leisten, zu seinem eigenen Vorteil, zum Wohl der Gemeinschaft und der Menschheit insgesamt - aber nur, wenn er auch auf kleinster Ebene den Kern einer Beziehung begreift.

Dieses Buch soll helfen, das Verständnis füreinander zu verbessern. Zwischenmenschliche Kontakte bringen unsere besten - und auch unsere schlimmsten - Eigenschaften ans Tageslicht. Deutlich drückt sich unser persönliches Wohlbefinden in unseren Beziehungen aus. Deshalb müssen wir zu neuen Einsichten über uns selbst, über unser individuelles seelisches Befinden kommen. Nur dann können wir unsere Beziehungen besser verstehen und sie konstruktiv steuern. Persönliches Wachstum und menschliche Größe werden erst durch gegenseitiges Verständnis möglich.

Theodore I. Rubin

I
Grundsätzliches

Der Beziehungsprozeß

Was bedeutet »zwischenmenschliche Beziehung«?

Beziehungen beginnen, wenn sich Gefühle zwischen zwei Menschen entwickeln, und sie enden, wenn diese Gefühle zu existieren aufhören. Dies geschieht gelegentlich sogar, bevor zwei Menschen sich wirklich getroffen haben. Wenn wir die Stimme eines anderen Menschen hören, so genügt das häufig, um in uns Gefühle der einen oder anderen Art hervorzurufen. Manchmal genügt bereits ein Blick. Beziehungen können sogar weiterbestehen, wenn zwei Menschen sich einander für einige Zeit nicht mehr sehen - solange eben, wie man füreinander Gefühle hat.

Beziehungen setzen sich zusammen aus allen möglichen Bedürfnissen, aus Phantasien, Sehnsüchten und anderen Faktoren wie dem Aussehen, dem Humor, bestimmten Charakterzügen und anderem mehr. Diese Faktoren können attraktiv wirken - und in dem Fall werden sie die Beziehung festigen - oder aber sie können ein Gefühl der Ablehnung und des Widerwillens erzeugen, das der Beziehung schließlich ein Ende setzt, entweder zu Anfang oder in einem späteren Stadium.

Die Beziehung entwickelt sich

Unsere Beziehungen sind niemals starr und unveränderlich. Wir gebrauchen den Begriff »Beziehung« vielmehr in ähnlicher Weise, wie wir einen Wassertropfen in einem Fluß analysieren, um den Fluß als Ganzes besser verstehen zu können. Aber das wesentliche Merkmal eines Flusses ist nicht der Wassertropfen, sondern die Tatsache, daß er fließt. Sonst wäre er nämlich ein Teich. Dasselbe gilt für das, was zwischen Menschen abläuft.

Gefühle fließen, Gefühle werden gezeigt, Gefühle werden zurückgezogen, Reaktionen finden statt.

Kurz gesagt handelt es sich bei jeder Beziehung um einen ständig fließenden Prozeß, dessen Dynamik und dessen Eigenschaften oder Erkennungsmuster offensichtlich ziemlich konstant bleiben. Uns interessiert diese Dynamik und dieses Muster, und gerade darum geht es in diesem Buch. Das Verstehen der Dynamik und des Musters ähnelt einem Verstehen der Quelle und der Mündung des Flusses, dem Erkennen der Bewegung des Wassers und dessen, was darin enthalten ist. Ebenso wie der Fluß fließen und verändern sich auch die Beziehungen. Ebenso wie ein Fluß ist eine Beziehung auch dann zu Ende, wenn die Entwicklung zum Stillstand gekommen ist.

Unbewegte Trägheit ist ein sehr wichtiges Merkmal einer Beziehung: Bestimmte Beziehungsmuster neigen dazu, einer Veränderung zu widerstehen, wenn sie sich einmal festgefahren haben. Da jeder Prozeß schon von vornherein Veränderung bedeutet, erscheint dies widersprüchlich. Das ist es aber nicht: Eine destruktive Beziehung wird in dem Maße, in dem sie sich weiterentwickelt, immer schädlicher; eine kooperative, konstruktive Beziehung hat dagegen die Tendenz, immer produktiver zu werden. Eine sadomasochistische Beziehungsform hat die Tendenz, immer verwickelter und abwegiger zu werden: Schließlich verstärken sich die sadomasochistischen Elemente immer mehr. In solchen Verbindungen bleibt das Beziehungs*muster* meist erhalten, aber die Intensität des Vorganges verändert sich.

Aber die für manche Beziehungen charakteristische Unbeweglichkeit kann sich auch ändern. Dies geschieht manchmal als Ergebnis von unerwarteten Ereignissen: Veränderungen innerhalb der Familie, Tod, Krankheit, Wechsel der beruflichen Laufbahn, Charakteränderungen des Beziehungspartners.

Neigt auch jeder einzelne von uns dazu, sich in Beziehungen auf eine bestimmte, für ihn charakteristische Weise zu verhalten, so bewirkt doch jede Beziehung, in der wir uns auf jeden einzelnen Menschen gesondert einlassen, daß wir in unterschiedlicher Weise aufeinander zugehen. Vielschichtige Aspekte unserer

Persönlichkeit werden in verschiedenartigen Begegnungen zum Leben erweckt. Häufig werden diese Aspekte durch versteckte Erinnerungen an die Vergangenheit ans Licht geholt: Menschen, denen wir in der Gegenwart begegnen, erinnern uns unbewußt an Gefühle, die wir gegenüber Menschen und Ereignissen in der Vergangenheit hatten. Deshalb gibt es nicht einmal zwei Beziehungen, die sich vollkommen ähneln; verschiedene Aspekte unserer Persönlichkeit werden in jeder einzelnen Beziehung wachgerufen, selbst wenn die wesentlichen Grundmuster erkennbar und gleich bleiben.

Menschen, die außerordentlich ängstlich und neurotisch sind, neigen dazu, in der Art und Weise, in der sie mit anderen in Beziehung treten, sehr fixiert zu sein. Ihnen fehlt vor allem die Fähigkeit, flexibel und anpassungsfähig zu sein. Obwohl es möglich ist, daß in einer Beziehung eine Veränderung überraschend schnell eintritt - dies ist häufig ein Hinweis auf Instabilität, Zersplitterung und das Fehlen eines zentralen, integrierten, verantwortlich handelnden Persönlichkeitskerns auf seiten beider Partner -, so verfügen gesunde Menschen doch über die Fähigkeit, sich an die Erfordernisse verschiedener Beziehungen und Stimmungen anzupassen. Sie haben immer noch das Gefühl, daß sie dieselben Leute sind, obwohl verschiedene Aspekte ihrer selbst in verschiedener Stärke in verschiedenen Beziehungen ins Spiel kommen.

Die Wahrung der Individualität in der Beziehung

Wir müssen also eine Beziehung als etwas ansehen, was zwischen zwei Menschen vor sich geht, das heißt, zwischen zwei Individuen, die sich selbst fortwährend verändern. Wenn wir eine Beziehung zwischen Menschen beschreiben, dann beschreiben wir, wie zwei selbständige Partner miteinander in Interaktion treten. Als Menschen sind wir einander unweigerlich eher ähnlich, als daß wir grundsätzlich verschieden wären. Aber es gibt keine zwei Menschen, die identisch wären - nicht einmal bei eineiigen Zwillingen ist dies der Fall. Jeder von uns ist eine separate und eigenständige Persönlichkeit, so einzigartig wie unsere individuellen Fingerabdrücke. Jeder von uns hat unterschiedliche Bedürfnisse, was Essen, Schlaf und körperliche Betätigung angeht. Unser Stoffwechsel, der Alterungsprozeß, das Wachstum und unsere Widerstandsfähigkeit gegen Krankheit sind unterschiedlich ausgeprägt; und diese Unterschiede sind im gefühlsmäßigen Bereich unseres Lebens ebenso vorhanden. Unsere individuelle gefühlsmäßige Struktur sorgt dafür, daß zwei Menschen niemals in genau derselben Weise fühlen. Unsere Interessen und Bedürfnisse, unsere individuellen Neigungen, unsere Leidenschaften und unser Engagement - alles, was unter die große Kategorie von Stimmungen und Gefühlen fällt - sind immer einzigartig.

Außerdem verändern sich unsere Bedürfnisse, Wünsche, Sehnsüchte und Stimmungen - alles, was unser Gefühlsleben und unsere Charakterstruktur kennzeichnet - in jedem Moment. Das heißt: Wir sind nicht nur einzigartig, sondern wir verändern uns zugleich auch andauernd in einer einzigartigen Weise. Das Leben ist nicht statisch. Auch unser Gefühlsleben ist ganz sicherlich nicht statisch. Wir befinden uns immer in einem Zustand der Bewegung. Die Schnelligkeit und die Qualität dieser Veränderungen sind ebenfalls individuell verschieden. Dies bedeutet, daß es eine unendliche Vielfalt von emotionalen Rhythmen gibt, von denen keiner dem anderen vollkommen gleich ist.

Anders ausgedrückt: Wir sind nicht nur in unseren Beziehungen zu anderen emotional unrhythmisch, wir sind auch in der Beziehung zu uns selbst nicht im vollkommenen Gleichklang. Wir haben niemals genau dieselbe Stimmung oder genau dasselbe Gefühl oder dieselbe Sichtweise, und natürlich können wir auch niemals mit irgend jemandem zu irgendeinem Zeitpunkt genau dieselben Gefühle teilen. Zugleich sind jedoch viele Beziehungen dadurch charakterisiert, daß die Partner den Versuch machen, das, was natürlicherweise unrhythmisch ist, in einen bestimmten Rhythmus zu zwingen. Sympathie, Einfühlungsvermögen, das Grundbedürfnis, einander zu verstehen, gemeinsame Interessen aufzubauen, eine gemeinsame Sprache zu entwickeln, offener, zärtlicher und intimer miteinander umzugehen – all das wird bei dem Versuch, eine unrhythmische Beziehung in einen bestimmten Rhythmus zu zwingen, zunichte gemacht.

Enge Partner finden tatsächlich einen gemeinsamen Rhythmus. Viele Male während ihres Lebens begegnen sie sich in einem Gefühl der Harmonie und der Kooperation. Dies zeigt sich im Geschmack und hinsichtlich bestimmter Entscheidungen zu verschiedenen Problemen, Einstellungen, Erfordernissen des Lebens, Verantwortlichkeiten, Bedürfnissen und Sehnsüchten. Enge Partner treffen sich im sexuellen Bereich, obwohl der Intensitätsgrad ihrer Sinnlichkeit selten, wenn überhaupt jemals vollkommen übereinstimmt. Ihre Haltung zu sich selbst, zueinander und zu ihrer Beziehung ist eine Haltung des Mitgefühls und der Selbstliebe zugleich. Der Zwang nach perfekter Synchronisation spielt hier keine Rolle. Die Beziehung fordert nicht: »Wenn wir einander liebten, dann hätten wir zur selben Zeit dieselben Ansichten und Sehnsüchte.« Beide Partner wissen nämlich, daß für das kooperative Funktionieren der Partnerschaft eine perfekte Synchronisation und ein perfekter Rhythmus nicht notwendig sind. Keiner der beiden Partner stellt an den anderen den Anspruch, er solle sich selbst aufgeben, nur damit bestimmte unreife Vorstellungen über die Liebe durchgesetzt werden, keiner verlangt vom anderen, seine persönlichen Charaktermerkmale auszulöschen.

Es gibt weniges, was für eine individuelle Persönlichkeit und für den Verlauf einer Beziehung zerstörerischer wäre als die Suche nach einem perfekten Rhythmus und nach einer vollkommenen Synchronisation. Durch diese Suche entsteht ein zweiköpfiges Monster, welches die Integrität und die natürlichen Rhythmen der zwei Persönlichkeitskerne zerstört. Jeder von uns braucht ein Selbst, ein starkes und wirkliches Selbstbewußtsein, mit dem wir dauernd in Kontakt stehen. Aber wenn eine Beziehung nach perfekter Synchronisation verlangt, dann wird das Selbst desjenigen, der den anderen in seiner Persönlichkeit unterdrückt und ausbeutet, dünn und substanzlos. Das ausgelöschte Selbst des tödlich abhängigen, sich selbst auslöschenden Märtyrers entwickelt sich schließlich zu einem Spiegelbild des Partners.

In unserem kulturellen Umfeld werden immer wieder ausschließlich die Vorzüge der Gemeinsamkeit gepriesen, während zugleich aber auch die Vorzüge einer vollkommenen Unabhängigkeit herausgestellt werden. Beides - zwanghafte Gemeinsamkeit und zwanghafte Unabhängigkeit - verursacht jedoch innere Konflikte und Angst und wirkt destruktiv auf eine Beziehung.

Eine gewisse gegenseitige Abhängigkeit gehört zu den Bedingungen, unter denen Menschen leben, und sie ist gleichzeitig ein Grundpfeiler kooperativer Beziehungen. Eine relative Unabhängigkeit ist Ausdruck einer weitgehend gelungenen Entwicklung des Selbst. Sie weist hin auf ein starkes Gefühl für die eigene Identität, ein gutes Selbstwertgefühl, ein solides Gefühl für persönliche Werte und Vorlieben. Wirklich unabhängige Menschen genießen eine relativ gesunde gegenseitige Abhängigkeit, aber es gibt für sie nicht die Bedrohung, daß eine gefühlsmäßige Leere entsteht, wenn die Intensität der Beziehung nachläßt. Sie neigen ebensowenig dazu, ihre Partner gefühlsmäßig auszubeuten. In ihrer Extremform führt eine krankhafte gegenseitige Abhängigkeit zu einer lähmenden emotionalen Verkrüppelung aller Beteiligten.

Die krankhafte Suche nach Unabhängigkeit führt zu einer zunehmenden sozialen Isolation und zu einer destruktiven Form von Zurückgezogenheit, die häufig nahezu Züge des Verfolgungswahns aufweist. Wenn beide Formen der Unabhängigkeit, die krankhafte und die gesunde, zur selben Zeit bei derselben Persönlichkeit - oder denselben Persönlichkeiten - vorhanden sind, dann entsteht ein ernster innerer Konflikt, der sehr viel Angst verursacht. Die Antwort auf diese Angst ist ein gleichzeitiges Wegrennen und Anklammern, wodurch Chaos und Angst hervorgerufen werden.

Die Beeinflussung der Beziehung durch die individuelle Prägung

Jeder von uns neigt dazu, in ganz bestimmter Weise zu anderen in Beziehung zu treten - obwohl keine Beziehung jemals einer anderen gleicht. Welches sind die Grundmuster, die unsere verschiedenen Beziehungen beherrschen? Wie entwickeln sich diese Muster? In diesem Kapitel möchte ich kurz die zehn stärksten Kräfte beschreiben, durch welche die verschiedenen Möglichkeiten, wie wir zueinander in Beziehung treten, beeinflußt werden.

1. Vererbung

Die Geschwindigkeit unserer Stoffwechselvorgänge, und vielleicht in gewissem Maße auch unser Temperament, unsere Stimmungen und Gefühle, werden zumindest teilweise von unseren Drüsenfunktionen beherrscht. Die Intensität, mit der diese hormonellen Vorgänge uns beeinflussen, könnte vielleicht von Erbfaktoren bestimmt sein. Körpergröße und Aussehen sind ebenfalls teilweise genetisch determiniert. Diese Faktoren spielen auch in unseren Beziehungen zu anderen eine Rolle, wobei allerdings auch gewisse Unterschiede zwischen einzelnen Kulturkreisen festgestellt werden können. Vielleicht gehört zu diesem Komplex, bei dem die Vererbung eine Rolle spielt, auch unser allgemeiner Gesundheitszustand. Auch das Potential an Intelligenz und an artspezifischen Fähigkeiten hat eine gewisse genetische Grundlage - und dies spielt sicherlich in unseren Beziehungen zu anderen ebenfalls eine bedeutende Rolle.

2. Geburtsfolge und familiäre Bedingungen

Die Reihenfolge, in der wir im Vergleich zu unseren Geschwistern in unserer Familie geboren worden sind, und die Tatsache, ob wir ein Einzelkind waren oder nicht, ist hinsichtlich unserer ersten Erfahrungen in Beziehungen zu anderen Menschen von großer Bedeutung.

Jedes Kind wird in eine unterschiedliche Umgebung hineingeboren, eine Umgebung, die durch Existenz oder Nicht-Existenz von Geschwistern gekennzeichnet ist. Möglicherweise empfindet ein Kind zu einem frühen Zeitpunkt seines Lebens, daß ein älterer Bruder oder eine ältere Schwester bereits die dominante Rolle ihm gegenüber übernommen hat. Dieses Kind wird dann bereits in jungen Jahren vielleicht überangepaßt und unterwürfig im sozialen Umfeld der Familie reagieren.

Darüber hinaus haben Gefühle, die Sexualität, das soziale Umfeld und wirtschaftliche Faktoren zum Zeitpunkt der Geburt und in der frühen Kindheit eine tiefgreifende Wirkung. Die grundsätzliche Einstellung der Familie gegenüber dem neuen Mitglied ist auch von wesentlicher Bedeutung dafür, wie man zu anderen Menschen während seines gesamten übrigen Lebens in Beziehung tritt.

3. Das Selbstbild der Familie

Sieht die Familie sich selbst als durchschnittlich und realitätsbezogen an? Oder ist sie an konventionellen Werten interessiert und strebt danach, zu den »oberen Zehntausend« zu gehören? Fühlt sie sich vornehm und in bestimmter Weise privilegiert – sozusagen wie von »blauem Blut«? Betrachtet sie sich als vom Unglück verfolgt, mißbraucht, ausersehen zum Märtyrertum und zur Armut? Hat die Familie einen inneren Zusammenhalt, und toleriert sie in gewissem Maße auch abweichende Meinungen und Verhaltensweisen einzelner Familienmitglieder? Handelt es sich um eine Familie von Feinden? Ist sie vielleicht nur eine Gruppe von locker zusammengewürfelten Menschen, ohne wirkliche innere Verbindung?

Offensichtlich hat die Einstellung, welche die Familie zu sich selbst entwickelt, einen Einfluß auf das gesamte Verhaltensspektrum ihrer Mitglieder und deshalb auch darauf, in welcher Weise sie während ihres ganzen Lebens mit anderen in Beziehung treten. Dies gilt auch dann, wenn über diese Gefühle niemals ein

Wort verloren wird, so daß sie auf einer vollkommen unbewußten Ebene bleiben.

4. Die Einstellung der Familie zum Kind

Wurde er oder sie verwöhnt und verzogen? Haben die Eltern alles erlaubt, ohne sich der Grenze der Vernachlässigung bewußt zu sein? Wurde das Kind zu einem brutalen Menschen erzogen? Wurde ihm in jeder Hinsicht nachgegeben? Mangelte es den Eltern an Vertrauen in das Kind? Wurde es in einer warmen, aufbauenden Atmosphäre erzogen? Haben die Eltern an ihr Kind perfektionistische Erwartungen gestellt? Haben sie seine Freuden, seine Kämpfe, seine Erfolge geteilt? Hatten sie ein Gespür für seine Bedürfnisse, seine Stärken, seine Grenzen, Neigungen und Talente? Wurde es ermutigt, Freundschaften zu schließen? Haben sie darauf vertraut, daß das Kind immer stärker fähig werden würde, für sich selbst zu sorgen?

5. Innerfamiliäre Beziehungen

Wurden männliche Familienmitglieder anders behandelt als weibliche? Wie sind die Eltern miteinander umgegangen? Das vorgelebte Modell einer kooperativen oder aber einer gegenseitig destruktiven Beziehung wird von einem Kind häufig in seinem späteren Leben wiederholt. Gab es ein emotionales Vakuum, war das Familienleben kalt, unbeteiligt, spärlich? Hatte man die Freiheit, seine Gefühle auszudrücken, Ideen und Informationen auszutauschen? Durfte das Kind Liebe, Wut oder Trauer sowohl leise als auch laut ausdrücken? Wurde den Familienmitgliedern eine Privatsphäre zugestanden? Wie war die Einstellung zum eigenen Körper, zu den biologischen Funktionen und zur Sexualität? Mochten die Mitglieder der Familie einander? Waren sie kooperativ oder wettbewerbsorientiert? Wurde zwischen den Geschwistern Freundschaft oder Rivalität gefördert? Gab es engere Beziehungen zu anderen Menschen außerhalb der Familie? Wie war die Haltung der Familie gegenüber Außenstehenden?

6. Die Einstellung des einzelnen zur Familie

Die Beziehung des Kindes zu seinen Eltern - als Paar oder einzeln - ist von ebenso entscheidender Bedeutung wie seine Erinnerungen an seine Geschwister oder an Vorgänge innerhalb der Familie. Es ist nicht wichtig, ob diese Erinnerungen vollkommen zutreffend sind oder nicht. Die Tatsache, daß mit diesen Erinnerungen bestimmte Gefühle verbunden sind, beeinflußt unsere gegenwärtigen Beziehungen.

7. Die gesellschaftliche und kulturelle Persönlichkeitsprägung durch die Familie

Hierzu gehören Gefühle, Meinungen und Gedanken zu Freunden und Verwandten und Fremden. Die allgemeine Unterhaltung, Meinungen und Ideen zu Politik, Sport, Religion, Geld und übergreifenden Lebensphilosophien innerhalb der Familie prägen ebenso das einzelne Familienmitglied. Ist die Botschaft, die in bezug auf andere Menschen vermittelt wird, eine Botschaft des Vertrauens? Oder vermittelt die Familie das Empfinden, daß die Gesellschaft ein undurchdringbarer Dschungel ist? Werden Menschen als grundsätzlich gut angesehen? Ist das Leben die Hölle? Ist das Leben ein potentieller Himmel auf Erden, so daß man nur versuchen muß, zu Geld zu kommen, das Tor aufzuschließen und hineinzugehen? Beutet jeder den anderen aus? Macht das Zusammensein mit anderen Menschen Spaß?

8. Individuelle und einzigartige Lebenserfahrungen

Einige dieser Erfahrungen werden im wesentlichen von jedem einzelnen Menschen selbst hervorgerufen und gemacht. Andere beruhen in erster Linie darauf, daß man Glück gehabt hat oder daß unerwartete Ereignisse eingetreten sind. Auch frühe familiäre Einflüsse können durch spätere Erfahrungen und Vorkommnisse verstärkt oder vergrößert werden.

9. Gesundheit

Das Ausmaß der relativen emotionalen und körperlichen Gesundheit der Familie, der entsprechenden Person und des jeweiligen Menschen während seiner Kindheit und als Erwachsener, ist ebenfalls von entscheidender Bedeutung für die Aufnahme von Beziehungen während des gesamten Lebens.

10. Kulturkreis und unmittelbare Umgebung

Eine besonders entscheidende Rolle spielt der Kulturkreis, in dem ein Kind und seine Familie während der Jahre der entscheidenden Prägung gelebt haben. Wir bekommen dadurch bestimmte Vorstellungen von Beziehungen (»Vertraue niemals einem Fremden«, »Eine Frau ist so-und-so«, »Ein Mann ist so-und-so«). Natürlich verändern sich der kulturelle Umkreis und die Umgebungen. Zum Beispiel waren die Einflüsse, die auf Familien in Japan vor dem Zweiten Weltkrieg einwirkten, ganz anders als die Einflüsse auf Familien und auf Kinder nach dem Zweiten Weltkrieg. Geburt und Entwicklung waren vor Beginn des Fernsehzeitalters anders. Die moderne Informationsgesellschaft hat viele Traditionen über Bord geworfen. Auch der Kulturkreis hat einen tiefen Einfluß. Dieser Einfluß - sei er nun positiv oder negativ - wird direkt oder auf dem Umweg über ältere Familienmitglieder auf die Kinder übertragen. Das kulturelle Umfeld und seine Werte sind fortwährend in einem Zustand des Fließens und bergen sowohl gesunde als auch kranke Elemente in sich. Diese Elemente - und viele andere Einflüsse, die unsere Beziehungen beherrschen - sind Faktoren, über die wir keine Kontrolle haben. Wenn Familien gesund sind, wenn in ihnen eine beträchtliche Spontaneität und ihre eigenen Werte erhalten bleiben, dann werden destruktive kulturelle Einflüsse in gewisser Weise abgewehrt. Wenn eine Familie sich dagegen von den eigenen Gefühlen entfremdet hat und sich zwanghaft anpaßt (oder auch gegen die äußeren Umstände rebelliert), dann werden die kulturellen Einflüsse erheblich schwerwiegender sein.

Die Übertragung zurückliegender Umwelteinflüsse und Erinnerungen

Wenn Psychoanalytiker von Übertragung sprechen, dann meinen sie die Wirkung der frühen Einflüsse und Erinnerungen auf unsere gegenwärtigen Beziehungen.*

In dem Zusammenhang, den ich hier beschreibe, bedeutet »Übertragung« das Übertragen von Gefühlen für die Eltern und Geschwister, die wir früh im Leben entwickelt haben, auf Menschen, zu denen wir eine Beziehung haben, wenn wir älter sind.

Bedeutet das, daß wir in unserem Erwachsenenleben dazu verdammt sind, immer wieder unsere frühen Beziehungsmuster zu Eltern und Geschwistern zu wiederholen? Ich glaube, die Antwort lautet »ja« und »nein« zugleich.

Wir bringen unsere gesamte Persönlichkeit in eine Beziehung ein. Unser persönliches Selbstbewußtsein umfaßt auch jene Erfahrungen und ungelösten Gefühle der Vergangenheit, die in uns immer noch lebendig sind und die wir leicht auf andere

* Manche Therapeuten glauben beharrlich an eine Übertragungsneurose. Sie glauben, daß die Beziehungen, die sich zwischen einem Klienten und einem Therapeuten entwickeln, immer die Wiederholung der Beziehung des Klienten zu seinen Eltern und Geschwistern darstellt. Ein großer Teil der Analyse besteht darin, die analytische Beziehung oder Übertragungsneurose zu verstehen und die Konflikte und Probleme, die darin enthalten sind, zu lösen. Dies befreit den Patienten von Problemen seiner früheren Beziehungen, die im Unbewußten immer noch wirksam sind, und es ermöglicht ihm, gesündere Beziehungen einzugehen, die relativ frei sind von neurotischen Resteinflüssen einer kranken Beziehung zu den Eltern.

Menschen in unserem gegenwärtigen Leben zu übertragen geneigt sind. Bei der Übertragung verwechseln wir Menschen in unserer augenblicklichen Umgebung mit Menschen, die wir in der Vergangenheit kannten: Unsere Beziehungen sind folglich voller Vorurteile, die auf vergangenheitsbezogenen Restgefühlen beruhen. Beim Versuch, eine alte emotionale Verletzung zu heilen, weisen viele von uns dem Partner in einer Beziehung die Rolle von Mutter, Vater, Bruder, Schwester, Ehefrau oder Ehemann zu - oder auch Kombinationen aller dieser Personen. Ungelöste Konflikte und negative Gefühle zu unseren Eltern und Geschwistern, die wir im Laufe unserer Entwicklung verdrängt haben, werden wir unbewußt mit unseren gegenwärtigen Partnern wiederholen. Dieses unvollendete Geschäft, von dem wir bewußt nur wenig oder gar nichts wissen, wird unser Verhalten in allen unseren Beziehungen weitgehend diktieren.

Jene von uns, die glauben, daß das, was unter den Teppich gekehrt wird, uns nicht zu beeinträchtigen vermag, verstehen nicht, wie groß die Macht des Unbewußten ist. Es ist eben jenes Unbewußte, das Angst, Depression, Phobien und unbewältigte, negative Erfahrungen schafft. Die Arbeit der Psychoanalyse besteht darin, das, was unbewußt ist, ins Bewußtsein zu holen oder das Verdrängte an die Oberfläche zu heben, so daß es im vollen Licht des Bewußtseins angegangen werden kann. Die Psychoanalyse soll uns auf ihre Weise helfen, herauszufinden, was uns beeinträchtigt, so daß wir es ändern können. Dies gilt vor allem für destruktive Beziehungen, mit denen wir unbewußt alte, gefühlsmäßige Anliegen zum Abschluß bringen wollen und durch die wir uns gezwungen fühlen, immer wieder altbekannte Szenen zu wiederholen.

Jede neue Beziehung kann, wenn sie konstruktiv ist, in einem gewissen Maße alte, trübe Wasser klären. So können zwar Beziehungsmuster von der Vergangenheit beeinflußt werden, zugleich aber kann die Gegenwart dabei helfen, neue Muster zu entwikkeln. Dies kann zum Beispiel unbewußt dann geschehen, wenn eine zynische Einstellung zum anderen Geschlecht, die sich durch negative Erfahrungen in der Vergangenheit aufgebaut hat, durch positive Erfahrungen in der Gegenwart wieder abgebaut wird. Oder es kann auf bewußter Ebene geschehen, durch Erinnerung und Analyse; denn wenn wir wissen, was uns beeinträchtigt, dann können wir auch etwas dagegen tun. So kann, wenigstens in einem gewissen Ausmaß, ein gesundes Beziehungsmuster ein krankes Muster ersetzen. Das Potential ist vorhanden, ob nun gleichzeitig eine professionelle Behandlung durch einen Analytiker stattfindet oder nicht.

Schließlich glaube ich auch, daß durch Übertragungen auch die gesunden, spontanen Aspekte unserer Persönlichkeit in unsere gegenwärtigen Beziehungen eingebracht werden. Kurz gesagt sind wir alle sowohl den Angriffen als auch den Geschenken aus unserer Vergangenheit ausgeliefert, aber wir müssen deshalb nicht für immer in einer Falle oder Sackgasse sitzen. Jede neue Beziehung ist nicht nur einfach ein Psychodrama, das auf einem altbekannten Stück aufbaut. Sie stellt sicherlich zu einem gewissen Teil unsere Vergangenheit dar, aber sie kann ebenso entschieden darüber hinaus gehen.

Charakterstrukturen

Eine Beziehung entsteht durch die Menschen, die an ihr beteiligt sind; die Charakterstruktur dieser Menschen ist daher ein sehr einflußreicher Faktor. Karen Horney beschrieb im wesentlichen drei Charaktertypen, und wir werden hier vereinfachend annehmen, daß ein Mensch entweder dem einen oder dem anderen Typ zugehört. Aber es ist gleichzeitig auch wichtig, sich der Tatsache bewußt zu sein, daß es in solchen Klassifizierungen keine »Reinheit« gibt - jeder von uns ist eine Mischung der drei Typen. Jedoch spielt eine bestimmte Struktur gewöhnlich eine dominierende Rolle und bestimmt weitgehend unser Verhalten, vor allem das Verhalten in Beziehungen.

Im folgenden sollen diese drei Charakterstrukturen kurz beschrieben werden.

Menschen, die auf andere zugehen

Überangepaßte, oft unterwürfige Menschen, in deren Leben die Liebe eine vorrangige Bedeutung hat, entsprechen diesem ersten Typus. Sie brauchen es, daß man sie mag, daß man sie als hilfsbereit und nett ansieht. Sie neigen dazu, sich unterzuordnen. Sie haben Schwierigkeiten mit Streßsituationen und damit, sich durchzusetzen, »Nein« zu sagen und ihre Wut zu artikulieren.

In ihren unbewußten Idealisierungen betrachten sie sich als selbstlos, aufopfernd, mehr für andere als für sich selbst sorgend, dabei von ungewöhnlicher Freundlichkeit und Liebesfähigkeit, voller Hilfsbereitschaft.

Sie kommen schlecht allein zurecht und neigen zur Abhängigkeit. Der wesentliche Anspruch, den diese Menschen haben, besteht darin, unter allen Umständen als liebenswert angesehen zu werden. Sie haben eine schreckliche Angst vor Wut, denn

Wut könnte einen Liebesentzug nach sich ziehen. Sie neigen dazu, Beziehungen einzugehen, in denen sie außerordentlich abhängig sind, in denen sie nach einem starken Partner suchen, dessen Stärke und Unterstützung sie verspüren. Sie sind deshalb auch äußerst aufnahmebereit für sadistisches Verhalten und interpretieren es gewöhnlich als Stärke. Mädchen sind in unserer Gesellschaft sehr viel eher in Gefahr, in derartige Abhängigkeitsverhältnisse hineingestoßen zu werden als Jungen.

Shirley, Frank und Wally

Shirley und Frank waren ungefähr drei Jahre lang verheiratet und »kamen prima zurecht« (sagten sie) – bis Wally geboren wurde.

Nach der Entbindung wurde ihre Beziehung immer problematischer. Zunächst einmal gab es nur eine sehr subtile, »kaum erkennbare« Veränderung. Beide »rieben sich mehr als gewöhnlich aneinander«. Aber sie begannen schließlich auch, immer mehr gegeneinander zu kämpfen. Als Wally acht Jahre alt war, hatten sie das Gefühl, vor ernsten Problemen zu stehen. Ihre Kämpfe wurden immer schärfer und bitterer.

Wally, ein sehr aufgewecktes Kind, wurde schlecht in der Schule. Seine Leistungen entsprachen nicht seinem eigentlichen aufgeweckten Wesen und seiner Intelligenz. Seine Klassenkameraden hielten sich von ihm fern. Aus ihren Bemerkungen wurde deutlich, daß sie ihn als anmaßend, arrogant und insgesamt unangenehm empfanden. Seine Lehrer deuteten an, daß Wally »anscheinend nicht weiß, wer er wirklich ist – er führt sich auf wie ein kleinlicher alter Mann und nicht wie ein glückliches, acht Jahre altes Kind«.

Shirley und Frank waren darüber hinaus sehr bestürzt über die Reaktionen ihrer engsten Freunde auf Wally: Es war schlicht und einfach so, daß man ihn nicht besonders mochte. Tatsächlich war besonders Shirleys beste und älteste Freundin Rosi selbst ziemlich verlegen über ihre Reaktion, weil sie ganz einfach in ihrem

Leben »niemals ein Kind ›nicht gemocht‹ hatte«. Im übrigen mag sie Shirley wirklich sehr gern – und auch Frank.

Rosi beschrieb Wally im wesentlichen als »sehr frühreif in seinem Handeln«; sie mochte es nicht, »daß er Erwachsene herablassend behandelt«. Sie hatte das Gefühl, daß Wally ein kleiner Tyrann war und seine Eltern sich als »absolute Weichlinge« erwiesen.

Shirley und Frank sind ernste, intelligente Leute, und ihre Familie bedeutet ihnen sehr viel. Sie sind sicher, daß sie einander und auch Wally lieben. Liebe bedeutet ihnen sehr viel. Sie sind zutiefst verwirrt über das, was geschehen ist, und sie können nicht verstehen, wie es überhaupt soweit kommen konnte.

Mehrere Gesprächssitzungen brachten mir einige Klarheit über ihr Problem. Shirley und Frank sind im wesentlichen anpassungsbereite Menschen. Als Kinder waren sie beide »das brave Kind«, das seinen Eltern niemals Schwierigkeiten bereitet hat. Keiner von beiden kann sich daran erinnern, daß er seinen Eltern jemals Wut gezeigt hätte oder daß er überhaupt irgend etwas oder irgend jemandem gegenüber wütend gewesen wäre. Sie waren beide in der Schule sehr gehorsam, taten, was man von ihnen erwartete, und waren in dem Alter, in dem Wally jetzt ist, sehr beliebt bei ihren Lehrern und Mitschülern. Sie haben sich niemals erlaubt, irgendeine Art von Ärger oder Wut zu empfinden – ganz zu schweigen davon, sie auszudrücken.

In Wally haben sie einen wunderbaren Stellvertreter, der ihre eigenen unterdrückten gefühlsmäßigen Abneigungen und Vorurteile, ihren Ärger und ihre Rebellion gegen Autoritäten – sowohl in der Vergangenheit als auch in der Gegenwart – austoben kann. Wenn Wally derjenige ist, der ihren Freunden gegenüber aggressives Verhalten an den Tag legt, dann können sie selbst trotzdem ihre eigenen »harmonischen« und nachgiebigen Beziehungen mit jenen Freunden beibehalten, wie stark ihre unterschwellige Feindseligkeit auch sein mag.

All dies ist meiner Meinung nach deshalb möglich, weil eine interessante, wenn auch vollkommen unbewußte Verlagerung stattgefunden hat. Shirley und Frank sind in ihrem ausgeprägten Bedürfnis nach nicht-autoritärem und nachgiebigem Verhalten wie Kinder geworden; sie haben den achtjährigen Wally dagegen zu einem Erwachsenen gemacht. Ihre extreme, zwanghafte Nachgiebigkeit und ihre Unfähigkeit, ihm Grenzen zu setzen, haben ihren Sprößling innerlich unsicher, aggressiv, arrogant und verwirrt gemacht.

Gefühlsmäßig weiß der Sohn wirklich nicht, wer nun die Kinder und wer die Eltern sind. Shirley und Frank haben das, was sie in ihrer Kindheit gelernt haben - die beste Tochter und der beste Sohn zu sein - als Erwachsene zu dem Bedürfnis entwikkelt, die besten Eltern zu werden. Aufgrund ihrer vollkommen nachgiebigen Haltung wollen sie besonders gute Vorbilder, aber gleichzeitig ohne jede Autorität sein. So füllt Wally selbst diese Lücke aus. Er selbst spielt die Rolle der Eltern, sie sind die Kinder geworden. Es kann dabei niemals zwei Sieger geben. Sie rivalisieren miteinander. Wettbewerb ist schwierig für Menschen, die im wesentlichen anpassungsbereit sind. Sie unterdrücken ihre Wut. Sie sind verwirrt, ängstlich und unglücklich. Wenn dieses Beziehungsmuster unverändert fortbestehen sollte, dann wird sich Wally zu einem unerträglich tyrannischen, im sozialen Umgang mit anderen Personen ungeübten Menschen entwikkeln.

Shirley und Frank müssen gegen das Bedürfnis, »lieb« zu sein und geliebt zu werden, ankämpfen. Sie müssen selbst ihre Rolle als Eltern annehmen und Wally eben jene Verantwortung abnehmen. Er braucht Grenzen und er hat ein Recht darauf, als Kind behandelt zu werden. Wenn wir sehr alt werden, dann werden wir manchmal wieder zu Söhnen und Töchtern, und unsere Kinder werden zu unseren Müttern und Vätern. Aber diese Zeit ist im Leben dieser relativ jungen Familie noch lange nicht angebrochen.

Menschen, die sich gegenüber anderen negativ und überkritisch verhalten

Dominanz und Herrschsucht sind für diese expansiven und narzißtischen Menschen von überragender Bedeutung. Sie haben ein großes Bedürfnis, respektiert, bewundert und sogar gefürchtet zu werden. Sie lieben die Macht. Es ist für sie außerordentlich wichtig, sich durchzusetzen, und möglicherweise bewundern sie sogar die Aggressivität. Sie suchen förmlich Widerspruch und Reibungen. Vielleicht stellen sie ihre Meinungen und Ideen zu stark heraus und blähen ihre Kenntnisse übertrieben auf. Gewöhnlich haben sie in der realen Welt des Berufs- und Geschäftslebens mehr Erfahrungen als andere Menschen. Hilflosigkeit empfinden sie als entsetzlich, sie reagieren auf verletzten Stolz mit Schärfe und kaschieren Furcht mit Arroganz.

Unbewußt betrachten sie sich selbst oft als angenehme und wohlwollende Führungspersönlichkeiten, als tapfer, couragiert, fähig, machtvoll und häufig allwissend. In diese Selbstidealisierungen setzen sie ihren persönlichen Stolz.

Wenn andere an diesem Selbstbild kratzen, dann ist ihr Stolz verletzt, und sie reagieren mit Wut. Sie brauchen andere Menschen vor allem als Bewunderer, Bittsteller und Schüler. Ihre Einstellung zur Umwelt trägt häufig Züge arroganter Rachsucht, wobei die Arroganz in direktem Verhältnis zu ihren untergründigen Ängsten und Unzulänglichkeitsgefühlen steht. Sie tragen nach außen hin einen ungewöhnlichen Perfektionismus zur Schau. Dieser Perfektionismus kann sich auch in Form von außerordentlich destruktiven Ansprüchen an den Partner auswirken – und dies sind gewöhnlich Ansprüche nach Anerkennung ihrer hilfreich-wohlwollenden Haltung und nach Respekt für ihre Stärke und angebliche Kennerschaft. Ihre Partner sehen gewöhnlich die wohlwollenden Seiten ihrer Persönlichkeit, aber sie haben häufig auch unter ihrem Despotismus und Machthunger zu leiden.

Jack und Hazel sind unglücklich verheiratet. Sie kann seine »Bedürftigkeit« und seinen »Narzißmus« nicht ausstehen. Hazel erzählt die Geschichte so:

»Es gibt auf der Welt offensichtlich niemand anderen als ihn. Er möchte andauernd Bewunderung und Anbetung ernten. Gleichzeitig verhält er sich wie ein verschrecktes, weinendes Baby, das niemals erwachsen wird. Beruflich ist er ein toller Hecht. Aber, ehrlich gesagt, im Bett bringt er überhaupt nichts zustande - und sonst eigentlich auch nirgendwo. Er ist der allergrößte Angsthase, immer besorgt über seine Gesundheit, sein Älterwerden - er ist ja erst vierundfünfzig! - und sein Aussehen. Er ist eitel wie ein Pfau. Er blickt hundertmal am Tag in den Spiegel und ist andauernd deprimiert, ängstlich, besorgt - nicht meinetwegen oder um sonst eines anderen Menschen willen natürlich. Er ist tatsächlich nicht fähig, sich im geringsten um einen anderen Menschen zu kümmern. Und weil er unter der äußeren Lackschicht eines Weltmannes so schrecklich hilflos ist, denkt er, daß alle seine verfluchten, infantilen Bedürfnisse zuerst kommen - zuerst, zuletzt, einzig und immer.«

»Warum bleibe ich? Weil ich schwach bin. Weil es da draußen kalt ist. Weil ich im Laufe der Jahre begonnen habe, mich zu fürchten. Und weil ich mich schrecklich an sein lausiges Geld gewöhnt habe - an das gute Leben, wissen Sie, das elende gute Leben. Heißt es nicht, die beste Rache ist, gut zu leben? Ich lebe gut. Gut in der Hölle, aber immerhin gut. Ich hasse diesen Hundesohn, er ist eigentlich eine ekelhafte, egoistische Ratte, trotz seiner Größe, seines guten Aussehens und seiner finanziellen Erfolge. Er führt viele Menschen an der Nase herum, aber jede kluge Frau würde ihn sofort durchschauen.«

Mary hat ein Verhältnis mit Jack. Hazel weiß davon nichts. Mary sagt über Jack:

»Ich liebe ihn. Ich wünschte, wir hätten mehr als - ja, was? Eine Affäre? Ich glaube, das ist es, eine Affäre - obwohl das Wort für mich auch nicht ansatzweise ausdrückt, was ich wirklich für ihn empfinde. Es gibt nichts Kitschiges und Billiges in unserer Beziehung und in dem, was wir gemeinsam haben - nichts. Ich beklage mich nicht, und ich danke Gott für das, was ich von ihm bekomme. Wenn ich mich überhaupt beklage, dann darüber, daß ich eigentlich nicht genug für ihn tun kann. Nichts gibt mir mehr Freude. Beim Sex beispielsweise erlebe ich es, alles nur Erdenkliche für ihn zu tun, ihm Vergnügen zu bereiten. Sein Glück ist mein Glück.«

»Wie ist er? Er ist sanft, stark, warm, vital. Er ist ein großartiger Mann, das kann ich Ihnen sagen, ein großartiger Mann. Ich verstehe wirklich nicht, warum er bei Hazel bleibt. Er ist doch in allem anderen so erfolgreich. Seine Kinder sind erwachsen. Er könnte sich leicht scheiden lassen. Aber er hat seine Gründe, seine Bedürfnisse, und ich akzeptiere das. Manchmal ist er unglücklich. Er ist wie ein Teil von mir - der beste Teil. Wenn es nur mehr gäbe, was ich für ihn tun könnte - ich würde alles für ihn tun. Ich bin so glücklich mit ihm. Jack ist wundervoll.«

Jack sagt:

»Warum ich Hazel nicht verlasse? Ich kann sie in Wirklichkeit nicht ausstehen. Haben Sie jemals den Film ›Die Katze‹ mit Simone Signoret und Jean Gabin gesehen? Sie sind zwei Menschen, die einander hassen. Tatsächlich hält ihr Haß sie zusammen. Sie ernähren sich sozusagen davon. Ich glaube, er ist ihre Stärke. Sie ist stark! Ich muß nur wissen, daß sie da ist - obwohl ich sie ja nicht ausstehen kann. Und ich kann mich einfach nicht mit dem Gedanken befreunden, die ganze Beziehung mit allem Drum und Dran über den Haufen zu werfen. Und das Geld auch. Ich habe gar nicht so viel, wie die Leute denken. Aber was ich habe, das habe ich auch verdient. Ich würde dann alles mit ihr teilen müssen. Unmöglich - ich würde das nie tun.

Hazel ist so verdammt kompetent - das muß man ihr zugestehen. Aber mit ihr zu schlafen - das hasse ich. Es ist einfach toll mit Mary, sie möchte mir so gerne gefallen, sie fragt nicht, ob sie auch selbst auf ihre Kosten kommt. Aber ich kann Hazel nicht wegen Mary verlassen. Wir sind jetzt dreiundzwanzig Jahre verheiratet - diese Zeit kann ich nicht einfach ausradieren. Es stimmt schon: Ich bin mit Geld immer gut zurechtgekommen. Aber ich will mir da nichts vormachen: Ohne meinen Vater hätte ich auch keinen Erfolg im Geschäft gehabt. Nur ich weiß, wie ich mich innerlich wirklich fühle – wie häufig ich entsetzliche Angst habe. Mary ist süß, aber es ist einfach so, daß sie kein »Dickbrettbohrer« ist, so wie Hazel – und sie ist auch nicht so stark wie sie. Wenn Hazel es nur nicht ablehnen würde, mich ein wenig zu verwöhnen.«

Jack ist zugleich außerordentlich narzißtisch als auch in destruktiver Weise von anderen Menschen abhängig – und dasselbe gilt auch für Hazel. Die meisten ihrer Schwierigkeiten rühren daher, daß sich hier zwei Narzißten zusammengefunden haben. Jeder beansprucht den anderen, um seine persönlichen, narzißtischen Bedürfnisse (nach Bewunderung, Anhängerschaft usw.) zu befriedigen. Und jeder haßt den anderen um dieser eigenen inneren Abhängigkeit willen. Beide stellen füreinander dauernd ein gegenseitiges Mahnmal für ihre eigentliche Zerbrechlichkeit und Verletzlichkeit dar. Das Band, das sie zusammenhält, ist paradoxerweise jedoch stark.

Mary ist eine anpassungsbereite, relativ abhängige Frau, die Jack als stark und kompetent ansieht – als einen »Mann von Welt«, dessen Achtung für sie ihr leicht erschütterbares Selbstwertgefühl hebt. Sie genießt die Befriedigung, die für sie daraus entsteht, wenn sie sich aufopfert. Sie betrachtet ihre Unfähigkeit, Jack zu heiraten, als das Drehbuch für ihr persönliches Melodrama der Selbstaufopferung und Hingabe an andere.

Sexuell hat Mary mit Jack keinerlei Probleme. Die Aura des geschäftlichen Erfolgs, mit der er sich umgibt, stimuliert sie, und im übrigen ist sie weniger an ihrer eigenen Reaktion interessiert als an seiner. Er reagiert sehr positiv auf sie, fühlt sich »stark und männlich« im Gegensatz zu dem, was er als ihre »sanfte Weiblichkeit« empfindet – was eigentlich ihre sich selbst aufgebende Gefügigkeit ist. Er betrachtet seine Frau Hazel dagegen als grob und maskulin, obwohl er zugibt, daß sie eigentlich sehr viel hübscher ist als Mary.

Hazel ist natürlich fast ununterbrochen wütend auf Jack und haßt Sex mit ihm, vor allem weil er mehr an seinem eigenen

Vergnügen interessiert ist und auf ihre Bedürfnisse keine Rücksicht nimmt. Sie meint, daß es eine Erniedrigung ihres Selbstwertgefühls sei, ihn dauernd zu umschmeicheln und zu hofieren. Dies wäre für sie eine Kapitulation vor einem »achtlosen, egoistischen Kleinkind«. Sie empfindet darüber hinaus, daß er trotz seines sehr guten Aussehens mehr von einem Kind hat als von einem Mann, und sie findet ihn insofern wirklich »abstoßend«. Manche Paare verwandeln ihre Aversionen gegeneinander in eine Art von sexuellem Vorspiel, aber das trifft in diesem Fall nicht zu.

Tatsächlich ist Jack verletzlich, leicht umzuwerfen und schwach. Mary interpretiert sein Aussehen, sein Geld, seinen Status in der Geschäftswelt und seinen Narzißmus als Stärke. Hazel ist ebenfalls sehr labil und verletzlich, aber Jack interpretiert ihre Arroganz, ihre Rachsucht und ihre Schroffheit als Stärke. Jack und Hazel fürchten sich vor einer Veränderung. Sie können nichts riskieren. Sie haben zueinander in gewisser Weise eine tiefe Beziehung, und ich glaube, sie messen ihrer Familiengeschichte eine gewisse Bedeutung bei. Aber sie hören nicht auf, sich gegenseitig zu verteufeln und sich zugleich in destruktiver Weise aneinander zu klammern. Dies ist, vernünftig betrachtet, auf keinen Fall ein Bild der Stärke.

Mary ist eigentlich sehr viel stärker als die beiden anderen. Sie hat eine eiserne Faust im Samthandschuh. So wie es bei vielen äußerlich anpassungsbereiten, anscheinend abhängigen Leuten der Fall ist, ist sie bei weitem nicht so verletzlich wie Jack, weil jeder ungesunde Stolz ihr fremd ist. Es ist eine Tatsache, daß Mary fähig ist, alleine zu leben und für sich selbst zu sorgen. Wenn ihre Affäre mit Jack vorbei ist, dann wird sie, trotz ihrer Abhängigkeit, sehr wohl überleben. Sowohl ihre Anpassungsfähigkeit wie ihre Neurose werden ihr helfen durchzukommen. Sie wird ihre Trennung als einen weiteren Baustein im Denkmal ihrer Selbstaufopferung betrachten – und dies wird ihr stolzes Selbstbild nicht verletzen, sondern nur noch weiter aufbauen.

Menschen, die sich von anderen zurückziehen

Für diese distanzierten Menschen ist Freiheit von überragender Bedeutung. Es ist ihnen ein Bedürfnis, sich nicht allzu stark zu engagieren, sich immer alle Möglichkeiten offenzuhalten, sich für keine Seite festzulegen. Sie wollen kein leidenschaftliches Engagement, sei es nun für bestimmte Anliegen oder für bestimmte Menschen. Sie zeichnen sich aus durch Reserviertheit und durch eine »Das-geht-dich-nichts-an«-Haltung in fast allen Lebenslagen. Sie bauen ihr Leben auf Unabhängigkeit auf, und es bereitet ihnen kaum Schwierigkeiten, eine überlegene Einstellung zu entwickeln. Auf Zwang reagieren sie sehr sensibel. Sie scheuen langfristige Verträge und Verpflichtungen. Sie kommen alleine gut zurecht, aber sie brauchen interessanterweise häufig Menschen, denen gegenüber sie sich distanziert verhalten können. Sie hassen es, Gefühle - vor allem Ärger und Wut - zu zeigen, denn solche Gefühle könnten auf ein Übermaß an Engagement hinweisen. Häufig haben sie ein idealisiertes Selbstbild: Sie betrachten sich als abgehoben und überlegen, von einer absoluten Integrität, prinzipienfest, stark und ruhig. Sie hassen Abhängigkeit und mögen Menschen, die ihnen sehr viel Freiheit zugestehen.

Amanda und Raimund

In ihrer Beziehung läuft schon seit vielen Jahren immer wieder dasselbe ab. Sie sind zusammen, wenn sie getrennt sind, und sie sind getrennt, wenn sie zusammen sind. Sie leben einige Monate lang zusammen, aber sie können, von dem Moment des Zusammenseins an, einander nicht ausstehen. Dann trennen sie sich und versprechen einander, daß sie nichts mehr miteinander zu tun haben werden. Jedoch von dem Tag an, an dem sie sich trennen, sehnen sie sich nacheinander und werden schließlich deprimiert. Spätestens nach einer Woche treffen sie sich gelegentlich wieder und nach etwas mehr als einem Monat jeden Tag und jede Nacht. Sie sind »wieder einmal verliebt«. Sie möchten wieder dauernd zusammen sein. Sie nehmen sich wieder eine gemeinsame Wohnung. Das alte Liebeslied beginnt von neuem – mit altbekannter Melodie.

Amanda und Raimund sind beide zugleich sehr stark distanzierte und abhängige Menschen. Sie leiden gleichermaßen unter starken Zwängen, unter Bedürfnissen, die nicht zu gleicher Zeit befriedigt werden können. Beide können nicht das richtige Maß zwischen Abhängigkeit und Distanziertheit finden. Unbewußt machen sie immer wieder den erneuten Versuch, diese innerlich widersprüchlichen Zwänge zugleich zu befriedigen, indem sie abwechselnd zusammenleben und sich dann wieder trennen.

Darüber hinaus sind sie allmählich nach den melodramatischen Stimulationen ihrer Beziehung süchtig geworden. Jeder Bruch und jede Versöhnung sind ein Drama und bewirken eine hohe, kurzlebige sexuelle Stimulation, durch die ihre Gefühle von innerer Leblosigkeit verdeckt werden. Das dauernde Gefühl von Verlust und der Neubeginn ihrer Beziehung wird von ihnen als »Liebe« interpretiert.

Aber in letzter Zeit sind die Abstände zwischen den einzelnen Aktionen kürzer geworden. Das Melodrama verliert seine stimulierende Wirkung. Jeder von beiden hat schon darüber gesprochen, sich einen anderen Partner zu suchen. Aber ihre Abhängigkeit und ihr grundsätzlicher Mangel an Selbstachtung machen sie unsicher, ausgesprochen besitzergreifend und eifersüchtig. Sie möchten es nicht riskieren, einander zu verlieren – im übrigen haben sie dieses Spiel ja auch schon jahrelang gespielt. Der Aufbau neuer und zusätzlicher Beziehungen könnte vielleicht das zerstören, was sie haben. Und vielleicht beherrschen andere Partner dieses Spiel, das sie so brauchen, nicht so gut.

So finden sie weiterhin immer wieder zueinander und trennen sich dann wieder, obwohl ihre Depressionen auf diese Weise nur noch stärker und intensiver werden.

Aber erst, wenn der Leistungsdruck unerträglich wird, werden sie vielleicht wirklich beginnen, ernsthaft nach Hilfe zu suchen.

Jeder dieser drei typischen Charaktere enthält Aspekte von anderen Charaktertypen. Kein Mensch stimmt *absolut* mit dem einen oder anderen Charakterbild überein - und so entstehen möglicherweise im einzelnen große innere Konflikte. Dieses Gefühl des inneren Konflikts kann durch zahlreiche andere Faktoren noch verstärkt werden. Ein unsicherer oder gefühlsmäßig schwierig zu bewältigender familiärer Hintergrund mit Vernachlässigung, einem nur nach Sicherheit und Schutz ausgerichteten Verhalten oder Mißachtung für individuelle Bedürfnisse kann uns in unserem späteren Leben dahin bringen, daß wir hinsichtlich unserer Identität Ängste entwickeln. Diese Ängste können uns zu einer Art von Selbstidealisierung zwingen, die wiederum eine verstärkte Verletzlichkeit und Labilität zur Folge hat. Auch unsere Gesellschaft spielt beim Hochspielen von Persönlichkeitskonflikten eine entscheidende Rolle. Die bereits expansive, dominante Person wird, getrieben von innerer Angst, ausbeuterisch, arrogant oder sadistisch und in einigen Fällen vollkommen narzißtisch, nur um sich selbst kreisend. Die distanzierte Person entwickelt sich zu einem Einsiedler, und die überangepaßte, abhängige Person entwickelt diese Neigung bis zu dem Punkt, wo sie als individuelle Persönlichkeit praktisch nicht mehr existiert. Wo solche übertriebenen Reaktionen entstehen, da werden Menschen von inneren Konflikten zerrissen. Ein solcher Mensch kann kaum mit sich selbst fertig werden, geschweige denn mit einem anderen eine irgendwie fruchtbare Beziehung entwickeln, weil er stets seine inneren Konflikte auf seine Partner überträgt.

Die Charaktertypen, über welche wir hier gesprochen haben, sind normal, und man findet sie überall unter uns. In einer Neurose dagegen werden die verschiedenen Charakteristika dieser Typen und der emotionale Konflikt, der sich dadurch ergibt, daß die inneren Kräfte in unterschiedliche Richtungen ziehen, außerordentlich stark aufgebläht. Dies gilt für Beziehungen zwischen Menschen, die einander ähnlich sind, ebenso wie für Beziehungen zwischen Menschen, die sehr unterschiedlichen Typen angehören. Dies ist das Thema des nächsten Abschnitts.

Beziehungsmodelle

Wir können Beziehungen im allgemeinen dadurch beschreiben, daß wir mehrere klassifizierende Beispiele oder Modelle benutzen. Diese Modelle sind in der Wirklichkeit nicht immer so klar voneinander zu trennen - gelegentlich überschneiden sie einander. So könnte zum Beispiel das, was ich als eine feindlich-destruktive Beziehung beschreibe, durchaus einige Elemente von Kooperation enthalten.

Diese Beziehungsmodelle werden in intimen Verhältnissen, in die sehr viele Gefühle investiert werden, ganz besonders deutlich. Sie werden jedoch entdecken, daß diese Modelle auch zwischen Geschäftspartnern anwendbar sind, zwischen Freunden, Lehrern und Studenten - eigentlich in nahezu jeder Situation, in der Menschen zueinander in Beziehung treten. Es ist von großem Wert, sich daran zu erinnern, daß die wesentlichen Merkmale eines bestimmten Modells möglicherweise nicht sofort erkennbar sind: Vielleicht erkennen wir in einer antagonistischen Beziehung zunächst nicht deutlich die gegenseitige Zurückweisung. Aber ein sorgfältiges Beobachten läßt uns gewöhnlich sehr viele Aspekte der hier beschriebenen Modelle wiedererkennen.

Kooperative Beziehungen

Das Grundprinzip einer kooperativen Beziehung besteht darin, sich gegenseitig bedingungslos anzunehmen. Dies bedeutet, daß jeder, der an dieser Beziehung beteiligt ist, den anderen akzeptiert und daß er dies nicht abhängig macht von bewußten oder unbewußten Bedingungen wie: »Wenn du so oder so bist . . .«; »Wenn du dies oder jenes tust«; »Solange du dies oder jenes gibst . . .«.

Voraussetzung einer kooperativen Beziehung ist folgende grundsätzliche Betrachtungsweise der menschlichen Existenz:

Die Bedingungen, unter denen Menschen leben, und die Menschen, die jene Bedingungen repräsentieren, sind unvollkommen. In einer kooperativen Beziehung gibt es in nur ganz geringfügigem Maße Erwartungen, die auf gegenseitigen Idealisierungen basieren. Meinungsverschiedenheiten, bestimmte Diskrepanzen, Ungereimtheiten in ein und derselben Person. Beschränkungen, denen jeder Partner unterworfen ist, werden einkalkuliert und als akzeptabel betrachtet, Probleme können verstanden und geklärt werden, indem man über sie spricht. Schwierigkeiten laufen niemals darauf hinaus, daß man sich gegenseitig nur bedingt akzeptiert, daß man schwer enttäuscht ist, dem anderen Vorwürfe macht und ihn zurückweist.

Ein bedingungsloses Akzeptieren beruht nicht nur auf der Liebe zum Partner. Es entsteht auch aus Liebe zur Realität – vor allem aus Liebe zu den wirklichen Bedingungen des menschlichen Lebens, mit all den Möglichkeiten und all den Begrenzungen, die die Existenz des Menschen mit sich bringt. Diese Art von Liebe zum Menschsein können nur Menschen mit beträchtlicher Reife empfinden, welche die Realität sehr gut beobachtet haben und es ablehnen, irgendwelche Ideale zu entwickeln – sei es individuell oder als eine allgemeine Philosophie.

In einer wirklich kooperativen Beziehung spiegelt sich diese Grundeinstellung in vielen Bereichen. Die Partner streben danach, einander zu helfen, die Realität und sich selbst im Zusammenhang mit dieser Realität noch besser zu verstehen. Sie benötigen nur wenig Zeit und Energie, um sich über den richtigen oder den falschen Weg auseinanderzusetzen. Nur selten streiten sie sich über Gerechtigkeit, Belohnung oder Bestrafung in der Beziehung. Es gibt kaum Rechthaberei (»Wirst du zumindest zugeben, daß ich von Anfang an recht hatte?«), und die Partner sind kaum daran interessiert, andauernd in allen Bereichen ein Gleichgewicht und gleiche Rechte herzustellen. Ein Paar, das in kooperativer Weise miteinander in Beziehung tritt, wird niemals besondere Vereinbarungen aushandeln müssen, in denen es heißt, daß eine Partei immer das Geschirr spülen muß, während die andere immer mit dem Hund spazieren geht. Statt dessen teilen kooperative Partner miteinander ihre Probleme, ihre Verantwortlichkeiten, ihre Vergnügungen und starke Gefühle über entscheidende Wertvorstellungen - vor allem ihre Gefühle in bezug auf andere Menschen. Sie versuchen, sehr intensiv miteinander zu kommunizieren. Ihre Beziehung zeichnet sich dadurch aus, daß in ihr nicht manipuliert wird. Botschaften sind einfach und klar. Wenn einer der Partner am Wochenende einen Ausflug machen möchte, dann sagt er: »Laß uns doch einfach ins Blaue fahren!« und nicht: »Du hast doch bestimmt keine Lust, hierzubleiben oder wieder zu den Meiers zu fahren, nicht wahr?«

Kooperative Partner helfen einander, die Selbstannahme und die Selbstliebe zu steigern. Jeder hilft dem anderen und tut ihm gut - und dies ist nur möglich für Leute, die gleichzeitig eine beträchtliche Frustrationstoleranz haben. Unreife Menschen, die genau das haben müssen, was sie wollen und nur das, was sie wollen, können anderen nicht helfen oder mit ihnen kooperieren.

Kooperative Partner bilden ein Team, aber sie machen nicht den Versuch, ihre separaten Persönlichkeitskerne in einen zu verschmelzen. Ganz im Gegenteil! Kooperative Beziehungen stärken das Selbstbewußtsein, weil man sich selbst entwickeln und einsetzen muß, um seinem Partner zu helfen - und wenn man dem Partner hilft, so erhöht das die Selbstachtung. Kooperative Partner stellen aneinander keine Ansprüche, um »auf ihre Kosten« zu kommen. Diese Art von Beziehung widerspricht unseren gegenwärtig vorhandenen kulturellen Werten ganz offensichtlich, denn diese traditionellen Werte betonen ganz besonders die Selbstverherrlichung und die Selbstbefriedigung auf Kosten von anderen.

Annie und Albert

Er ist expansiv, und sie ist anpassungsbereit. Offenbar entscheidet er, wo's langgeht. Albert entscheidet, wo sie wohnen, wohin sie in den Ferien fahren, wie sie das Geld investieren, das er für sie beide verwaltet. Er hat entschieden, in welche Schulen die Kinder gehen sollen. Er kümmert sich um ihr soziales Leben. Er kauft andauernd Dinge fürs Haus – im wesentlichen Dinge, für die sie gar keinen Platz haben und die er sich eigentlich nicht ganz leisten kann.

Annie paßt sich an Albert an. Für Außenstehende scheint sie die Schwächere zu sein, die »es ohne Albert nicht alleine schaffen würde«. Sie vermuten, daß er sie wie eine Art Last mit sich schleppt. Aber dieselben Leute sagen auch, daß Albert und Annie zusammen sehr glücklich zu sein scheinen und daß ihre vier Kinder auch sehr gut zurechtkommen.

Tatsächlich haben diese beiden Menschen schon seit vielen Jahren eine ausgesprochen kooperative Beziehung entwickelt. Es ist wahr, daß Albert im wesentlichen ein eher dominanter Typ ist und daß sich Annie im wesentlichen anpaßt. Aber diese Unterschiedlichkeit ihrer Charaktere macht es für sie leichter, in konstruktiver Weise zueinander in Beziehung zu treten. Sie sind beide seelisch sehr gesund und stabil. Dadurch verfügen sie über die besten Voraussetzungen für eine konstruktive Beziehung.

Annie und Albert sind Menschen, die es verstehen, Gefühle zu investieren, sich liebevoll um einen Mitmenschen zu kümmern und verantwortlich, offen und zärtlich zueinander und zu ihren Kindern zu sein: Von der guten Beziehung der Eltern profitieren alle Mitglieder der Familie. Man ist gerne zusammen und tauscht Wärme, Gefühle und Ideen untereinander aus. Wut und Ärger werden angemessen ausgedrückt, Kämpfe sind nicht bösartig und rachsüchtig, es gibt keine permanenten Gefühle von Groll. Persönliches Wohlbefinden in der Gemeinschaft und gegenseitige Fürsorge stehen in der Prioritätenliste obenan. Es gibt eine beträchtliche Anzahl gemeinsamer Interessen: Annie und Albert lieben dieselben Bücher, dieselbe Musik, dieselben Menschen, sie haben dieselben Ansichten und Gefühle in bezug auf Kinder und finanzielle Angelegenheiten.

Wenn irgendeiner der beiden »stärker« ist, dann ist dies sicherlich Annie. Albert ist stolz und dadurch gleichzeitig leicht verletzbar. So leidet er auch leichter und über längere Zeiträume hinweg an Depressionen. Annie ist dagegen widerstands- und anpassungsfähiger. Sie ist auch praktischer und realistischer veranlagt. Sie gibt häufig nach, weil sie anpassungsbereit ist, aber auch, weil sie erkennt, daß es eben eine Menge Dinge gibt, bei denen es »gar nicht so furchtbar darauf ankommt«. Was die meisten ihrer Freunde allerdings nicht wissen: Ernste Dinge müssen mit Annie diskutiert werden, bevor eine gemeinsame Entscheidung getroffen wird. Ich glaube, daß die meisten Entscheidungen, die wirklich ein gesundes Urteilsvermögen verlangen, eigentlich von ihr gefällt werden: Albert ist nur scheinbar der aktive Part. Annie tauscht im übrigen sehr viel von dem, was Albert einkauft, wieder um, und keiner scheint darüber eigentlich unglücklich zu sein - außer vielleicht die Ladenbesitzer.

Kreative Beziehungsmuster

Kreative Beziehungen sind eine Weiterentwicklung kooperativer Beziehungen. Das Grundprinzip der kreativen Beziehung besteht darin, sich gegenseitig im Sinne einer individuellen Selbstverwirklichung zu unterstützen, das heißt, jeder Partner bestärkt - zusätzlich zu der üblichen gegenseitigen Unterstützung in kooperativen Beziehungen - die kreativen Neigungen des anderen in ganz besonderer Weise.

Er vermittelt dem anderen kreative Anregungen und Impulse und zieht außerordentliche Befriedigung aus seinem eigenen Kampf ebenso wie aus dem Kampf des anderen um Selbstverwirklichung und um eigenständige Leistungen. Dies bedeutet nicht, daß ein Partner die Unterstützung durch den anderen ausnützt; es bedeutet auch nicht, daß der eine sich einen Stellvertreter gesucht hätte, der sein Leben für ihn leben würde. Es kommt vielmehr darauf an, daß jeder Partner eine enorme Sensibilität für die Bedürfnisse und Ziele des anderen entwickelt.

In einer kreativen Beziehung entwickelt sich möglicherweise eine einzigartige gemeinsame Sprache sowohl im verbalen als auch im nonverbalen Bereich, die sich durch ein schnelles und tiefes Verstehen gegenseitiger Botschaften auszeichnet. Kreative Partner lernen, ihre ganze Wahrnehmungsfähigkeit einzusetzen, ebenso wie sie ihre ganze Persönlichkeit als feingestimmtes

Instrument der Kommunikation benutzen. Sie werden geschickte Empfänger und Sender von bedeutsamen Nuancen, wie subtil diese auch immer sein mögen. So entsteht ein gegenseitiges Gefühl für kreative Fähigkeiten und deren praktische Umsetzung.

Gemeinsame Prioritäten, Interessen und Werte unterstützen die kreative Kommunikation. Aber die wichtigste Motivation einer derartigen Beziehung besteht in dem Bedürfnis, dem anderen Partner bei seiner Selbstverwirklichung zu helfen, ohne dabei in irgendeiner Weise zu versuchen, sich selbst zu erhöhen. In dieser Art von Beziehung gibt es keine »graue Eminenz«, es gibt keine Drahtzieher im Hintergrund, es gibt keine Märtyrer.

Negative Beziehungsmuster: Die Interessen anderer blockieren

Eine Beziehung, in der ein Partner den Interessen des anderen entgegenwirkt, ist das natürliche Ergebnis unseres Kulturkreises, in dem einer mit dem anderen wetteifert. Dies ist wahrscheinlich das Beziehungsmuster, welches man am häufigsten antrifft. Die meisten Menschen würden es auch als natürlich und gesund ansehen. Ihnen ist nicht bewußt, daß es auch andere Möglichkeiten gibt und daß ein Beziehungsmuster, in dem beide gegeneinander agieren, nicht erblich bedingt oder von der Natur instinktiv vorgegeben ist. Vielmehr entsteht es durch Anpassung an die Gesellschaft. Es stammt ausschließlich aus dem kulturellen Umfeld und verstärkt wiederum dieses Umfeld, mit dem es in ursächlichem Zusammenhang steht.

Diese meist unbewußte Dynamik eines negativen Beziehungsmusters bewirkt ein bedingtes Akzeptieren des anderen: Man akzeptiert seinen Gegenspieler unter der Voraussetzung, daß bestimmte Bedingungen erfüllt sind. Zu diesen Bedingungen gehört gewöhnlich, daß der eine Partner dem anderen helfen muß, dessen Image in der Öffentlichkeit zu pflegen und zu erhalten. Ein negatives Beziehungsmuster besteht zum Beispiel, wenn ein Partner sich mit seinem »uneigennützigen« Verhalten brüstet, aber gereizt reagiert, wenn der andere Partner ihn nicht gleichzeitig für seine Selbstaufopferung und seine Leidensfähigkeit lobt. Jeder Partner beschäftigt sich vor allem mit der Frage, ob der andere ihm in irgendeiner Weise nützlich ist. Positive Unterstützung durch den Partner wird jedoch im wesentlichen nach dem eigenen Selbstbild definiert; objektive Kriterien für wirklich gutes Verhalten werden nicht entwickelt. Wenn ein Partner seinem ewig leidenden Gegenspieler ein wenig Hilfe anbietet, dann ist dies für den Leidenden weit weniger interessant, als wenn er mit Lippenbekenntnissen in seiner Märtyrerrolle bewundert und bestätigt wird. Das negative Beziehungsmuster ist also eine unbewußte felsenfeste Übereinkunft zwischen zwei Menschen, die sich gegenseitig in ihren idealen Selbstbildern bestätigen und verstärken wollen. Wenn man diesen Vertrag einmal bricht, also wenn man die Wahrheit sagt, dann herrschen zwischen beiden Partnern gewöhnlich nur noch Kampf und Gegnerschaft oder das Ende der Beziehung ist angebrochen.

Die wesentlichen Bestandteile negativer Beziehungen sind Wettbewerb und Konfrontation - und zwar fast immer auf unbewußter Ebene. Tatsächlich glauben die Partner, die eigentlich Gegner sind, häufig, daß sie tatsächlich auf einer kooperativen Basis handeln. Wenn man sie danach fragt, dann deuten sie häufig auf irgendwelche Anzeichen für gemeinsam übernommene Pflichten: »Ich führe den Haushalt, und er kauft das Essen ein.« Jedoch bedeutet »gemeinsame Pflichterfüllung« in diesem Zusammenhang fast immer, daß jeder Partner gleich viel leisten muß und daß keiner den anderen übertreffen darf. Gleichgewicht und gleiche Rechte spielen hier eine große Rolle, und »Fairneß« ist ein Ausdruck, der in diesem Zusammenhang sehr häufig benutzt wird. Aber diese Konzentration auf »Gleichheit« und »Fairneß« deutet fast immer auf ein unterschwelliges Bedürfnis hin, den anderen zu »übertreffen«, »mehr davon zu bekommen« und auf die unbewußte Furcht, »auf der Strecke« zu bleiben und »sich ausnutzen zu lassen«.

Im besten Falle sind solche Beziehungen durch freundliche kleine Scharmützel charakterisiert. Sie ähneln dem »fairen Wettbewerb« im Geschäftsleben oder pubertären Kämpfen um die

»Hackordnung«. Im schlimmsten Fall entstehen ein ewiges, kleinliches Gezänk, dauernde Wutanfälle oder Reaktionen stillen Schmollens, gewöhnlich deshalb, weil ein Partner meint, daß der andere nicht die unausgesprochenen, Image erhaltenden Bedingungen erfüllt hat, von denen die Beziehung beherrscht wird.

Diese Art von Beziehung basiert also auf äußerer Stimulation, denn Wettbewerb ist immer auf externe Faktoren und Impulse gerichtet. Das Sammeln von Beweisen, das Aufstellen von Listen über Gemeinheiten, Verletzungen und Wortverdrehungen, ein ewiges Beurteilen des anderen und der Versuch, den Partner zu vernichten und zu übertreffen, sind für ein derartiges negatives Beziehungsmuster charakteristisch.

John und Liz

Sie sind schon seit einer Reihe von Jahren verheiratet, und es gibt vieles, an dem sie gemeinsam Vergnügen haben: Die Oper, Freunde, Radfahren, vor allem ihre Kinder. Beide lieben ihre drei Kinder im Teenageralter voller Hingabe. Vor allem deren gute Schulleistungen und die Tatsache, daß sie im sozialen Bereich sehr gut zurechtkommen, stellen ihrem familiären Hintergrund ein gutes Zeugnis aus. Aber John und Liz haben auch einiges zu bemängeln: John hat in bestimmten Abständen immer wieder das Empfinden, daß Liz ihn nicht genügend unterstützt oder daß sie seinen Leistungen nicht genügend Anerkennung entgegenbringt. Er sagt, daß sie in Gesellschaft durchaus nicht mit der Meinung, die er äußert, übereinstimmt und daß sie ihm auch dann, wenn es wirklich angemessen wäre, das Lob vorenthält. Interessanterweise führt Liz genau die gleichen Klagen ins Feld. Wenn man sie fragt, dann wird klar, daß ihre Beziehung in der Tat recht stürmisch und voller Kämpfe ist, im wesentlichen deshalb, weil jeder der beiden Partner das Gefühl hat, daß der andere ihn nicht bei der Aufrechterhaltung des eigenen idealen Selbstbildes ausreichend unterstützt.

John und Liz haben ihre täglichen Pflichten ganz klar untereinander aufgeteilt. Hausarbeit, persönliche Einkäufe, die Erziehung der Kinder, Verpflichtungen gegenüber den alten Eltern, uninteressante Aufgaben aller Art – alles muß ganz genau geteilt werden. Es wird regelrecht darüber Buch geführt. Beide sind gesunde, aber relativ narzißtische Menschen, die unbewußt in ein typisches negatives Wettbewerbs-Beziehungsmuster verstrickt sind. Ihre Art, untereinander in Wettbewerb zu treten, wäre in ähnlicher Form in der Geschäftswelt, unter Sportlern oder unter Studenten für jedermann akzeptabel.

John und Liz haben den Vorteil, daß sie einigermaßen gesund und seelisch stabil sind, daß sie sehr viele Gemeinsamkeiten haben, und daß die neurotische Sackgasse, in der sie festsitzen, zumindest recht stabil ist. Seine Persönlichkeit ist außerordentlich expansiv und dominant. Sie neigt, trotz einer versteckten Neigung zum Narzißmus, dazu, sich selbst total anzupassen und zu unterwerfen. Wahrscheinlich wird die Zeit ihrer größten Schwierigkeiten dann kommen, wenn die Kinder das Haus verlassen und sie sich in noch größerem Maße auf ihre eigenen Kraftquellen verlassen müssen. Zu dem Zeitpunkt werden sie dann noch größere Ansprüche aneinander stellen und werden noch stärker darauf achten, unbedingt alles zu teilen. Ihre Beziehung wird auf der Basis von Wettbewerb und Gegnerschaft wahrscheinlich überleben, sie wird sogar möglicherweise einige kooperative Komponenten hinzugewinnen. Problematisch wird es allerdings, wenn einer von beiden charakterliche Veränderungen durchlebt, was in jedem Alter möglich ist: Dies könnte sogar dazu führen, daß die Beziehung in offenen Kampf und Gegnerschaft ausartet.

Feindlich-destruktive Beziehungen

Der unterschwellige Nährboden einer feindlich-destruktiven Beziehung ist Zurückweisung. Zurückgewiesen wird alles, was einem Partner wichtig ist: Seine Bedürfnisse, Sehnsüchte, Ideen, Werte, Neigungen, Vorzüge und Grenzen. Ziel der Zurückweisung ist es, die Selbstverwirklichung des Partners auf jeder Ebene zu blockieren.

Solche Partner sind Feinde. Bewußt und unbewußt erfinden sie Methoden und Situationen, um einander zu demoralisieren und um Hoffnungslosigkeit und Selbsthaß zu erzeugen. Jeder Partner hat ein ungewöhnliches Bedürfnis danach, sich selbst zu idealisieren. Wenn er, wie es unweigerlich der Fall ist, diesem Ideal nicht entsprechen kann, empfindet er enormen Selbsthaß. Tatsächlich leidet jeder der Partner und wird von seinem Leiden so sehr in Anspruch genommen, daß er für Mitgefühl keine Energie übrig hat, weder für sich selbst noch für den anderen. Die Beziehung selbst scheint im wesentlichen aus Streitereien, Bitterkeit und gegenseitigem Kleinmachen zu bestehen und, in extremen Fällen, sogar aus körperlichen Angriffen.

Eine derartig destruktive Beziehung ist häufig das Endstadium einer negativen Wettbewerbsbeziehung. Eine Wettbewerbsbeziehung kann sich entweder ein Leben lang fortsetzen, oder sie kann, wenn die gegenseitigen Angriffe aus dem Gleichgewicht geraten, in krassen Antagonismus, d. h. in einen erbitterten Kampf, ausarten. Ein plötzlicher Wechsel von Wettbewerbsbeziehungen zu antagonistischen Beziehungen ist möglicherweise darauf zurückzuführen, daß ein Partner seine Strategie und Taktik im Wettbewerb mit dem anderen verändert hat: Er ist beispielsweise nicht mehr unterwürfig, sondern lebt plötzlich seine dominanten und narzißtischen Charakterzüge aus.

Das Kennzeichen eines feindlich-destruktiven Beziehungsmusters ist das, was Psychoanalytiker „Externalisierung“ nennen: Jeder Mißgriff ist immer sein oder ihr Fehler; keiner der beiden Partner übernimmt für das, was in der Beziehung geschieht, die Verantwortung. Haßerfüllte und rachsüchtige Anklagen gegeneinander und Rechthaberei sind in solch einer Beziehung an der Tagesordnung. Dadurch, daß keiner von beiden die Verantwortung für Fehlentwicklungen der Beziehung übernimmt und dem anderen an allem die Schuld gibt, entsteht eine paradoxe Situation: Jeder erkennt im Partner sein eigenes Verhalten selbst wieder, und so hängen beide in einer Art narzißtischem, auf

Selbsthaß beruhendem Wahnsinn zusammen und sind so auf eine fast krankhaft zu nennende Weise eng miteinander verbunden - sogar dann, wenn sie auseinanderstreben.

Am Ende stehen unweigerlich Zynismus, Bitterkeit, Hoffnungslosigkeit oder Selbsthaß und, darüber hinaus, eine Entfremdung von den eigenen Gefühlen sowie ein Verdrängen und Abtöten dieser Gefühle.

Jim und seine Vorgesetzten

Jim kann mit keinem Vorgesetzten zurechtkommen, da er mit allen kämpft und gegen alle rebelliert. Da die zahlreichen Vorgesetzten, denen er in seinem bisherigen Arbeitsleben untergeordnet war, kein besonderes Bedürfnis nach dauerndem Kampf und Streit hatten, sind seine Arbeitsverhältnisse immer nur von kurzer Dauer gewesen. Jim, der jetzt fast vierzig ist, ist bisher überall entlassen worden - »mehr als zwanzigmal wenigstens«, wie er selbst zugibt. Für Jim ist es jetzt wichtig, daß er irgend einen Arbeitsplatz wirklich einmal behält. Er hat sonst niemanden, auf den er sich finanziell verlassen könnte, und er braucht das Geld, um davon zu leben. Und er sagt: »Obwohl ich es hasse, das zuzugeben: Es ist mir wichtig, ganz gut zu leben.«

Jim behauptet von sich, er sei ein Schauspieler, »ein wirklicher Künstler«.

Er ist allerdings nicht daran interessiert, mit der Schauspielerei auch wirklich seinen Lebensunterhalt zu verdienen. Er möchte einfach nur schauspielern, weil dies seine »Form des Selbstausdrucks« ist. Es ist sein Leben. Er hat als Schauspieler tatsächlich niemals Geld verdient. Seine verschiedenen Jobs haben auch in gar keiner direkten Weise mit seinem Talent in Verbindung gestanden. Er sagt, er würde niemals, auf keinen Fall, »Werbefilme oder derartigen Blödsinn« machen, denn er würde nicht sein Talent, seine Kunst, sich selbst verraten. Jim ist tatsächlich, allerdings ohne Bezahlung, bereits in drei ausgesprochen erfolglosen Broadwayshows und in einer Reihe von Schulaufführungen aufgetreten. Er hat zahlreiche Schauspielkurse mit verschiedenen

Gruppen und in verschiedenen Studios absolviert. Er hat an der Börse auf der Wall Street gearbeitet, in der Werbung, für eine Zeitschrift - die Liste ist endlos. Er hatte Jobs, die mit achttausend und solche, die mit 34tausend Dollar im Jahr bezahlt wurden.

Jims »Kunst, sein Talent, seine Schauspielerei« und das, was er als die Welt der Schauspielkunst ansieht, sind ein wesentlicher Bestandteil seines idealisierten Selbstbildes. Interessanterweise ist er ein Anhänger des Mythos, daß ein wirklicher Schauspieler ein Lebenskünstler sei, dessen Lebensstil jegliche Bequemlichkeit, Annehmlichkeit und materielle Bedürfnisse ausschließe. Aber Jim kommt aus einer bürgerlichen Familie, die er zwar haßt, durch die er aber das Bedürfnis nach Wohlleben entwickelt hat. Dieser Konflikt verursacht große Schwierigkeiten in seinen Beziehungen zu seinen Vorgesetzten, bei der Arbeit und überhaupt beim Leben in einer von bürgerlichen Idealen bestimmten Welt.

Seine größte Schwierigkeit bei der Arbeit und in seinen Beziehungen zu seinen Vorgesetzten besteht darin, daß er unfähig ist, sich für die Arbeit einzusetzen - so wie es andere Menschen tun. Er reagiert vielmehr auf die Autorität seiner Vorgesetzten mit Rebellion, Verachtung und reinem Haß. Warum? Weil er die Vorgesetzten und die Arbeit als schädlich für seine Kunst und für sein idealisiertes Selbstbild ansieht - als schädlich im Grunde genommen für die Scheinwelt, in der er lebt. Wenn er sich für seine berufliche Arbeit einsetzt, so bedeutet das für ihn, daß sein Selbstbild und seine Kunst verraten werden, daß er vielleicht sogar sein Image aufgeben muß.

Einmal sagte mir Jim: »Ich wußte immer, daß ich anders war, und ich wollte auch immer anders sein.« Wenn er, so wie jeder andere, ernsthaft einer Arbeit nachgeht, dann bedeutet das für Jim »in der grauen Masse aufzugehen«. Es bedeutet, daß er sich selbst als angepaßten Bürger sieht, was er, zum Teil jedenfalls, ja auch wirklich ist. Und es bedeutet, daß er sehr viel Haß gegen jene künstlerische Seite seiner Persönlichkeit aktiviert. Folglich stellt Jim unbewußt ganz ungewöhnliche Ansprüche an sich selbst und an andere. Entsprechend seinen Erwartungen sollten seine Arbeitgeber ihn als den Künstler anerkennen, der er nun einmal ist. Sie sollten ihm bei der Arbeit besondere Privilegien einräumen. Er wünscht sich insgeheim, seine Arbeitgeber sollten eigentlich nur noch seine Mäzene sein, ganz die Arbeit vergessen und ihm einfach nur Schecks schicken, so daß er sich selbst vollkommen der Schauspielerei widmen kann.

Interessanterweise widmet er sich im Grunde - trotz seiner dauernden Beschäftigung mit seinem Idealbild - nur sehr wenig der Schauspielerei. Der Grund ist, daß seine Selbstachtung gering ist und er im Grunde Angst davor hat, auf die Probe gestellt zu werden. Er hat Angst, herauszufinden, daß er kein besonderes Talent hat, denn dies würde einen Zusammenbruch seines Selbstbildes sowie massiven Selbsthaß und Depressionen nach sich ziehen. Außerdem verwendet er mehr Zeit und Energie darauf, sein Idealbild von einem Künstlerleben aufrechtzuerhalten, als daß er wirklich ein Künstler wäre. Schließlich lassen ihm die Kämpfe mit seinen Vorgesetzten und die ewige Suche nach neuen Jobs nur sehr wenig Zeit dafür, sein Talent wirklich auf die Probe zu stellen. Er kann auf diese Weise seine Vorgesetzten und eine lieblose Welt für seine eigenen Ängste und Hemmungen beim aktiveren Verfolgen einer Karriere verantwortlich machen.

Natürlich vermeidet er es, Werbefilme zu drehen, weil er nicht weiß, ob er Aufträge bekommt. Er hat panische Angst vor einer Zurückweisung im Bereich der Schauspielerei. Diese Furcht hindert ihn auch daran, sich nach ernsthaften Aufgaben als Schauspieler umzusehen. Er hat auch Angst, mit anderen Schauspielern und mit der wirklichen Welt des Theaters in Berührung zu kommen, denn er fürchtet, daß seine Illusionen über die Schauspieler und seine Vorstellungen von der Welt der Lebenskünstler zerstört und in den Schmutz gezogen würden. Er vermeidet es auch, mit professionellen Schauspielern zusammenzutreffen, weil er Angst hat, daß er sich nur blamieren und nicht akzeptiert werden würde.

Es ist ganz offensichtlich: Jim muß aufhören, eine Rolle zu spielen. Er muß aufhören, das Leben und Handeln anderer für die Probleme, die er mit seinem Leben hat, verantwortlich zu machen. Er muß erkennen, daß er der Autor seines eigenen Drehbuchs ist, und er muß anfangen, die Menschen, denen er an seinem Arbeitsplatz begegnet, als wirkliche Menschen zu behandeln und nicht als bestimmte Charaktere in einem Theaterstück.

Es gibt sicher einige Überschneidungen bei den verschiedenen Beziehungsmustern. Es gibt möglicherweise zerstörerisch-kämpferische Elemente sogar zwischen den allergesündesten, kooperativsten Partnern. Aber meistens bleibt die Struktur des Beziehungsmusters bei einem bestimmten Paar im wesentlichen konstant. Wenn wir erst einmal die zugrundeliegende Dynamik wahrnehmen, dann werden wir daraus erkennen können, in welcher Weise diese Menschen zueinander in Beziehung stehen.

Für einen Wechsel von einem destruktiv-kämpferischen Beziehungsmuster zu einer etwas gesünderen, mehr gegnerisch-wettbewerbsorientierten Struktur bedarf es eines Kampfes von heroischen Ausmaßen. Von einem gegnerisch-wettbewerbsorientierten Muster zu einer kooperativen Beziehungsstruktur - oder sogar zu einer kreativen Form - voranzuschreiten, ist zwar möglich, aber dazu bedarf es einer enormen Motivation (und die fehlt fast immer). Oft ist auch die Unterstützung durch einen psychoanalytisch geschulten Fachmann erforderlich. Eine Veränderung in Richtung auf eine größere seelische Gesundheit, so fruchtbar diese Veränderung auch sein mag, ist unweigerlich mit Schwierigkeiten und mit Widerstand verbunden.

Menschen klammern sich an das Vertraute und Bekannte, sogar dann, wenn dieses Bekannte wirklich schreckenerregend, schmerzhaft, blamabel und destruktiv ist. Wenn wir uns auf unbekanntes Terrain begeben, dann verursacht das häufig eine Steigerung des Selbstbewußtseins, aber häufig auch beträchtliche Angst. Wir neigen ganz einfach dazu, vor dem Unbekannten Angst zu haben, und die Hinwendung zu einer kooperativen Beziehung setzt immer ein Mindestmaß an Selbstvertrauen und Vertrauen in unsere Partner voraus. Und dieser erste Schritt zu mehr Vertrauen muß unbedingt gewagt werden, wollen wir zu einer kooperativen Beziehung gelangen.

II
Beziehungsfallen und Sackgassen

Die Kombination verschiedener Charaktere

Wenn Menschen sich aufgrund neurotischer Bedürfnisse zwanghaft aneinanderklammern (gewöhnlich geschieht dies unbewußt), anstatt sich durch eine freie Wahl und eine bewußte Entscheidung zusammenzufinden, dann ist es, als säßen sie in einer Sackgasse oder in einer neurotischen Falle. Die Falle ist da am stärksten geschlossen, wo die betroffenen Individuen psychisch nur wenig gesunde Elemente in sich haben, wo sie am wenigsten mit ihren Gefühlen in Kontakt stehen - solch eine Art von Bindung kann nur unter großen Schmerzen wieder aufgelöst werden. Tatsächlich werden einige Fallen niemals gebrochen, einige werden gebrochen, aber nur, um dann mit anderen Partnern neu geschlossen zu werden.

Woher nun bekommt diese fast organische Verbindung ihre Stärke, welches ist der Leim, der sie zusammenhält? Unser Konzept der Charakterstrukturen, von dem ich schon oben einiges beschrieben habe, ist in diesem Fall in besonderer Weise anwendbar. Erinnern Sie sich an die drei grundlegenden Charaktertypen, welche darin vorkommen - unterwürfig, expansiv und distanziert - und erinnern Sie sich daran, daß fast jeder von uns einem dieser drei Charaktertypen zugehört, daß jeder von uns über ein bestimmtes Beziehungsmuster verfügt, das er bei seinen bewußten Beziehungen gegenüber anderen Menschen einsetzt. Die anderen Verhaltensmöglichkeiten werden unterdrückt oder aus dem Bewußtsein verdrängt. So können Konflikte in den Gefühlen, in den Lebenszielen und im Verhalten vermieden werden. Auf diese Weise wird der narzißtische, der aggressive oder der perfektionistische Mensch seine Neigung zur Unterwürfigkeit und Abhängigkeit und seinen Hang zum Unbeteiligtsein vor sich und anderen verbergen. Ein distanzierter, unbeteiligter, seine Unabhängigkeit liebender Mensch wird seine Tendenz zur Abhängigkeit verbergen, und ein Mensch, der zur Selbstaufgabe und übermäßigen Anpassung neigt, wird seine Neigung zur Distanz verbergen.

Aber die unterdrückten Neigungen verschwinden nicht einfach. Wenn nun jemand, der sich selbst als eine selbstlose, gefügige Person betrachtet, plötzlich seine unterdrückten oder aggressiven Neigungen auslebt, dann kann der so entstehende innere Widerspruch möglicherweise schreckliche Attacken von Selbsthaß nach sich ziehen, die jede Beziehung schwierig machen.

Jedoch kann ein Verleugnen jener unterdrückten Charakterzüge ebenfalls außerordentlich schmerzhaft sein. Unbewußt neigen wir dazu, uns als stark, allwissend und perfekt anzusehen, während wir uns doch zugleich als vollkommen anpassungsfähig, außerordentlich liebenswert, zerbrechlich, loyal, mehr besorgt um andere als um uns selbst betrachten. Zugleich wünschen wir uns vielleicht, daß wir distanziert sind und über den Dingen stehen, unabhängig von Bedürfnissen und Menschen und frei von irgendwelchen Verpflichtungen. Aber es ist unmöglich, dieses Selbstbild von widersprüchlichen Trends und Neigungen in jeder Situation unseres Lebens aufrechtzuerhalten.

Wir versuchen, möglichst viele Bedürfnisse gleichzeitig zu befriedigen, gesunde ebenso wie die, deren Intensität und Zwanghaftigkeit schon neurotische Ausmaße erreicht haben. Ohne uns dessen bewußt zu sein, aber mit einer machtvollen inneren Kraft und Motivation, suchen wir nach Personen, fühlen uns zu Menschen hingezogen, die vielleicht unser Bedürfnis befriedigen, jene unterdrückten Charakterzüge auszuleben. Oder, anders ausgedrückt: Wir suchen einen idealisierten Partner, aber die Idealisierung ist eine Projektion jener Aspekte unserer Persönlichkeit, die wir gewöhnlich vor uns selbst verbergen. Die neurotische Falle wird dadurch dauerhaft geschlossen, daß wir eine gewisse Befriedigung erhalten, wenn wir unsere verborgenen Charakterzüge in der anderen Person wiederfinden und sie sozusagen in unserem Stellvertreter ausleben können. So besteht eine ideale »Falle« zwischen Menschen, die sehr viel gemeinsam haben – den kulturellen Hintergrund, bestimmte Lebensanschauungen oder sexuelle Anziehung und andere Faktoren, welche im wesentlichen durch frühe Erziehungseinflüsse, kulturelle Faktoren und Erfahrungen bestimmt werden. Beide Partner haben ausreichend Gemeinsamkeiten, um eine Beziehung eingehen zu können, und jeder der beiden lebt dabei jeweils diejenigen Charakterzüge aus, die der andere bei sich selbst unterdrückt. Gelegentlich - und häufig, weil sie sich voneinander sexuell angezogen fühlen und nicht genug voneinander wissen - gehen Menschen mit denselben Charakterzügen enge Beziehungen ein. Wenn sie seelisch nicht sehr stabil und frei von der Macht dieser unbewußten und zwanghaften Charakterzüge und Bedürfnisse sind, dann werden sie beide letztlich immer unzufrieden sein. Dies trifft am häufigsten bei narzißtischen Menschen zu, die sich manchmal von Spiegelbildern ihrer selbst angezogen fühlen.

Paradoxerweise kommen dagegen Menschen, deren Charaktere sehr verschieden sind, ganz gut miteinander aus, sogar dann, wenn sie sich über Unterschiede beklagen, denn ihre Differenzen und Reibereien befriedigen nur ihre verborgenen Neigungen und Bedürfnisse.

Wenn Menschen diese wesentlichen Charakterzüge und Neigungen verändern, etwa durch eine Analyse, durch Reifung oder durch ein traumatisches Erlebnis, dann haben sie vielleicht auf bewußter Ebene sehr viel gemeinsam, aber keiner von beiden wird die unbewußten Bedürfnisse des anderen befriedigen können, und die Beziehung wird möglicherweise große Schwierigkeiten für beide Partner mit sich bringen.

Häufig werden diese Schwierigkeiten zunächst einmal als »Langeweile miteinander« beschrieben. Häufig sucht man nach anderen Beziehungen, um unbewußte Neigungen stellvertretend zu befriedigen. Wenn diese Bedürfnisse nicht ganz deutlich werden und wenn sie in ihrer Intensität anschließend nicht abgeschwächt werden, dann ist es häufig fast unmöglich, eine destruktive Beziehung in eine konstruktive Partnerschaft zu verwandeln.

Lassen Sie uns nun einige der Möglichkeiten der verschiedenen Mischungen von Charakterzügen näher in Augenschein nehmen. Wir nehmen hier an, daß diese Charakterzüge im wesentlichen neurotisch ausgeprägt sind – und zwar aus zwei Gründen. Zunächst einmal, weil die meisten von uns weitgehend in neurotischer Weise Beziehungen aufnehmen, und zweitens, weil wir erst einmal vergröberte Strukturen erkennen lernen müssen, um dann subtilere Beziehungen zu verstehen.

Überangepaßt – expansiv

Die Person, die sich übermäßig anpaßt und selbst aufgibt, möchte, mehr als alles andere, eine Beziehung, in der sie sich mit Stärke, mit Fachwissen und Zielstrebigkeit identifizieren kann – sie sucht nach einem perfekten Partner, auf den sie sich verlassen kann. Ein solcher Mensch hat das Gefühl, daß nur die wahre Liebe ihn mit einem anderen Menschen verbinden wird und daß er durch diese Liebe dann ein entsprechendes Selbstbewußtsein finden wird, um das zu ersetzen, was vorher bei ihm selbst unterdrückt worden ist.

Der expansive Mensch fühlt sich von dem Bedürfnis seines Partners nach Liebe angezogen. Er meint, dieses Bedürfnis bedeutet zugleich, daß dieser Mensch gelenkt werden will, daß man auf ihn aufpassen muß und daß man von ihm vor allem ehrfürchtige Bewunderung erwarten kann. Ein solcher Mensch gibt dem Expansiven eine Möglichkeit, seinen wohlwollenden Despotismus auszuleben. Wenn beim Expansiven noch ein gewisser Perfektionismus, Arroganz und Rachsucht hinzukommen, dann bieten ihnen überangepaßte Menschen häufig das beste Ventil.

Zwar mag er dies nicht zugeben, aber der sehr stark expansive und narzißtische Mensch hat tatsächlich das Gefühl, daß alles und jeder sein Eigentum ist. Möglicherweise fragt er seinen Partner nicht einmal, wenn wesentliche Entscheidungen anstehen, denn dieser Partner ist schließlich ja nur ein Teil seiner Persönlichkeit. Würde er seine rechte Hand konsultieren? Natürlich nicht. Er erwartet von dieser Hand nur, daß sie ihm zu Diensten ist und daß sie mit den Entscheidungen, die er trifft, übereinstimmt.

Auf unbewußter Ebene lebt der expansive Mensch seine eigenen Bedürfnisse nach Abhängigkeit auf Kosten seines offensichtlich von ihm abhängigen Partners aus. Aber auch der Partner, der sich übermäßig und bis zur Selbstaufgabe anpaßt, lebt seine aggressiven Bedürfnisse durch seinen offensichtlich expansiven Partner aus.

Wenn noch einige andere Faktoren übereinstimmen, dann kommen diese Partner vielleicht ganz gut miteinander aus. Möglicherweise kooperieren sie in hohem Maße miteinander, weil ihre gegensätzlichen Charakterzüge einander ergänzen. Wenn diese Charakterzüge nicht allzu intensiv ausgeprägt sind und wenn nichts die unausgesprochenen und unbewußten Vereinbarungen, von denen die Beziehung beherrscht wird, durcheinanderbringt, dann werden solche Partner möglicherweise ihr Leben lang kooperieren. Beide sind sie im wesentlichen an Menschen und nicht an Prinzipien orientiert. Für sie besitzt Loyalität eine größere Priorität als Integrität. Da beide Partner Loyalität brauchen, obwohl jeder von beiden das Wort auf andere Weise interpretieren würde, kommen sie ganz gut miteinander aus. Aber wenn die Beziehung starke neurotische Züge trägt, dann sitzen expansive und überangepaßte Menschen in einer eisernen Falle. In extremen Fällen entwickelt sich dies dann zu einer sadomasochistischen Beziehung: Die expansive Person ist vielleicht voller rachsüchtiger Aggressionen, während die überangepaßte Person eine gewisse Meisterschaft beim Erzeugen von Schuldgefühlen im Partner entwickelt. Darüber hinaus hat der überangepaßte, unterwürfige Partner sehr häufig eine sehr starke Neigung zur Distanz, und er weiß sehr wohl, wie er es fertigbringt, die Bedürfnisse seines Partners zu unterdrücken und zu ignorieren.

Die meisten Schwierigkeiten zwischen solchen Partnern ergeben sich, wenn Erwartungen, sowohl bewußt als auch unbewußt, unerfüllt bleiben und wenn bestimmte Ansprüche abgewehrt werden. So ist der expansive Mensch plötzlich enttäuscht, wenn sein abhängiger Partner ihm plötzlich die bisher entgegengebrachte Bewunderung und blinde Gefolgschaft aufkündigt. Selbstbehauptung wird plötzlich als mangelnde Loyalität interpretiert, denn sie bedeutet, daß der Partner, der sich zuvor allzu sehr angepaßt hat, nicht länger den expansiven Partner zufriedenstellt.

So kommen unterdrückte Charakterzüge des expansiven Partners bei diesem selbst zum Vorschein. Diese Bedrohung erzeugt dann unter Umständen Angst, die ihn dazu zwingt, einen neuen Partner zu suchen.

Überangepaßte Menschen sind enttäuscht, wenn man sie nicht als liebende, märtyrerhafte, sich selbst aufopfernde Partner ansieht, die stets liebevoll und sorgfältig behandelt werden müssen. Sie können es nicht aushalten, daß ihre Ansprüche unerfüllt bleiben - vor allem nicht solche Ansprüche, die auf Liebe begründet sind: »Wenn du mich liebst, dann wärst du jetzt bei mir und nicht bei der Arbeit.« Sie sind unbewußt sehr verstört, wenn der expansive Partner »Schwäche« zeigt, denn solch ein Verhalten beraubt den abhängigen Partner einer Krücke, es beraubt ihn einer Person, der er sich unterwerfen kann, es beraubt ihn einer bedeutungsvollen Liebe (die nur dann als bedeutungsvoll empfunden werden kann, wenn sie von einer sogenannten »starken« Person kommt), und es nimmt ihm sein Ziel. Der Zwang, auf seine eigenen Reserven zurückgreifen zu müssen, ist für einen Menschen, der glaubt, daß er gar keine solchen Reserven hat, sehr erschreckend. Wenn der vorher starke Partner plötzlich abhängig wird, dann kann ganz unerwartet auch der expansive Charakterzug des übermäßig anpassungsbereiten Menschen zutage kommen und ihn in schwere Konflikte und in ein Chaos stürzen. Er oder sie wählt dann möglicherweise einen anderen »stärkeren« Partner, oder er akzeptiert den Rollentausch. Vielleicht kämpft er auch darum, aus der Beziehung auszubrechen und sein wirkliches Selbst zu entdecken.

Wir müssen festhalten, daß es bei sehr stark neurotischen Menschen und vor allem bei denen, die in dieser besonderen neurotischen Falle stecken, stets eine starke gegenseitige Abhängigkeit gibt. Das bedeutet, daß jeder von dem anderen abhängig ist, um selbst überhaupt ein Identitätsgefühl zu haben - sei dies nun aufgrund einer aktiven Herrscherrolle oder aufgrund einer Haltung von passiver Abhängigkeit. Kurz gesagt funktioniert jeder der beiden Partner als eine Art von emotionaler Krücke für den anderen. Selbst wenn wir eine Krücke brauchen, so heißt das nicht zugleich, daß wir sie besonders mögen, denn sie erinnert uns bei jeder Gelegenheit an unsere Gebrechlichkeit. Deshalb verdrängen Menschen, die in einer solchen Falle sitzen, gewöhnlich sehr viel Wut und Ärger aufeinander - und zwar den Ärger, der daher rührt, daß sie ihre eigene Abhängigkeit nicht akzeptieren können. Jeder unerfüllte Anspruch - wie etwa die Aussage »Wenn du mich liebtest, dann wärst du mit mir einer Meinung« oder »Wenn du mich liebtest, würdest du bei mir bleiben« - wird wahrscheinlich das ganze Reservoir von Ärger und Vorbehalten anzapfen und dann eine scheinbar unangemessen heftige Reaktion hervorrufen. Es ist leichter für den expansiven Partner, Wut auszudrücken. Auf der anderen Seite haben überangepaßte Menschen zwar Angst vor diesem Gefühl, aber sie verfügen zugleich doch über die Fähigkeit, ihr Gefühl in zweideutiger Weise durch subtile Formen der Sabotage auszudrücken. Und ebenso können auch überangepaßte Menschen, wenn sie spüren, daß ein expansiver Partner schwach wird (etwa in Zeiten von Depression und verletztem Stolz, wenn ihr künstlich aufgeblähtes Selbstbewußtsein verletzt wird), zum Angriff übergehen - obwohl sie gewöhnlich wieder einen Rückzug machen, wenn der expansive Partner den früheren Zustand wiederherstellt. Einige Menschen können, wenn sie einmal die Macht gekostet und einen Ausweg aus der Sklaverei gesehen haben, keinen Schritt mehr zurück gehen. Dies ist dann vielleicht der Beginn eines langen Kampfes um eine gesündere Beziehung, vielleicht tritt auch eine neurotische Verschiebung der Machtverhältnisse ein, oder das Ende der Beziehung kündet sich an. Aber gewöhnlich stellen Menschen den Status quo sehr schnell wieder her und bleiben in der neurotischen Falle sitzen. Für eine gesunde Entwicklung ist es nötig, daß die inneren Zwänge erkannt werden, daß man die einander widerstrebenden Charakterzüge deutlich wahrnimmt und ebenso klar sieht, auf welche Weise man seinen Partner ausgebeutet hat, um seine eigenen Bedürfnisse zu befriedigen.

Molly und Paul

Molly ist Pauls Mutter. Sie ist jetzt eine alte Frau, und er ist im mittleren Alter. Pauls Vater starb vor zehn Jahren. Seit dem Zeitpunkt, als Dan starb, gab es in der Beziehung zwischen Mutter und Sohn eine große Veränderung. Früher kamen sie immer gut miteinander aus und waren einander sehr zugetan.

Molly war stets eine gute Hausfrau, überangepaßt und anscheinend abhängig von ihrem Ehemann. Ihr Leben war erfüllt durch ihre Rolle als Hausfrau und Mutter. Dan dagegen war expansiv, der Beschützer der Familie und recht herrschsüchtig, sowohl gegenüber seiner Frau als auch seinem Sohn. Paul heiratete früh und hatte früh Kinder. Er ist expansiv wie sein Vater und ein recht erfolgreicher Geschäftsmann. Sein Familienleben nimmt für ihn ebenfalls einen hohen Stellenwert ein, aber er neigt dazu, sich als wohlwollender Despot zu gebärden.

Bis zu Dans Tod liebte Molly ihren Sohn Paul hingebungsvoll. Er konnte einfach nichts falsch machen. Sie fühlte sich ihm sehr nahe und beklagte sich ihm gegenüber gelegentlich über Dans Despotismus.

Nach Dans Tod war Molly chronisch deprimiert. Dauernd machte sie in ihren Gesprächen abfällige Bemerkungen über sich selbst. Sie sagte, sie hätte ihr Leben vergeudet und wiederholte immer wieder, daß sie ein Dummkopf gewesen sei, sich nicht gegen Dan durchgesetzt zu haben und ihm nicht gesagt zu haben, daß sie »auch eine Persönlichkeit« sei. Aber jetzt sei es bereits »zu spät dafür«. Ebenso wiederholte sie immer wieder, daß sie »ohne ihn ein Nichts und Niemand« sei.

Seit Dans Tod verhält sich Molly gegenüber Paul und seiner Familie immer feindseliger - obwohl sie ihn doch immer angebetet hat. Manchmal verleugnet sie ihren Ärger auf ihn, aber sie findet es offensichtlich unmöglich, nicht »Dinge zu sagen, die einfach schrecklich sind, und hinterher möchte ich mir dann auf die Zunge beißen«. Bei verschiedenen Gelegenheiten sind Paul und seine Familie schon vor ihr ausgewichen. Er fühlt sich verletzt und zurückgewiesen – »zurückgewiesen ohne Grund« – und er fühlt auch, daß seine Gegenwart ihren Zustand nur verschlimmert.

Mollys bewährtes Mittel, ihre Wut ein wenig unter Kontrolle zu halten, ist, daß sie immer anpassungsbereiter und unterwürfiger wird, immer märtyrerhafter. Aber dies hilft ihr nicht – es ärgert und reizt vielmehr jeden, der in ihrer Nähe ist. Sie macht Bemerkungen wie: »Eigentlich hätte ich sterben sollen und nicht Dein Vater« oder »Vielleicht wache ich morgen früh gar nicht mehr auf, und das wird dich dann von einer großen Last befreien«. Unbewußt versucht sie, Schuldgefühle zu erzeugen. Solche Demonstrationen von Feindseligkeit verfehlen nicht ihre Wirkung auf die, gegen die sie gerichtet sind. Paul und seine Frau haben einen entsetzlichen Widerwillen dagegen, seine Mutter zu treffen oder mit ihr am Telefon zu sprechen. Sie wünschen sich »daß sie wieder so wäre, wie sie früher einmal war«.

Die Interpretation dieser Entwicklung liegt auf der Hand. Molly wurde von Dan, der starken Eiche, an der sie sich hochranken konnte, verlassen. Diese Tatsache, welche für sie eine Zurückweisung darstellt, erzeugte in ihr Wut.

Die Wut wiederum hat sozusagen ein ganzes Pulverfaß unterdrückter Feindseligkeit in Brand gesetzt. Der Tod ihres Ehemannes hat Molly ihres Selbst beraubt, denn sie hatte ihre Identität mit der von Dan in gegenseitiger Abhängigkeit verschmelzen lassen. Und es hat sie auch der Hoffnung beraubt, in Zukunft einmal ihrer Wut Ausdruck verleihen zu können. Molly und Dan saßen fest in ihrer Beziehungssackgasse: Selbstaufgabe auf der einen und Dominanz auf der anderen Seite. Wegen ihres hohen Alters und angesichts der Tatsache, daß sie immer noch an Dan hängt, gibt es für Molly nur sehr wenig Möglichkeiten, diese unselige Konstellation mit einem neuen Partner zu wiederholen. Es wäre auch zu spät dafür, einen anderen ihrer Charakterzüge auszuleben - etwa zu einer bewußt expansiv-dominanten Person zu werden. Sie fühlte sich wie ein »Niemand«, aber immerhin wie ein Niemand mit unkontrollierbaren Gefühlen von Ärger und Wut. Sie tat das, was nur konsequent und in der Situation angebracht war. Sie verlagerte ihre feindseligen Gefühle - die bis jetzt unterdrückt worden waren - von Dan auf ihren Sohn Paul. Dies wurde natürlich dadurch erleichtert, daß Paul sich mit seinem Vater identifizierte (beide gehörten sie dem expansiv-dominanten Typus an). Als sie ihre Feindseligkeit ausdrückte, kamen expansiv-rachsüchtige Züge in Mollys Persönlichkeit, die sie früher unterdrückt hatte, zum Vorschein. Sie hatte schon immer mehr Vertrauen zu ihrem Sohn als zu ihrem Mann, aber jetzt erst gestand sie es sich zu, ihre wirklichen Gefühle zu erfahren und sie nicht zu verleugnen. Dies hatte wahrscheinlich auf Molly eine heilsame therapeutische Wirkung. Natürlich war Paul durch die charakterliche Veränderung seiner Mutter verwirrt - ebenso wie sein Vater verwirrt gewesen wäre, wenn dieser Wechsel zu seinen Lebzeiten stattgefunden hätte. Jedoch war diese Veränderung in Richtung auf Aggressivität und Feindseligkeit nicht alles. Molly behielt zugleich allen anderen gegenüber ihr überangepaßtes, märtyrerhaftes, Schuldgefühle erzeugendes Verhalten bei. Aber sie war weiterhin Paul gegenüber feindselig eingestellt - und fand so eine Möglichkeit, ihre verschiedenen Bedürfnisse zu befriedigen. Es wäre wohl fast die beste Lösung für sie und Paul, wenn sie eine Art von wohlwollend-kämpferisch-gegnerischer Beziehung entwickeln könnten: Sie akzeptiert ihn unter bestimmten Bedingungen - und zwar unter den Bedingungen, die sie eigentlich lieber ihrem verstorbenen Mann auferlegt hätte.

Überangepaßt - überangepaßt

Unter solchen Paaren findet man häufig sehr ängstliche Menschen, die eine Beziehung zueinander weitgehend deshalb aufgebaut haben, weil sie Angst haben vor anderen Möglichkeiten. Sie fühlen sich deshalb voneinander angezogen, weil keiner der beiden dem anderen als bedrohlich durchsetzungsfähig erscheint.

Manchmal jedoch sind solche Kombinationen schlicht und einfach das Ergebnis von Fehleinschätzungen, in der eine vorübergehende Periode von expansiv-dominantem Verhalten als der eigentliche Charakterzug angesehen wurde, während sich doch später die grundsätzlich anpassungsbereite und unterwürfige Einstellung dieses Menschen herausstellte. Auf jeden Fall werden solche Paare häufig von einer Explosion gegenseitiger Annahme und Wertschätzung überwältigt, da diese Annahme und ein Austausch von Liebe für sie so wichtig sind.

Beide sind auf Menschen hin ausgerichtet; sie sind beide anhänglich und treu. Ihre Gemeinsamkeiten erstrecken sich auf viele Gebiete. Möglicherweise haben sie beide dasselbe soziale Bedürfnis, geliebt und als liebenswerte Menschen angesehen zu werden. Aber Menschen, die überangepaßt und unterwürfig sind, haben nicht die Weltgewandtheit, die bei expansiven, dominant-narzißtischen Typen zu finden ist. Für beide ergibt sich auch nicht die Möglichkeit, sich mit der Dominanz des anderen, die man bei sich selbst unterdrückt hat, identifizieren zu können. Das Bedürfnis, im Partner einen Führer zu finden, bleibt unerfüllt. Solch ein Paar wird zu einem klassischen Fall von »Nach Ihnen, Alphonse«, »Nach Ihnen, Gaston« – dem alten Witz von zwei Franzosen, von denen jeder es ablehnt, vor dem anderen durch die Tür zu gehen, da keiner von beiden gewillt ist, die Initiative und Führung zu übernehmen oder Entscheidungen zu treffen.

Da es für sie schwierig ist, ihrer Wut und ihrem Ärger Ausdruck zu verleihen, stauen sich diese Gefühle an, was gewöhnlich zu weiteren Komplikationen, einschließlich Depressionen und sogar körperlichen Beschwerden führen kann. Magengeschwüre, Atembeschwerden und Migräneanfälle sind die Folge dieser Verdrängung der Gefühle. Solche Beschwerden werden häufig zur Grundlage für eine Märtyrerhaltung oder für das Verlangen nach einer ganz besonderen Behandlung. Die beiden überangepaßten Partner beginnen nun zu wetteifern, wer von beiden das schlechtere Los gezogen hat und am meisten zu leiden hat. Ganz anders als expansiv-narzißtische Typen haben diese Menschen nur wenig Eigenantrieb. Sie neigen dazu, heimlich andere Menschen, die anscheinend ein interessanteres Leben führen, zu beneiden.

Diese Sackgasse von doppelter Unterwürfigkeit und Anpassungsbereitschaft ist häufig bei Freundschaften anzutreffen. Solche Menschen können einen Abend lang zusammensitzen und dabei nicht aufhören zu diskutieren, was man essen und wohin man gehen sollte - ohne daß irgendeiner jemals in der Lage wäre, eine Entscheidung zu fällen. Ähnliche Verhältnisse können sich auch im beruflichen Bereich ergeben, wo ein Ausschuß unter derartigen Umständen außerordentlich lange braucht, um zu einem Entschluß über eine geschäftliche Angelegenheit zu gelangen.

Paare, die in einer solchen Falle gefangen sind, werden wahrscheinlich unter einer allgemeinen Trägheit leiden und unter ihrer Unfähigkeit, innere Reserven für sich selbst anzuzapfen. Manchmal leiden sie unter leichten bis mäßigen chronischen Depressionen. Sie haben außerdem das Gefühl, daß andere Menschen talentierter und glücklicher sind als sie. Der Zustand, in dem sie sich befinden, schließt nicht aus, daß sie aneinander Ansprüche stellen, vor allem nach immer mehr Liebe und Verständnisbereitschaft, nach immer mehr Zeichen der Fürsorge. Entschlußfreudigkeit und die Bereitschaft, Entscheidungen zu fällen, werden vom Partner bei jeder sich bietenden Gelegenheit erwartet. Da solche Entscheidungen jedoch von einem gleichermaßen unterwürfigen wie überangepaßten Partner nicht zu erwarten sind, ist die Beziehung bald von unterdrückter Feindseligkeit, von Verwirrung und quälender Stagnation gefangen. Die Partner befinden sich bald auf einer Art Abstellgleis, da keiner die Bedürfnisse des anderen zu erfüllen vermag.

Wenn sie allerdings dazu fähig sind, die Situation zu durchschauen, dann ist es möglich, daß diese Menschen ein beträchtliches Einfühlungsvermögen für das Dilemma, in dem der andere sich befindet, entwickeln - und manchmal auch ein beträchtliches Maß an Liebe und Mitgefühl. Vielleicht kämpfen sie sogar darum, sich selbst und dem anderen zu mehr Durchsetzungsvermögen zu verhelfen. Aber ohne Einsicht ist es ihnen unmöglich, die Bedürfnisse des Partners sowohl auf unbewußter als auch auf bewußter Ebene zu erfüllen. In diesem Fall ist die Beziehung dazu verurteilt, immer neue Frustrationen bei allen Beteiligten hervorzurufen.

Ein Bruch ist schwierig, da keiner der beiden überangepaßten Partner expansiv oder aggressiv genug ist, um diesen Schritt zu tun. Außerdem neigen diese Menschen dazu, extrem starke, schon fast krankhafte Abhängigkeitsverhältnisse einzugehen, da Abhängigkeit für sie ein gut eingeübtes Verhaltensmuster ist, welchem sie in ihrem Leben außerordentlich oft gefolgt sind. Wenn einer der beiden Partner jedoch in jungen Jahren sterben sollte, dann besteht bei dem Überlebenden die Tendenz, sich für die nächste Ehe eine wirklich expansive Person auszusuchen.

Distanziert - distanziert

Warum gehen distanzierte Menschen überhaupt Beziehungen ein? Mein Analytiker, Nat Freeman, pflegte zu sagen: »Distanzierte Menschen brauchen Menschen, von denen sie sich distanzieren können.« Wenn distanzierte Menschen Beziehungen eingehen, dann besteht die Anziehungskraft, die ein anderer distanzierter Mensch auf sie ausübt, gewöhnlich darin, daß sie sich nicht bedroht fühlen, sondern durch gewisse Gemeinsamkeiten miteinander verbunden sind. Schließlich sind diese beiden Menschentypen mehr an Prinzipien und an Integrität interessiert als an Menschen und an Loyalität. Freiheit ist für sie von überragender Wichtigkeit; gegenüber Zwängen sind sie - so sagt Karen Horney - außerordentlich empfindlich.

Sie haben große Angst, allzusehr in eine Beziehung verwickelt oder eingebunden zu werden. Sie neigen dazu, sich in Situationen sehr langsam und nur mit sehr vielen Vorbehalten einzubringen und sich nicht so sehr direkt zu engagieren. Letzteres würde auf zu viel Interesse, zu viel Begeisterung und zu viel Kontakt hindeuten. Aber trotz ihrer Distanz folgen sie noch anderen persönlichen Bedürfnissen. Sie brauchen in Wirklichkeit andere Menschen, geben dies aber nicht offen zu. Wenn sie ihre Partner nicht richtig verstehen, gehen sie in ihrem gemeinsamen Leben oft getrennte Wege.

Vieles hängt davon ab, ob dieser Zwang zur Distanz sehr ausgeprägt ist. Distanzierte Menschen fühlen sich nicht durch Treuebekenntnisse gebunden, aber sie pochen auf ihre persönliche Integrität und Anständigkeit. Dies ist für sie ein wichtiges Prinzip. Wenn sie einmal meinen, daß das Zusammenbleiben »das Richtige« sei, dann bleiben sie möglicherweise wirklich zusammen, weil sie ihren ganzen Stolz in persönliche Integrität und in das Erfüllen bestimmter Prinzipien hineingelegt haben, auch wenn dies nichts mit ihren persönlichen Vorlieben zu tun hat. Bewußt leiden sie kaum unter Entbehrungen. Aber unbewußte Bedürfnisse nach einer expansiven Dominanz, nach einer gefügigen Abhängigkeitsrolle und nach »Liebe« bleiben vielleicht unerfüllt. So kann es sein, daß jeder der beiden Partner unter einem beträchtlichen Unbehagen leidet. Dies wird gewöhnlich als Angst empfunden.

Solche Menschen sind nur sehr selten in Konflikte und Streitigkeiten verwickelt, denn dies würde zu viel Engagement bedeuten. Es ist schließlich für sie sehr wichtig, einen gewissen Abstand zu wahren. Wenn einer der beiden Partner den Versuch macht, dem anderen näher zu kommen, zum Beispiel, wenn er oder sie eine andere Art der Beziehung ausprobieren möchte, dann wird der andere zurückweichen oder vielleicht sogar eine Trennung in Kauf nehmen. Das Zurückweichen kann eine Art Tangoeffekt erzeugen: Partner Nummer eins kommt immer näher, Partner Nummer zwei weicht einen weiteren Schritt zurück. Da keiner der beiden Partner in der Lage ist, die unterdrückten Bedürfnisse des anderen zu befriedigen, kann die Folge dieses Effekts sein, daß das Paar auseinandertreibt. Ich habe das Wort treiben hier nicht zufällig gebraucht. Ein Verlassen des anderen oder ein klarer Bruch würde zuviel emotionale Anstrengung erfordern. Dies widerspräche dem Prinzip der Unabhängigkeit und inneren Distanz. Wenn die Beziehung vorbei ist, dann gewöhnlich deshalb, weil sie gleichsam ausgebeutet ist. Aber häufig setzt sie sich auch dann noch wegen der inneren Trägheit der Partner weiter fort. Wir müssen uns bewußt sein, daß es Menschen, deren ganzer Stolz ihre Unabhängigkeit ist, immer besser erscheint, die Dinge laufen zu lassen und sich in erster Linie weiterhin als unabhängig zu betrachten. Sie würden vielleicht niemals die notwendigen Schritte unternehmen, um eine Beziehung zu beenden, entziehen sich ihr jedoch möglicherweise, indem sie einfach nichts mehr in sie investieren.

Laura und Jeremy

Laura sagt: »Unsere Schwierigkeiten begannen, als wir geheiratet haben. Nein, wenn ich zurückblicke, dann ist mir klar, daß sie sogar noch früher begonnen haben, nämlich sobald wir uns entschlossen hatten zu heiraten. Bis zu dem Moment war alles in Ordnung. Es war gut, sehr gut, aber hinterher ging es dann immer bergab.«

Jeremy nimmt den Gesprächsfaden auf. »Laura hat recht. Zu einem früheren Zeitpunkt hat sie mir einmal einen lustigen Traum erzählt. In dem Traum konnte sie sich anscheinend nicht mit der Tatsache abfinden, daß wir beide für den Rest unseres Lebens dasselbe Badezimmer benutzen würden.«

Laura sagt: »Vor der Hochzeit – ich meine, ungefähr eine Woche vorher – fühlte ich mich sehr unwohl. Aber Jeremy ging es noch schlechter. Er drehte vollkommen durch, konnte nicht essen und schlafen, fast hätte er die ganze Sache abgeblasen.« Und wieder Jeremy: »Es ging uns doch gut. Jeder hatte seinen Job. Wir haben uns häufig gesehen. Wir sind uns nicht zu nahe gerückt. Ich weiß immer noch nicht, warum wir das gemacht haben. Sie war auch nicht so sehr darauf erpicht. Ich denke, es waren wohl unsere Familien. Vor allem ihre. Kurz nachdem wir zusammengezogen sind, klappte es immer noch ganz gut. Jetzt scheint es dagegen, daß wir einander dauernd im Wege stehen.«

Laura lacht ein wenig. »Vielleicht sollten wir in getrennten Wohnungen leben. Uns erscheint geradezu alles schwierig. Sex auch - wie eine Pflichtübung.«

Jeremy bleibt ernst. »Es ist gar nicht so lustig. Als wir getrennt waren, waren wir am glücklichsten. Zu der Zeit war auch unsere sexuelle Beziehung am glücklichsten.« Weitere Fragen und Gespräche machten mir deutlich, daß Laura und Jeremy zwei sehr distanzierte Menschen waren, die auf Zwang sehr empfindlich reagierten. Ihre persönliche Privatsphäre spielte in ihrem Leben eine äußerst wichtige Rolle. Obwohl sie auf Zwänge so sensibel reagierten, heirateten sie, weil ihre Familien es so wollten und weil sie das Bedürfnis hatten, kulturellen Normen zu entsprechen. Jeder der beiden hatte eine sehr starke, untergründige Neigung zur Anpassung. Das Engagement für die Ehe brachte das Faß zum Überlaufen. Aber auch vorher hatte sich schon Konfliktstoff angesammelt. Ihr ganzes Leben lang waren sie emotional sehr distanzierte Menschen gewesen. Sie hatten immer in beträchtlichem emotionalen Abstand von anderen Menschen gelebt.

Bevor sie sich zur Heirat entschlossen, hatten sie ein »klares Abkommen«. Sie hatten separate Wohnungen, lebten ihre Leben individuell und sahen einander ziemlich häufig, wobei sie manchmal während der Wochenenden gemeinsam in einer Wohnung blieben. Sie fühlten sich glücklich.

Als sie sich zur Ehe entschlossen, entstand das Gefühl des Gefangenseins, das Gefühl, etwas sehr Wichtiges aufzugeben. Als ich sie weiter befragte, wurde auch deutlich, daß sie die Schuld an der Misere in beträchtlichem Maße aufeinander abschoben. Jeder beschuldigte den anderen, seinen individuellen Bedürfnissen und Maßstäben nicht gerecht zu werden. Das Zusammenleben vor ihrer Heirat war traumatisch und turbulent, aber sie wurden damit fertig. Aber nachdem sie geheiratet hatten, vermißten sie, wie sie zugaben, beide ihren eigenen Bereich. Es stellte sich heraus, daß Lauras Traum und ihre übergroße Angst davor, dasselbe Badezimmer zu teilen, ausgerechnet in der Nacht auftrat, als sie beschlossen zu heiraten.

Die Hochzeit - eine öffentliche Zeremonie, zu der alle Freunde und Bekannten eingeladen worden waren - und der legale Status der Ehe beschleunigte noch das Schwinden ihrer früheren Glücksgefühle. Jeremy gab zu, daß seine Panik kurz vor der Hochzeit so groß war, daß er dachte, er möchte am liebsten »wegrennen und sich verkrümeln«. Er sagte, er wüßte nun, »wie es sich anfühlte, in die Sklaverei verkauft zu werden«. Laura sagte, sie fühlte sich sehr traurig, »als ob irgend etwas sehr Bedrückendes geschehen würde. Man erwartete von mir, daß ich sehr traurig war, aber ich war eigentlich traurig.« Interessanterweise versprach sie sich hier und sagte traurig statt froh.

Ich empfahl beiden, zunächst eine Therapie zu machen: sie sagten, sie würden darüber nachdenken; Therapie bedeute schließlich auch ein beträchtliches Engagement. Am Ende des Gesprächs sagte Jeremy lachend, daß sie sich vielleicht scheiden lassen und zu ihrem alten, glücklichen Lebensstil zurückkehren würden, wenn es ihnen gleichgültig wäre, was andere Menschen über sie denken. Ich selbst dachte, daß distanzierte Menschen zu sehr viel Resignation fähig sind. Trotz ihres Unglücks werden Jeremy und Laura vielleicht für den Rest ihres Lebens diesen Weg weitergehen, vor allem wenn ihre untergründige starke Abhängigkeit und ihre Anpassungsbereitschaft weiterhin so groß sind.

Expansiv - narzißtisch/Expansiv - narzißtisch

Bauen Menschen mit identischen charakterlichen Grundzügen eine Beziehung zueinander auf, so sind sie meistens dem Typus des expansiven Narzißten zuzuordnen. Solche Menschen sind häufig die »Macher«. Sie brauchen Bewunderung und eine Zuhörerschaft - und sie brauchen deshalb ebenso dringend andere Menschen. Sie warten nicht darauf, daß irgendeine Gruppe von Zuhörern zu ihnen kommt und ihnen ihre Wünsche auf magische Weise erfüllt: Sie tun etwas, sie handeln und sind aktiv. Für diese Menschen spielt der persönliche Stolz eine große Rolle. So fühlen sie sich leicht voneinander angezogen, denn sie verwenden sehr viel Energie darauf, anziehend zu wirken. Häufig erweist sich diese Anziehung als ein Fall von Liebe auf den ersten Blick. Man kann sich schließlich leicht in sein Spiegelbild verlieben, wenn man immer in sich selbst verliebt war. Auf diese große Liebe folgt jedoch meistens Haß.

Natürlich haben expansive Menschen sehr viele gemeinsame Interessen. Das verbindet sie. Sie orientieren sich an anderen Menschen und loyalen Verhaltensmustern. Sie denken großzügig, sind großzügig, mögen gerne schöne Sachen, haben eine Menge Energie, sind gerne mit Menschen zusammen, vor allem mit solchen, die ihnen treu und voller Bewunderung zur Seite stehen. Sie lieben hochgestellte Positionen und Macht. Gewöhnlich schaffen sie es, mit der Welt ganz gut fertig zu werden – wie sehr sich diese Welt auch als ein Dschungel erweisen mag.

Paare von expansiven Narzißten sieht man sehr häufig im Showgeschäft, aber sie sind auch in anderen Bereichen sehr oft anzutreffen. Sie werden oft von Menschen, die sie nicht wirklich kennen, sehr bewundert: Man betrachtet sie als weltgewandt, talentiert und immer zu einem Vergnügen bereit. Möglicherweise schätzt man sie auch als opportunistisch ein, als herrschsüchtig und ewig drängelnd, als selbstsüchtig, zu Übertreibungen und leichten Verschönerungen der Wahrheit neigend, manchmal auch als seicht und oberflächlich. Diese Art von Beziehung kann gelegentlich ganz positiv verlaufen: Die Tatsache, daß beide Partner mit dem Ziel zusammenarbeiten, von allen reichlich Bewunderung und Beifall zu ernten, hält sie zusammen.

Aber diese Art von »Teamwork« funktioniert nicht immer. Denn keiner der beiden Partner kann das Bedürfnis des anderen nach narzißtischer Bestätigung, nach Bewunderung und Beifall ganz erfüllen. Hinzu kommt, daß beide Partner gleichermaßen und ausschließlich in der Beziehung den Ton angeben wollen. Sie haben gewöhnlich sehr starke Vorlieben, einen gefestigten

Geschmack, konkrete Meinungen und Vorstellungen über »Richtig« und »Falsch«. Sie sind gewöhnlich Perfektionisten und neigen in besonderem Maße zu Arroganz und Rachsucht. Hinzu kommt, daß sie Aggression und das Ausdrücken von Wut mit Stärke gleichsetzen. Wenn der andere Partner die eigenen Bedürfnisse nicht entsprechend ihren eigenen Vorstellungen befriedigt oder wenn er den Vorstellungen nicht entspricht, dann werden Kämpfe möglicherweise unvermeidlich, und sie sind dann häufig sehr tiefgehend und destruktiv.

Diese Art von Beziehung kann gelegentlich sadomasochistische Züge annehmen. Aber es kommt nicht zu der wirklichen sadomasochistischen Sackgasse, weil keiner der beiden Partner geneigt ist, die Rolle des Masochisten zu übernehmen. Das Bedürfnis eines narzißtischen Menschen nach Beherrschung anderer und nach Bewunderung machen ihn jedoch zugleich sehr verletzlich. Dann kommt seine untergründige Anpassungsbereitschaft an die Oberfläche. Dies verwandelt ihn dann zeitweilig in einen Masochisten, solange, bis sein Stolz durch neue Siege oder durch einen Rückzug wiederhergestellt ist.

Das eigentliche Problem für Menschen, die in der expansiv/expansiven Sackgasse feststecken, ist, daß keiner der beiden Partner dem anderen die Möglichkeit bietet, dessen unbewußte Bedürfnisse nach Anpassung, Selbstaufgabe und Distanz auszuleben. Diese Menschen hassen - und verdrängen - ihr eigenes Bedürfnis nach Selbstaufgabe und Distanz. So empfinden sie auch für Menschen, die offensichtlich überangepaßt sind, nur noch Verachtung. Es fehlt ihnen an Verständnis für klar distanzierte Menschen. Sie hassen einander dafür, daß sie sich gegenseitig nicht die Möglichkeit geben, jene Charakterzüge im anderen auszuleben, die sie bei sich selbst unterdrücken. Auf schon fast perverse Art hassen sie den Partner dafür, daß er nicht die Rolle des willigen Schülers spielen will, durch die *sie* dann wiederum die Möglichkeit bekämen, die Rolle des wohlwollenden Despoten auszuleben.

Wie ich schon sagte, können expansive Narzißten vor den Augen anderer das glückliche, erfolgreiche Paar spielen, aber ihr

Privatleben ist häufig die Hölle. Wenn solche Paare nicht wirklich eine relativ ausgeprägte psychische Gesundheit besitzen, dann brechen sie gewöhnlich ihre Beziehung irgendwann erleichtert ab und suchen nach Menschen mit einer anderen charakterlichen Struktur.

Gelegentlich wird der Stolz solcher Menschen so stark verletzt, daß sie in ernsthafte Depressionen verfallen - und häufig suchen sie dann einen Therapeuten auf. Eine erfolgreiche Behandlung wird dann ans Tageslicht bringen, daß ein expansiver Charakterzug weitgehend eine Reaktion darauf ist, daß es dem betreffenden Menschen weitgehend an Selbstachtung fehlt, daß er sich vor einer Selbstaufgabe fürchtet. Wenn dies zutage tritt, dann werden die Beziehungen einfacher: Wenn *beide* Partner ausreichend motiviert sind, Hilfe zu suchen, dann kann die Beziehung sich eher konstruktiv als destruktiv entwickeln.

Bill und Joe

Sie waren beide erfolgreiche Geschäftsleute. Sie waren außerdem gute Bekannte, wenn auch nicht gerade die dicksten Freunde, und sie beschlossen, sich geschäftlich zusammenzutun. Zunächst blühte das Geschäft, ebenso wie ihre Freundschaft - oder zumindest schien es so. Tatsächlich konnten sie sich nicht häufig genug sehen, und dies ging so weit, daß beide Ehefrauen (beide aufopfernd und überangepaßt) schließlich dagegen protestierten, daß ihre Ehemänner an jeder Party und an jeder geselligen Zusammenkunft gemeinsam teilnehmen mußten. Nach einigen Monaten traten plötzlich sehr subtile Veränderungen ein. Zunächst gab es kleine Irritationen. Dann entstanden plötzlich zahlreiche Diskussionen darüber, wer für was verantwortlich sei. Nach weiteren Monaten kam es zu gegenseitigen Beschuldigungen. Bill warf Joe vor, er würde seine Autorität in der Firma untergraben, und umgekehrt. Bald wurde offensichtlich, daß sie sich gegenseitig die Bewunderung und die Treuebekenntnisse jedes einzelnen ihrer Mitarbeiter und Angestellten mißgönnten.

Zunächst einmal schien es, als sei es ihnen ganz gleichgültig, wer nun Präsident und wer Vizepräsident der Firma sein würde. Jedoch wurde dies innerhalb eines Jahres nach Beginn ihrer Partnerschaft zu einem heiß umkämpften Thema, für das es keine Lösung zu geben schien. Schließlich setzte die Firma einen an sich bedeutungslosen, geschäftsführenden Ausschuß ein, so daß einer die Rolle des Direktors und der andere die des Präsidenten übernehmen konnte. Man entschied, daß man sich bei der Übernahme dieser Funktionen abwechseln sollte. Aber nicht einmal dieser Kompromiß führte zu einer Lösung des Konflikts. Beide begannen in zunehmendem Maße unter einer Art von Verfolgungswahn zu leiden, indem jeder den anderen beschuldigte, undurchsichtige Manipulationen gegenüber Angestellten, Kunden und schließlich auch in finanziellen Angelegenheiten unternommen zu haben. Obwohl beide grundsätzlich sehr ehrlich waren, entwickelte sich ihre Beziehung schon bald zu einem reinen Kampf. Beide befürchteten, daß der andere sowohl die führende Rolle übernehmen als auch Bewunderung und Anerkennung für sich allein einheimsen könnte. Innerhalb von 18 Monaten ging die Firma schließlich in Konkurs; beide Männer fühlten sich vernichtet. Es ist fast überflüssig zu erwähnen, daß ihr gemeinsames soziales Leben schon einige Monate vorher in die Brüche gegangen war. Es war jedoch interessant zu sehen, daß ihre Ehefrauen sich weiterhin treffen wollten. Aber die Ehemänner betrachteten dies als einen tiefgehenden Mangel an Loyalität, und ihre überangepaßten Ehefrauen richteten sich schließlich danach.

Als das Geschäft endgültig zusammengebrochen war, hatte jeder der beiden Männer eine lange Liste von Übertretungen und »Verbrechen«, die der andere angeblich begangen haben sollte, aufgestellt. Tatsache war jedoch, daß sie beide fähige, talentierte Geschäftsleute waren, die sich selbst in eine ausweglose neurotische Sackgasse hineinmanövriert hatten. Zunächst hatten sie zusammengearbeitet, aber ihre Beziehung war sehr bald in einen bösartigen Kampf ausgeartet. Sie waren überzeugt, daß sie auf ewig Feinde sein würden und beide entwickelten schließlich sogar paranoide Phantasien darüber, was der andere wohl tun könnte, um sich für das angeblich erlittene Unrecht am Partner zu rächen.

Distanziert - expansiv

Die Anziehung zwischen distanzierten und expansiv-dominanten Personen ist weitgehend die zwischen zwei scheinbaren Gegensätzen. Wenn irgend etwas schlecht läuft, dann möchte der expansive Mensch dies verändern oder in den Griff bekommen, der distanzierte Mensch möchte es ignorieren. Verläuft die Angelegenheit grundlegend positiv, dann möchte der expansive Mensch mehr davon, während der distanzierte eher genug hat - und so fort. Der expansive Typ fühlt sich zu dem distanzierten Menschen hingezogen, weil dieser Zurückhaltung, Schweigen, Integrität, Aufmerksamkeit und Prinzipientreue, Unabhängigkeit, Kühlheit und Selbstkontrolle an den Tag legt. Man hält den distanzierten Partner für geschickt und talentiert, intelligent, stark und weise. Diese vermeintlich vorhandenen Eigenschaften erscheinen einem Menschen, der durch seine ständige Suche nach Bewunderung sehr verletzlich ist, außerordentlich attraktiv. Schweigen ist für einen Menschen, der gern herrschen möchte, aber dabei nicht den Mund halten kann, sehr attraktiv. So nimmt man an, daß derjenige, der immer kühl und distanziert ist, alle mögliche verborgene Weisheit mitsamt der Fähigkeit zur Selbstkontrolle besitzt - ein sehr anziehendes Charakterbild für Menschen, die Kontrolle in jeder Form anbeten. Der distanzierte Mensch setzt auch den Aktionen und Bedürfnissen des Narzißten relativ wenig Widerstand entgegen - solange diese Aktionen für ihn nicht den Anschein von Zwang haben und seine persönliche Integrität nicht verletzen. Der expansive Partner interpretiert diesen Mangel an Widerstand als das Verhalten eines gefügigen Schülers - und schon ist der Weg in die Sackgasse offen, eine Sackgasse, aus der man nur schwer wieder herauskommt. Jeder Partner bietet dem anderen einige attraktive Möglichkeiten. Aber schließlich kommen in der Beziehung Spannungen und Risse zum Vorschein. Die Tatsache, daß der distanzierte Mensch mehr als alles andere die Wahrheit liebt, steht den Übertreibungen und Verdrehungen des Expansiven im Wege. Es bewirkt auch, daß sich der Narzißt im Vergleich zum Distanzierten wie ein Lügner fühlt. Zum Beispiel beginnt der Expansive damit, seine kritischen Theorien über das Ballett zu entwickeln, der Distanzierte unterbricht ihn dabei und erinnert ihn, daß er in seinem ganzen Leben nur zweimal im Ballett war - und beide Male vorzeitig die Aufführung verlassen hat. Im schlimmsten Falle kann es sogar vorkommen, daß es als mangelnde Loyalität interpretiert wird, wenn der Distanzierte sich einmal über Wahrheitsverdrehungen beklagt und dabei das Selbstbild, welches der Narzißt von sich hat, ankratzt. Schließlich wird es für den expansiven Partner immer schwieriger, den distanzierten zu manipulieren - oder sogar andere in der Gegenwart dieses Distanzierten zu manipulieren. Was als eine Haltung von Nachgiebigkeit und Distanz begann, wird zu dickköpfiger Überwachung.

Hinzu kommt, daß der distanzierte Mensch nicht am Partner und an anderen Menschen orientiert ist. Er ist vor allem loyal gegenüber bestimmten Prinzipien. Die beiden Partner werden deshalb wahrscheinlich ganz unterschiedliche Bedürfnisse und Wünsche, zum Beispiel in bezug auf ihr soziales Leben, haben. Wenn sie ein Paar sind, dann empfindet der Expansive vielleicht, daß sie wie Einsiedler leben, während der Distanzierte das Gefühl hat, daß andauernd eine Welle von Menschen ihre Wohnung überschwemmt. Ein typischer Grund für einen Kampf zwischen einem expansiven und einem distanzierten Partner wäre etwa, daß der Expansive ein wenig die Wahrheit verdreht, um einem Freund zu helfen, etwas, was der Distanzierte auf keinen Fall tut, wozu er im übrigen auch gar nicht imstande ist. Die Bedeutung, die er der Wahrheit und Aufrichtigkeit beimißt, ist so groß, daß er auf keinen Fall zulassen kann, daß sein Selbstbild in dieser Weise angekratzt wird.

Schließlich hat der expansive Partner vielleicht sogar das Gefühl, als würde er einen riesigen Wal über trockenes Land hinter sich herschleifen: Alle seine Ideen und sein Enthusiasmus werden dadurch gedämpft und abgetötet, daß er einen gelangweilten, ewig kritisierenden Miesmacher an seiner Seite hat, der immer nur die vernünftige, logische Seite der Dinge und Entscheidungen sieht - und nicht die vielversprechende, glänzende, spaßige Seite. Wenn der distanzierte Mensch sein Bedürfnis nach einer Privatsphäre ausdrückt, dann wird dies vom expansiven Partner häufig nur als Zurückweisung und Treulosigkeit empfunden - und dies ist in der Tat schmerzhaft. Und wenn bei dem Versuch, einen Kontakt herzustellen, der expansive Partner zunächst einen Streit vom Zaun bricht, dann wird der Distanzierte sich häufig einfach zurückziehen und einigeln. Denn dies ist für expansive Charaktere eine sehr wirkungsvolle Bestrafung.

Auf einer unbewußten Ebene vermittelt der distanzierte Partner dem expansiven stets die Möglichkeit, sein Bedürfnis nach Distanz und Ruhe, Integrität und Unabhängigkeit auszuleben. Aber auf der anderen Seite gibt der Distanzierte dem Expansiven fast gar keine Möglichkeit, seine eigenen unterdrückten Bedürfnisse nach Anpassung und Selbstaufgabe auszuleben: Distanzierte Menschen sind gewöhnlich nicht deutlich anpassungsbereit, gleichgültig wie wenig durchsetzungsfähig sie auch erscheinen mögen.

Manchmal fühlt sich der Distanzierte vom Expansiven gleichzeitig angezogen und zurückgestoßen. Das bombastische Gehabe des Narzißten ist nicht leicht zu ertragen, auch nicht das offensichtliche Schielen nach Bewunderung und Unterstützung und ebenso nicht der dauernde Gebrauch von Superlativen, von Übertreibungen und Wahrheitsverdrehungen. Aber für jemanden mit dem unterkühlten Temperament des Distanzierten erscheint jede Art von Anregung als attraktive Stimulation. Der Expansive spielt häufig die Rolle des mitreißenden Alleinunterhalters. Expansive Menschen scheinen anderen häufig ihre Vitalität anzubieten, so daß der Partner dadurch häufig seine eigenen unterdrückten Charakterzüge ausleben kann. Wenn der Distanzierte seine eigenen expansiven Tendenzen auch unterdrückt hat, so wird er unbewußt doch wieder dadurch belohnt, daß der Expansive ihm die Rolle des überlegenen Partners verschafft und zu ihm als Inbegriff von Weisheit und Solidität aufblickt. Diese ausgesprochen komplizierten Winkelzüge einer Beziehung zwischen zwei Charaktertypen zeigen uns, daß die Menschen und ihr Unterbewußtsein wirklich außerordentlich komplexe Bereiche sind, in die oft nur der psychologisch geschulte Fachmann Einblick hat.

Während auf der einen Seite der expansive Partner das Gefühl hat, als würde er einen Wal über trockenes Land hinter sich herschleifen, hat auf der anderen Seite der Distanzierte das Empfinden, als hielte er einen Tiger mit Zahnschmerzen am Schwanz fest: Er fühlt sich unterdrückt, überwältigt, überrannt, gegen seinen Willen zu bestimmten Dingen gezwungen und jeder Privatsphäre beraubt.

Der expansive Mensch hat das Empfinden, als würde sein oder ihr Partner sich selbst nicht einbringen, als sei er kalt, geizig und allzu unabhängig. »Ich möchte ihr nur ein paar Zeilen laut vorlesen – und schon dagegen hat sie Einwände.« Der expansive Partner empfindet, daß der Distanzierte schrecklich geizig mit Lob und Bewunderung umgeht. Der Distanzierte empfindet seinen Partner als »großmäulig, einen Angeber, einen liebenswerten Irren, dauernd störend und lästig, der mir nie meine Ruhe läßt«. Der Distanzierte sagt etwa: »Ich kann nicht ein paar Minuten lang still meinen eigenen Gedanken nachhängen, ohne daß er mich wegen irgend etwas unterbricht.«

Der eine ist gerne mit Menschen zusammen, und er braucht das auch, der andere dagegen nicht. Er zieht es vor, seltener und mit weniger Menschen zusammenzusein. Der eine schäumt über vor Begeisterung für andere Menschen, der andere verhält sich, bevor er ein Urteil fällt oder sich in eine Beziehung einbringt, zunächst einmal reserviert und abwartend. Der Distanzierte plant im voraus, der Expansive möchte alles am liebsten sofort und gleichzeitig tun!

Obwohl sie sich vielleicht übereinander beklagen mögen, sind diese Menschen doch zu sehr starken Bindungen fähig. Der eine bringt seine Vorsicht, seine Wahrheitsliebe und seine Stabilität in die Beziehung ein, der andere sorgt dafür, daß man aus der Lähmung herauskommt, daß Bewegung und Aufregung in die Beziehung getragen werden. Wenn sie miteinander Schluß machen, dann oft deshalb, weil der stark distanzierte, weniger temperamentvolle Teil das Gefühl hat, daß er in der Beziehung »ertrinkt« und das Gefühl für seine eigene Identität verliert.

Der sehr stark expansiv orientierte Narzißt mag das Empfinden haben, daß er mit jemandem zusammenlebt, der »tot« ist, der »nichts gibt« und der deshalb seine narzißtischen Bedürfnisse nicht zu befriedigen vermag. Der Distanzierte ist am wenigsten dazu geneigt, zu schmeicheln, wie sehr dies auch möglicherweise die Dinge erleichtern mag, weil dies seinen inneren Gesetzen von Integrität und Prinzipientreue zuwiderläuft.

Fanny, Benny und Pam

In dieser Geschichte geht es um einen typischen Fall von Identitätsverwechslung. Ich habe Benny und Pam niemals persönlich kennengelernt. Ich habe von ihnen nur durch Fanny erfahren.

Fanny litt seit sechs Jahren unter ernstzunehmenden Angstzuständen und mittleren Depressionen, obwohl sie keine Ahnung hatte, warum sie nun ängstlich oder unglücklich war. Sie hatte praktisch keinen Einblick in sich selbst und in ihre Persönlichkeitsstruktur. In letzter Zeit hatte sich ihre Angst zu Panikanfällen gesteigert, in denen sie sich dermaßen unorganisiert und unorientiert fühlte, daß sie praktisch nicht mehr wußte, was sie als nächstes tun sollte. Sie war deshalb sehr erschrocken und fürchtete, daß sie vielleicht ihre erfolgreiche berufliche Laufbahn aufgeben und »nur zu Hause bleiben« müßte. Während der letzten neun Jahre hatte Benny, ihr Mann, alles getan, worum sie ihn gebeten hatte. Aber nichts hatte Fannys Schwierigkeiten beheben können. Pam, die sie sehr liebte, heiterte sie ein wenig auf – aber sogar Pams Gesellschaft vermochte nicht die namenlose panische Angst zu vertreiben, von der sie gelegentlich ergriffen wurde. Pam war eine kleine Siamkatze, die sie seit sieben Jahren besaßen.

Fanny beschrieb ihre frühe Kindheit als sehr ärmlich. Sie war die jüngste von drei Schwestern, und ihre Familie konnte sich nie mehr als eine Dreizimmerwohnung in einer ziemlich heruntergekommenen Gegend leisten. Ihre Mutter war eine »unglückliche, zornige, neidische« Frau, die ihren Ehemann, einen Lastwagenfahrer, verachtete und ihren Töchtern erzählte, daß er »dumm, unfähig und verachtenswert« sei. Fannys Mutter lastete die Verantwortung für ihr ärmliches Leben ihrem, wie sie sagte, fast analphabetischen Mann an und ihrer sehr schlechten Ehe. Fanny wiederum beschreibt ihren Vater als eine »Null«, der allem und jedem zustimmte. Sie hörte niemals, daß er sich über irgend etwas beklagt hätte, und obwohl er »zu Hause wie ein Hund« behandelt wurde, erschien er »auf stupide Weise zufrieden«.

Fannys Mutter brachte ihren Töchtern sehr viel Wut und Verachtung entgegen. Sie übertrug ihren Ärger über ihre gescheiterte Existenz auf sie. Fanny kann sich nicht an ein einziges Wort des Lobes oder der Ermutigung erinnern. Fannys Mutter sagte ihr häufig, daß sie häßlich sei - und blöd wie ihr Vater. Keines von beidem war auch nur im mindesten wahr. Fanny glaubte ihr aber, und »infolgedessen habe ich niemals gewagt, davon zu träumen, auf eine höhere Schule zu gehen. Im übrigen hat uns unsere Mutter beigebracht, daß Geld alles sei«. Fanny empfand sich schließlich selbst als wertlos und glaubte bald, daß nur eine Ehe mit einem erfolgreichen, wohlhabenden Mann sie aus ihrem Elend erlösen könnte.

Das einzige (indirekte) Lob, das sie jemals von ihrer Mutter bekam, war der Hinweis, daß sie einen richtigen Mann heiraten könnte - »richtig« war als Gegensatz zu ihrem Vater gemeint - und vor allem einen reichen Mann. Ihre Mutter maß dem Geld eine enorme Bedeutung bei, und schon im frühesten Kindesalter begann Fanny, rachsüchtige, triumphierende Phantasien in Zusammenhang mit Geld zu entwickeln. Diese Phantasien wurden ihre einzige Ausflucht aus ihren Gefühlen der Unterdrückung und Minderwertigkeit. Sie standen in direkter Relation zu ihrem Gefühl, im Leben zu kurz gekommen zu sein. Schließlich genügte ihr nicht einmal mehr die Vorstellung, eine Million Dollar zu besitzen. Sie dachte jetzt in Kategorien von Hunderten von Millionen. Aber sogar wenn sie mehrere hunderttausend Dollar im Jahr verdienen würde, hätte sie sich immer noch wie ein »armer Mensch« gefühlt.

Ihr war klar, wie man zu so viel Geld kommen konnte. Sie konnte es nicht allein schaffen, sondern sie brauchte einen Mann, der genau das Gegenteil von ihrem Vater war.

Während ihrer Pubertät wurde Fanny geradezu süchtig nach Filmzeitschriften. Sie war überzeugt, daß Filmstars in einer Art von Himmel auf Erden lebten, da sie sowohl über Geld als auch Ruhm verfügten. Sie glaubte, daß die Grenzen und Schwierigkeiten mit denen normale Menschen zu kämpfen hatten, für die Größen des Showgeschäfts keine Rolle spielten.

Und dann traf sie Benny. Schon als sie ihn zum erstenmal sah, wußte sie: »Es war Liebe auf den ersten Blick.« Benny war, so dachte sie, alles, was ihr Vater nicht war. Benny würde ihr Retter sein. Er sah gut aus, wie einige ihrer Filmidole. Was noch wichtiger war, er verdiente als geschäftsführender Direktor 40 000 Dollar pro Jahr, und es schien, daß er »wirklich tolle Sachen unternahm«. Zu dem Zeitpunkt verdiente Fanny 7000 Dollar im Jahr. Sie heirateten. Ihre Beziehung war »für ungefähr sechs Wochen« sehr leidenschaftlich. Dann beruhigte sich alles wieder. Fanny nahm einen anderen Job an. Sie kauften eine Siamkatze und nannten sie Pam.

Fanny machte schließlich Karriere und verdiente immer mehr Geld. Benny nicht. Fanny wurde der Starproduzent einer Filmgesellschaft. Nach kurzer Zeit verdiente Fanny ein Vielfaches von Bennys Einkommen. Pam schnurrte, und Fanny und Benny liebten sie. Benny war eigentlich zufrieden. Aber Fanny war vollkommen unzufrieden und begann, unter Angstanfällen zu leiden. Diese Angstanfälle fielen mit jedem ihrer neuen Erfolge im Geschäftsbereich zusammen, die immer häufiger wurden. Benny und Pam blieben jedoch zufrieden und gleichgültig.

Fanny wurde sich immer stärker bewußt, daß sie sich von Benny enttäuscht fühlte. Sie fühlte sich frustriert, weil sie nicht fähig war, Benny zu höheren Leistungen anzutreiben. Aber sie unterdrückte diese Wutgefühle. Ihre sexuelle Beziehung war fast auf dem Nullpunkt. Gelegentlich schliefen sie noch miteinander, aber immer auf Fannys Initiative hin. Sie dachte sogar daran, Benny zu verlassen, aber es gelang ihr nicht. Er war immer nett zu ihr, vor allem wenn sie sich deprimiert fühlte, und wenn sie sich so fühlte, dann brauchte sie ihn ganz besonders. Wenn sie jedoch keine Depressionen hatte, dann empfand sie Verachtung dafür, wie er alles für sie und ihren kleinen Haushalt erledigte. Seine Gefälligkeit wurde dann von ihr als unmännliche Schwäche interpretiert.

Fanny erkannte, daß sie einen Mann geheiratet hatte, der irgendwie ganz genau wie ihr Vater war. Benny war genau das Gegenteil dessen, was sie erwartet hatte. Er war offensichtlich kein »Supermann«. Er würde niemals reich sein oder berühmt oder irgendeine Karriere machen wie die Filmstars, von denen sie früher gelesen hatte. Sie hatte sich selbst betrogen.

Benny hatte sich in seiner Rolle von resignierter Distanziertheit festgefahren und hatte nicht im mindesten die Absicht, sich zu ändern. Viele Male sagte er Fanny, daß er in seinem Job glücklich sei und daß er keine weiteren Beförderungen und damit verbundene Kopfschmerzen haben wolle. Er meinte dies ehrlich. Als sie ihn drängte und drohte, ihn zu verlassen, da sagte er, sie könne das tun, wenn sie es tun müsse, aber er würde sich in gar keiner Weise ändern. Er wußte, daß sein Verhalten in Ordnung war und daß er keine Hilfe brauchte. Er half ihr weiter in jeder Hinsicht, soweit er sich dabei nicht persönlich ändern mußte, vor allem dann, wenn sie deprimiert oder ängstlich war. Er kaufte ein, putzte, kochte, pflegte Pam (die nicht viel Pflege brauchte, da Siamkatzen sehr unabhängig sind).

Fanny war in der Falle. Ihre starken unterschwelligen Bedürfnisse nach Abhängigkeit und einer Bindung ließen die Vorstellung, allein zu sein, sehr bedrohlich erscheinen, vor allem dann, wenn sie deprimiert war oder Angstanfälle hatte. Im übrigen war Benny wirklich »ein feiner Kerl«, der ihr niemals Probleme machte und immer da war, wenn sie sich anlehnen wollte. Aber sie haßte sich selbst dafür, daß sie einen ähnlichen Typ wie ihren Vater geheiratet hatte. Sie schämte sich, daß Benny so wenig erreicht hatte. Sie haßte es, mit ihm zu bestimmten Parties ihrer Firma zu gehen. Sie litt jedesmal unter schweren Angstanfällen, wenn ein Zusammentreffen mit Vorgesetzten, mit wirklich einflußreichen Leuten anstand. Aber ihre expansiven Charakterzüge waren stark ausgeprägt und trotz ihres Elends wuchsen ihre beruflich-geschäftlichen Fähigkeiten immer weiter. Sie verdiente schließlich immer mehr Geld. So wurde die Kluft zwischen ihrem eigenen und Bennys Einkommen immer größer – und ebenso wuchs ihre Verachtung für ihn und für sich selbst.

Fanny ist eine sehr expansive, aber zugleich abhängige Frau mit sehr wenig echter Selbstachtung, die den Prototyp ihres Vaters geheiratet hat. Vielleicht war ihre Wahrnehmung durch das, was sie zunächst als Bennys gute und hohe berufliche Position ansah, verzerrt. Vielleicht fühlte sie sich auch unbewußt zu ihrem Vater hingezogen und verlagerte einige dieser Gefühle bei dem Versuch, sich unerfüllte Sehnsüchte ihrer Kindheit zu erfüllen, auf Benny.

Zunächst entwickelte sie sowohl eine Abhängigkeits- als auch eine Wettbewerbsbeziehung zu diesem Mann, wobei sie sehr bald mit ihm nicht mehr wetteifern brauchte (weil sie ihn ohnehin übertraf), aber immer noch abhängig von ihm war. Diese Abhängigkeit hinderte sie daran, ihn zu verlassen, aber zugleich entwickelte sie aus demselben Grunde grenzenlose Wut auf ihn. Und doch mußte sie diese Wut unterdrücken, denn wenn sie sie ausgelebt hätte, dann hätte sie vielleicht eine Beziehung zerstört, in der sie sich außerordentlich abhängig fühlte. Das Unterdrükken ihrer Wut führte bei ihr zu Depressionen, und die latente Gefahr, daß diese Wut an die Oberfläche gelangen könnte, verursachte ihre Panikanfälle.

Als Fanny den Versuch machte, ihre geschäftlichen Unternehmungen, die ihr zu soviel Erfolg verhalfen, ein wenig zu beschränken, fühlte sie sich in die Armut ihrer Kindheit zurückversetzt – und dies wiederum erfüllte sie mit Selbsthaß. Sie wurde deprimiert. Durch die Depression wurde sie erneut abhängig von Benny, der »immer loyal« war. Aber der Preis für diese Zufriedenheit war zu hoch. Die Depressionen wurden immer unerträglicher. Wenn sie entsprechend ihrer expansiven Natur lebte, dann wurde der Abgrund zwischen ihr und Benny immer größer: sie wurde wütend über seine Trägheit und ihre Unfähigkeit, ihn anzutreiben. Sogar Pam, die Katze, schien eine Art Gleichgültigkeit zur Schau zu tragen. Fannys Selbsthaß und die in ihr hochkommende Wut riefen immer häufiger Angstzustände und Panik hervor. Sie war in einer Zwickmühle.

Wenn sie Ben verlassen würde, wäre sie allein - und keine noch so große Summe Geld machte das erträglich. Wenn man allein zurechtkommen wollte, dann brauchte man Selbstachtung - und die hatte sie nicht. Wenn sie jemand anderen treffen würde, dann könnte er sich wieder als »ein zweiter Benny« erweisen. Wenn sie jemanden treffen würde, der im Geschäftsleben erfolgreich war (so wie sie selbst) oder auch irgendeinen Prominenten, dann würde der »sie nicht wollen«. »Aber sogar wenn er mich wollte«, meint sie, »dann würde er sich bald als ein fieser Hund erweisen. Denn das muß man sein, um an die Spitze zu kommen - ich kenne doch diese Art von Menschen.«

Gibt es für sie einen Weg aus dem Dilemma heraus? Fanny muß ihre Maßstäbe und ihre Erwartungen verändern. Ihre menschliche, liebevolle Seite muß weiterentwickelt werden. Sie muß sich der Gehirnwäsche ihrer Mutter und ihren kindlichen Phantasien von Sieg und Triumph entziehen. Sie muß lernen, zu anderen eine weniger oberflächliche Beziehung aufzubauen, und sie muß erkennen, in welchem Maße sie selbst zum Opfer des Ruhm-und-Geld-Mythos geworden ist. Sie muß noch einmal ihre Kindheit betrachten, sie muß lernen, das Kind, das sie war, zu schätzen und zu lieben. Und sie muß aufhören, sich ihrer Herkunft zu schämen. Nur dann kann sie ihren Zynismus überwinden und genug Liebe zu sich selbst und zu anderen entwickeln. Es ist in diesem Zusammenhang auch notwendig, daß sie die Beziehung zu ihrem Vater mit allen ihren Verwirrungen versteht.

Sie darf sich selbst nicht länger wegen ihrer Verbindung zu ihm als geschädigt betrachten. Tatsächlich wäre es ein Anzeichen für einen beträchtlichen Fortschritt, wenn sie ihn wirklich als einen anständigen Menschen akzeptieren und respektieren - vielleicht sogar lieben - könnte. Wenn Fanny ein wenig Gefühlswärme, die sie Pam, der Katze, entgegenbringt, auf Benny und auch auf andere Menschen verlagern könnte, dann würden ihr Zynismus und ihre Hoffnungslosigkeit möglicherweise abgebaut werden. Ihr Verständnis für die Bedingungen, unter denen Menschen leben, ihre Liebe und Achtung für andere Menschen und für sich selbst würden steigen.

Überangepaßt - distanziert

Es scheint, als hätten solche Charaktertypen sehr viel gemeinsam. Sie erscheinen schüchtern und zurückgezogen - aber der eine ist zu gleichgültig, um sich zu engagieren, und der andere ist so angepaßt, daß er sich niemals durchsetzt oder den Mund wirklich aufmacht. Aber sie wirken beide auf gleiche Weise eher ruhig und zurückhaltend; deshalb fühlen sie sich möglicherweise zueinander hingezogen. Der anpassungsbereite Partner erscheint attraktiv, weil er den Urteilen des Distanzierten bereitwillig zustimmt - er scheint deshalb unkompliziert und umgänglich. Der Distanzierte erscheint dem anderen als still und stark - mit großen verborgenen intellektuellen Fähigkeiten -, eine Eiche für den Wein, der sich an ihr hochranken möchte. Jeder bietet eine Realisierungsmöglichkeit für die Bedürfnisse des anderen: Der Distanzierte kann seine überangepaßte Seite im anderen ausleben, und der Überangepaßte kann seine unterdrückte Distanz und Scheinexpansivität ausleben. Der überangepaßte Partner hat Angst vor klaren Entscheidungen und Handlungen.

Der Distanzierte, für den Wahrheit und Prinzipientreue große Werte darstellen, wird vielleicht gezwungen, der Starke und Entscheidungsfreudige zu sein. Und es ist wohl möglich, daß ihm diese Rolle zuwider ist und er sich in einer schrecklichen Zwangslage fühlt. Er wird auch das Klammerbedürfnis, das Bedürfnis nach Liebe und Zuneigung von seiten des anderen Partners schwer ertragen. Er wird sich sogar noch stärker überwältigt und überrannt fühlen, als dies der Fall wäre, wenn der andere Partner ein expansiver Narzißt wäre. Manchmal wird der Distanzierte Arroganz und Widerwillen gegen seinen Partner zeigen, weil er andauernd Menschen braucht, und er wird das Bedürfnis des anderen nach Liebe und Beliebtheit verachten.

Auf der anderen Seite fühlt sich der Überangepaßte betrogen. Der starke, stille Partner ist jemand, der einen starken Widerstand dagegen empfindet, die Rolle der mächtigen Eiche für den ewig klammerbedürftigen Wein zu spielen. Der Überangepaßte wiederum empfindet Kälte und Isolation, er fühlt sich zum wiederholten Mal zurückgewiesen und zurückgestoßen, er kann das Bedürfnis des anderen nach einer ausgeprägten Privatsphäre und nach klaren Grenzen nicht verstehen.

Wenn der Überangepaßte seinem Schmerz und seiner Enttäuschung Ausdruck verleiht, dann ist dies für den Distanzierten sehr ärgerlich und unangenehm. Aber die unfreiwillige Distanz, das häufige Zurückgewiesenwerden ist für den Überangepaßten außerordentlich grausam, vor allem dann, wenn er sehr starke Abhängigkeitsgefühle hat. Er oder sie leidet am meisten unter einem Partner, der moralische Integrität, Prinzipientreue und innere Distanziertheit für wertvoller betrachtet als die Persönlichkeit anderer Menschen. Aber obwohl der überangepaßte Partner Widerwillen gegen eine solche Art von Behandlung empfindet, hat er doch zugleich großen Respekt vor der Unabhängigkeit und Integrität des anderen, die, wie er selbst weiß, für ihn persönlich nicht erreichbar sind.

Der Distanzierte wird diese Beziehung nur aufrechterhalten, weil er sich aufgrund seiner allgemein resignierenden Haltung innerlich gelähmt fühlt. Wenn der distanzierte Partner jedoch Auftrieb in Richtung auf Expansivität erhält – wenn zum Beispiel er oder sie befördert wird und dies die Selbstachtung erheblich steigert –, dann trägt ihn möglicherweise dieser expansive Schwung aus der Beziehung heraus.

Der krankhaft Abhängige bleibt möglicherweise nur deshalb bei seinem Partner, weil es »draußen so kalt« ist. Aber er wird sich andauernd nach sehr viel Aufmerksamkeit sehnen und wird viele Bedürfnisse und Ansprüche haben. Diese Bedürfnisse bleiben weitgehend unerfüllt, und der abhängige Partner empfindet dann möglicherweise eine große Wut darüber. Jedoch wird dieses Wechselspiel von Anspruch und Versagung nur selten masochistische Züge annehmen. Distanzierte Menschen haben nur selten von sich aus sadomasochistische Tendenzen, denn Sadomasochismus setzt eine zu große Nähe voraus. Wenn ein dominanter Partner verfügbar ist, dann ist es gut möglich, daß der überangepaßt-unterwürfige Mensch die alte Beziehung von sich aus abbricht. Die Sackgasse, in die eine überangepaßte Unterwürfigkeit führt, kann möglicherweise ohne jeden Ausweg sein, wenn Gefühle von distanzierter Apathie und unterwürfig-abhängiger Furcht eine Beziehung beherrschen.

Mel und Linda

»Die Wahrheit? Er war ein guter Tänzer. Das gab den Ausschlag, so dumm das jetzt, dreißig Jahre später, auch erscheinen mag. Seine Art zu tanzen, der Kamelhaarmantel, den er trug, er rauchte eine Zigarette wie Humphrey Bogart – bitte lachen Sie mich nicht aus, aber das war es, was mich zunächst einmal für ihn einnahm. Ich habe viele Male darüber nachgedacht.«

»Sie hatte eine hübsche Figur. Wirklich, eine tolle Figur und auch ein nettes Gesicht. Als sei sie aus einer Reklamefläche leibhaftig herausgestiegen – das Mädchen, das Camel raucht, oder so etwas Ähnliches. Ich nehme an, heute würde man sie als »cool« bezeichnen. Sie sah toll aus in ihrem engen Pullover – wie Tina Turner. Ich war im übrigen auch schon fast dreißig. Das ist schließlich ein Alter, um zu heiraten. Wir hatten dieselbe Religion. Es war schließlich all die Jahre lang gar nicht so schlecht.«

»Vielleicht nicht für ihn. Für mich ist es schlecht, insgesamt wirklich schlecht gewesen. Wir haben ein ganzes Leben zusammen verbracht, ohne irgend etwas gemeinsam zu haben. Er hat es nicht einmal bemerkt, aber wir haben keine gemeinsamen Interessen - nicht einmal die Kinder. Ihm ist alles vollkommen gleichgültig. Sport, Musik und Fernsehen - das ist alles, was ihn jemals interessiert hat. Ich mag dagegen Oper und klassisches Ballett. Ich kann noch nicht einmal sagen, daß ich ihn besonders mag, das tue ich nämlich nicht. Seit Jahren ist unser Sexualleben eine einzige Katastrophe. Er denkt sowieso nur an sich. Niemand in meiner Familie hat sich jemals scheiden lassen. Niemand. Ich kann mir das ganz einfach nicht vorstellen. Ich nehme an, ich habe doch irgendwelche Gefühle für ihn, oder sagen wir, nicht einmal wirklich für ihn - für uns vielmehr, für die Familie. Vielleicht ist dies alles eine schreckliche Scheinwelt, aber ich kann da nicht so einfach heraus. Zu viele Jahre sind vergangen. Ich nehme an, es ist mir allmählich alles zur festen Gewohnheit geworden.«

Als ich nachfragte, bestätigte sich mir das, was mir eigentlich schon vorher ziemlich deutlich gewesen war. Er war ein innerlich resignierter Mann, der vor tiefen Beziehungen zurückschreckte. Distanz war seine Parole. Er war stets in einem Zustand von halber Betäubung durch das Leben gegangen und hatte fast alle Arten von Gefühlsäußerungen zu vermeiden versucht. Obwohl er ziemlich intelligent war, lebte er doch dadurch, daß er sich vollkommen von seinen Gefühlen entfremdet hatte, ein mechanisches, routinemäßig langweiliges Leben. Dazu gehörte auch sein Beruf, ein untergeordneter, langweiliger Posten bei der Regierung, in dem er praktisch niemals eine Entscheidung zu treffen brauchte. Er war darüber hinaus durch eine Fernsehsucht gelähmt und die einzige größere Erregung, zu der er fähig war, verspürte er beim passiven Anschauen von Sportsendungen im Fernsehen.

Sie war eine im wesentlichen überangepaßte, abhängige, unterwürfige Person, die irgendwann in ihrem Leben begonnen hatte, gegen ihre Rolle zu rebellieren, und die deshalb jetzt ihre

Gefühle von Enttäuschung und Wut bewußt spürte. Sie litt außerdem unter ausgeprägten Resignationsgefühlen. Dies rief, zusammen mit nur wenig entwickelter Selbstachtung, überwältigende Gefühle von Sinn- und Hoffnungslosigkeit hervor. Sie war – aber sie glaubte das selbst nicht – intelligent und weltgewandt, aber ihr schlechtes Selbstbild bewirkte, daß sie sich auf ewig an den altbekannten Status quo anklammerte. Sie hatte sich schließlich mit ihrer Rolle und mit ihrer Beziehung zu ihrem Mann abgefunden. Dies machte es ihr fast unmöglich, sich selbst aus einer Beziehung, in der sie nur ein Minimum an gefühlsmäßiger »Nahrung« erhielt, herauszuwinden.

Tatsächlich hatte sich ihre Beziehung aufgrund von bestimmten Phantasie- und Idealvorstellungen über Filmstars und Prominente entwickelt, und sie wurde deshalb fortgeführt, weil beide meinten, sie müßten bestimmten Normen und Vorstellungen entsprechen, zum Beispiel, daß man irgendwann heiraten müßte. Insbesondere sie hatte ein bestimmtes Klischee von einer romantischen Beziehung entwickelt: Es entsprach dem Wunschbild einer Frau, die an der Seite eines Humphrey-Bogart-Typen durchs Leben schwebte. Natürlich entsprach an ihm nur das Äußere jenem Typ, und er war ebensowenig ein Bogart-Typ, wie Humphrey Bogart selbst genau der Typ war, den er in seinen Filmen darstellte. Er geriet in diese Beziehung einfach deshalb, weil das eben so üblich war. Aber er tat das, so wie fast alles andere in seinem Leben auch, nur mit sehr wenig Begeisterung. Auch die Tatsache, daß sie beide der gleichen Konfession angehörten, konnte nicht bewirken, daß ihre Beziehung dauernd und in jeder Hinsicht phantastisch und glanzvoll gewesen wäre: Schon bald wurden sie von der Realität – Verpflichtungen, unbezahlte Rechnungen – eingeholt. Sie hatten schließlich das Gefühl, in einer mechanischen Lebensweise und in Langeweile zu versinken.

Trotz dieser großen Enttäuschung hatte sie immer noch ein starkes Gefühl dafür, daß sie beide eine lange gemeinsame Geschichte hatten, und deshalb – und weil sie ein abhängiger Mensch mit wenig Selbstachtung war – blieb sie eben »hängen«.

Er wiederum steckte in der Beziehung fest, weil er sich selbst von seinen Gefühlen so sehr entfremdet hatte, daß er nicht mehr wußte, daß irgendetwas verkehrt war; denn er hatte sich innerlich mit dem Status quo abgefunden. Auf unbewußter Ebene versuchte er wohl, seine Ehe vor einer Scheidung zu bewahren.

Sadomasochismus

Sadomasochismus im weitesten Sinne - das heißt, über den rein sexuellen Bereich hinaus - gibt es in bestimmten Ansätzen in jeder einzelnen der verschiedenen Beziehungssackgassen, die wir bisher beschrieben haben. Wir könnten Sadomasochismus in der Tat als »Hauptsackgasse« betrachten, da er in festgefahrenen Beziehungsmustern am häufigsten anzutreffen ist. Sadomasochistische Elemente gibt es sowohl in oberflächlichen, kurzlebigen als auch in engen und lang andauernden Beziehungen. Man findet diese Art des Verhaltens in Beziehungen zwischen Eltern und Kindern, zwischen Geschwistern, zwischen Geschäftspartnern und Berufskollegen.

Ich glaube nicht, daß Sadomasochismus seine Begründung in Instinkten findet. Es trifft sicherlich auch nicht zu, daß Frauen grundsätzlich oder instinktiv masochistisch wären - oder auch Männer grundsätzlich oder instinktiv sadistisch. Tatsächlich bin ich der Meinung, daß Menschen von Instinktzwängen fast vollständig frei sind und daß unser Verhalten, abhängig von dem Grad unserer seelischen Gesundheit, entweder diktiert wird von neurotischen Zwängen, von starken Bedürfnissen und Sehnsüchten, oder daß es das Ergebnis von inneren Konflikten und Ängsten ist, die uns gar nicht bewußt sind, oder aber, als letzte Möglichkeit, daß es das Ergebnis einer freien Entscheidung ist. Ich bin der Meinung, daß Sadomasochismus eine neurotische Verhaltensweise ist. Ich glaube, daß Sadismus und die entgegengesetzte Haltung, der Masochismus, ebenso wie viele andere neurotische Anpassungsmuster, im wesentlichen das Ergebnis bestimmter sozio-kultureller Einflüsse und Zwänge ist.

Wir müssen Sadomasochismus unter einem umfassenderen Blickwinkel als nur dem sexuellen betrachten. Sadomasochismus beschreibt eine Art und Weise der Kommunikation, die nicht unbedingt sexuelle oder physische Gewalt einschließt, obwohl dies vielleicht gelegentlich ein wichtiger Aspekt ist. Was jedoch für uns hier von Interesse ist, ist die Art und Weise, wie er sich im emotionalen Bereich einer Beziehung auswirkt.

In einer sadomasochistischen Beziehung spielt der Masochist die Rolle des abhängigen, ergebenen, schwachen, selbstlosen, angepaßten, bittenden Schülers ohne eigenes Selbstbewußtsein. Der Sadist spielt die Rolle des meisterlichen, allwissenden, unabhängigen, manchmal rebellischen und dominanten Manipulators.

Tatsächlich werden im Sadomasochismus nur bestimmte Rollen gespielt. Jeder der beiden Partner fühlt sich schwach, verletzbar, innerlich tot, erstarrt und sehr abhängig. Beide versuchen, Gefühle, die oft zu schwach sind, um überhaupt wahrgenommen zu werden, zu stärken, indem sie Schmerzen verursachen oder Schmerzen erleiden, indem sie sich gegenseitig manipulieren und der eine die unterdrückten Gefühle des anderen auslebt. Beide Partner sind in der Tat chronisch und auf krankhafte Weise voneinander abhängig. Je stärker diese ungesunde Abhängigkeit ist und je stärker die innere Leere, die sie betäuben wollen, desto länger dauert die Beziehung. Und je stärker die innere Erstarrung ist, die jeder von beiden fühlt, desto größer ist die Abhängigkeit oder das Bedürfnis, sich mit einer anderen, lebendigen Person zusammenzutun. Die Intensität einer sadomasochistischen Beziehung ist, ebenso wie ihre Dauer, direkt proportional zum Gefühl der Leblosigkeit und überhaupt zum Fehlen aller echten Gefühle.

Ebenso findet in einer sadomasochistischen Beziehung ein periodischer Rollentausch statt. Dies scheint die Kommunikation immer wieder aufzufrischen, indem man versucht, die stimulierenden Wirkungen von Schmerz oder Elend entweder in der Rolle des Quälenden oder des Gequälten fortwährend zu erhalten. Manchmal gibt es Zeiten, in denen beide Partner darum wetteifern, die Rolle des Sadisten zu spielen, um eine scheinbare innere Lebendigkeit zu erfahren. Wenn jedoch dann keiner der Partner die Rolle des Gegenspielers (die des Masochisten) übernimmt, dann wird die Beziehung auseinanderbrechen. Sie endet auch dann, wenn einer der beiden Partner sich verändert oder seelisch soweit gesundet, daß er es ablehnt, dieses Spiel weiter mitzuspielen.

Ein sadomasochistisches Zusammenspiel ist möglicherweise in vielen Beziehungen so subtil und so verdeckt, daß man es kaum zu erkennen vermag. Vielleicht handelt es sich dabei nur um eine ganz stille Form von Tyrannei oder Manipulation und um ein Ausdrücken von Wünschen durch Bitten und Betteln – um einen Pelzmantel zum Beispiel – oder um das merkwürdige Vater-Tochter- oder Mutter-Sohn-Rollenspiel, das man gelegentlich zwischen verheirateten Erwachsenen beobachten kann. Sadomasochismus kann auch durch die Art, wie Geld verwaltet und benutzt wird, offensichtlich werden.

Ebenso bedeutsam ist, wer die Entscheidungen trifft, wer Belohnungen und Beschränkungen festsetzt, wer brüllt und wer sich kleinmacht. Solche Vorgänge können so subtil sein, daß viele von uns sich niemals bewußt sind, wie stark eine Beziehung von sadomasochistischen Elementen durchdrungen ist.

Warum sind sadomasochistische Elemente in unserer Gesellschaft in vielen Beziehungen so weit verbreitet? Wir müssen, um diese Frage zu beantworten, unser kulturelles Umfeld betrachten. Betrachten wir einmal unsere frühen Kindheitserfahrungen mit Belohnung und Bestrafung. Vater oder Mutter belohnen mit Vergnügen und bestrafen mit Schmerzen, indem sie dem Kind Angenehmes vorenthalten oder sich ihm selbst entziehen. Solche Erfahrungen ziehen unweigerlich unterdrückte Wut, Unrechtsgefühle und rachsüchtige Phantasien nach dem Motto »Es wird ihnen schon noch leid tun, daß sie mich so behandelt haben« nach sich. Diese Gefühle können später durchaus praktische Konsequenzen haben. Für kindliche Gefühle der Hilflosigkeit entschädigt man sich später, indem man andere manipuliert und schlecht behandelt.

Außerdem haben allzu viele kulturelle Einflüsse – wie bestimmte Gefühle hinsichtlich des Geldes, Wettbewerb, die Sucht nach sexueller Stimulation und andere, die ich später noch erörtern werde – die Wirkung, die Gefühle abzutöten und den einzelnen nach einer synthetischen Lebendigkeit suchen zu lassen. Dies geschieht gewöhnlich durch Wettbewerb und Rivalität. Sadomasochismus ist ein natürlicher Blutsbruder des Leistungsdenkens. Beide verstärken sich gegenseitig. Wenn ich in einem Wettbewerb triumphiere, so liegen darin auch Elemente von Haß und Rachsucht: Ein großer Teil der Befriedigung wird daraus gewonnen, daß man deutlich die Niederlage des Gegners im Gegensatz zu dem eigenen Hochgefühl empfindet.

Gerade Menschen, die in ihren Charakterstrukturen sehr schlecht zusammenpassen, neigen meiner Meinung nach zum Sadomasochismus. Man hat ihnen beigebracht, das zu verachten (oder zumindest herabzusetzen), was anders ist als sie selbst. Sie entwickeln sadomasochistische Gefühle, um den Partner, der anders ist als sie selbst und sie deshalb frustriert, für die fehlgeschlagene Beziehung zu bestrafen. Menschen, die aus dem einen oder anderen Grund nicht den Ausweg aus einer solchen Beziehung finden (zum Beispiel aufgrund von Konventionen, wirtschaftlichen Faktoren oder einer krankhaften und destruktiven Abhängigkeit), setzen zu ihrer Festigung sadomasochistische Elemente ein. Kurz gesagt: Sadomasochismus ist ihre Form, Nähe auszudrücken und Nähe zu erleben.

Darüber hinaus glaube ich, daß wir gerade in unserem kulturellen Umfeld häufig der Versuchung zum Sadomasochismus erliegen, um die Angst zu beschwichtigen, die dieser Konflikt hervorruft. Menschen sind häufig sadistisch, um ihre Wettbewerbs- und Rivalitätsbedürfnisse zu befriedigen. Masochismus befriedigt dann scheinbar das Bedürfnis nach Kooperation. Da sadomasochistische Partner in periodischen Abständen ihre Rollen tauschen, finden sie zu einem gewissen Maß an innerer Ausgeglichenheit, während jedes der Bedürfnisse befriedigt wird: Die Beziehung wird durch neurotische Elemente am Leben erhalten und hat daher die Tendenz, sich längerfristig fortzusetzen. Sogar dann, wenn sich die Partner nicht mehr länger körperlich nahe sind, kann sich ihr sadomasochistisches Zusammenspiel fortsetzen. Ich habe eine ganze Reihe von Beziehungen beobachtet, aus denen der Masochist schließlich ausgebrochen ist; häufig übernimmt dann, viele Jahre lang, der Sadist die Rolle des Masochisten, indem er darum bettelt, daß er/sie zurückkehren möge, was der Partner wiederum auf sadistische Weise zurückweist. So setzt sich die Beziehung fort, obwohl beide doch räumlich und körperlich getrennt sind.

In Anbetracht der untergründigen Kräfte, die hier eine Rolle spielen, überrascht diese neue Situation nicht. Menschen klammern sich normalerweise verzweifelt an das Leben. Sie werden fast alles tun, um Gefühle innerer Leere und inneren Absterbens zu besänftigen. Die Scheinlebendigkeit des Sadomasochismus ist ein schlechter und sogar destruktiver Ersatz für eine wirkliche Lebendigkeit, die aus einem gesunden Kampf um eine konstruktive Beziehung heraus entsteht. Aber sogar eine Scheinlebendigkeit bedeutet inmitten toter Gefühle eine starke Kraft.

Mom

Mom ist heute eine alte Dame von fünfundachtzig Jahren; ihr Mann ist vor zehn Jahren gestorben. Zu seinen Lebzeiten war sie in nahezu jeder Hinsicht völlig auf ihn angewiesen. Sie war immer naiv, sanft und vollkommen anpassungsbereit. Zu ihrer Zeit und in ihrer Generation wurde sie als die perfekte Hausfrau und Mutter angesehen. Niemand erinnert sich daran, daß sie jemals laut geworden wäre, ganz zu schweigen davon, daß man sie wütend gesehen hätte. Selbst ihr Weinen geschah still und im Verborgenen; allerdings haben ihre Kinder sie recht häufig weinen gesehen.

Sie hatte harte Zeiten durchgemacht. Ihr Mann, George, war dominant, häufig egozentrisch und kümmerte sich anscheinend überhaupt nicht um ihre Bedürfnisse, um ihre Wünsche nach Aufmerksamkeit und Zärtlichkeit. George war während seines ganzen Lebens als ein starker und machtvoller Mann aufgetreten, und sie hatte ihn immer dabei beobachtet, wie er die Menschen manipulierte - auf wohlwollende Weise, »zu ihrem eigenen Besten«. Sie blieb im Hintergrund, gemocht von allen, passiv, nett, in ihren Taten immer den Erwartungen anderer entsprechend, etwa indem sie gute zukünftige Staatsbürger heranzog.

Die Kinder machten sich in der Tat gut - auch in finanzieller Hinsicht. So konnten sie sie gut versorgen, nachdem George gestorben war. Eine Zeitlang schien es, daß sie, obwohl sie ihn und seine Anweisungen sehr vermißte, ganz gut klarkommen würde. Aber dann begann sie offensichtlich sehr stark zu altern und fiel andauernd hin. Ihre Kinder meinten, sie müßte rund um die Uhr betreut werden. Ärztliche Untersuchungen brachten jedoch keinen besonderen Befund. Trotz ihres Alters schien sie vollkommen gesund zu sein.

Da es schien, als fühlte sie sich am wohlsten in ihrer eigenen Wohnung, organisierte man Betreuerinnen für sie, die auch saubermachten, einkauften und kochten. Insgesamt wurde sie von vier Frauen betreut - und zumindest eine von ihnen war immer da, so daß Mom niemals alleine war. Sie fiel nicht mehr hin.

Zunächst liefen die Dinge außergewöhnlich gut. Die Frauen liebten Mom. Sie liebten sie und sie liebten einander. Jede arbeitete Hand in Hand mit den anderen, und Moms Kinder waren glücklich. Aber dieser Zustand hielt nicht an. Die Pflegerinnen begannen, sich zu streiten. Es gab Klagen über Geld und Haushaltspläne, vor allem beklagten sich die Frauen gegenseitig übereinander. Dauernd wandten sie sich an Moms Kinder, machten sich gegenseitig schlecht, wobei jede den Anspruch erhob, sich mehr als die anderen um Mom zu kümmern. Dann begann auch Mom, sich zu beklagen, zuerst über die eine, dann über die andere. Manchmal waren zwei angeblich in Ordnung, während die anderen beiden »unnütz« waren, dann drehte sich der Wind wieder in die entgegengesetzte Richtung. Jede Woche hatte Mom einen anderen Liebling, und es schien, als sei sie unfähig oder unwillig, alle vier zur gleichen Zeit zu mögen, so wie sie das getan hatte, als die Frauen mit ihrer Arbeit für sie begonnen hatten. Als man vorschlug, andere Pflegepersonen anzustellen, erhob sie jedoch energische Einwände dagegen. Sie konnte zu diesem Zeitpunkt keine Veränderung vertragen. Im übrigen waren sie zu so etwas wie einer »Ersatzfamilie« für sie geworden, obwohl es mindestens immer zwei gab, die sie nicht ausstehen konnte.

Als man sowohl die Frauen als auch Mom ein wenig näher befragte, wurde deutlich, daß die sanfte Mom plötzlich nicht nur die Fähigkeit zu hassen entwickelt hatte, sondern auch, wie Machiavelli persönlich, zu manipulieren und Unheil zu verbreiten. Sie selbst hatte die Probleme verursacht, indem sie jeder Frau bestimmte Geschichten über die anderen erzählte, die eine gegen die andere aufhetzte, hier lobte und dort verurteilte, bestimmte Vergünstigungen und ihre Verbindung zu ihren Kindern für Belohnungen und mögliche Strafen einsetzte.

Es war nicht leicht, Informationen über die frühe Vergangenheit zu erhalten, aber offene Gespräche mit Mom und mit anderen alten Verwandten waren in dieser Hinsicht sehr aufschlußreich. Mom war nicht immer »die Unschuld vom Lande« gewesen. Tatsächlich hatte sie als Kind ein beträchtliches Maß an Neid und Eifersucht an den Tag gelegt. Sie hatte in einer Familie, in der zwischen den Geschwistern eine sehr starke Rivalität herrschte, eine ausgesprochen dominante und einflußreiche Rolle gespielt.

Mom war ganz offensichtlich ein expansiver, narzißtischer und aggressiv-rachsüchtiger Typ gewesen, bis zu dem Zeitpunkt, als sie mit siebzehn heiratete. Ihre Charakterstruktur war zu jener Zeit für eine Frau in unserem kulturellen Umfeld nur sehr schwierig auszuleben. Mom unterdrückte anscheinend ihre expansiven Charakterzüge und identifizierte sich schon bald nach ihrer Heirat auf bewußter Ebene mit ihrer Neigung zur übermäßigen Anpassung und zur Abhängigkeit. Durch George, ihren Mann, konnte sie ihre unterdrückte Expansivität stellvertretend ausleben. Die Beziehung beider Ehepartner zueinander war weitgehend sadomasochistisch:

Er manipulierte sie, und sie unterwarf sich dieser Manipulation und lebte stellvertretend durch ihn. Wenn sie einmal die Rollen tauschten, dann setzte sie ihre Fähigkeit, Schuldgefühle hervorzurufen, ein. Dies bewirkte, daß er litt. Als er schließlich starb, genügte ihr die alte Rolle als Heimchen am Herd nicht mehr. Er war tot, die Kinder waren aus dem Hause und lebten ihr eigenes Leben. Sie hatte niemanden mehr, durch den sie hätte stellvertretend leben können, und niemanden, den sie manipulieren konnte, so wie sie ihre Brüder und Schwestern manipuliert hatte. Es gab für sie keinen Weg, sich durch Mutterschaft oder durch passives Märtyrertum Genugtuung zu verschaffen. Und vielleicht war sie auch, nachdem die Trauerzeit vorbei war, von einem großen Gefühl der Langeweile erfüllt.

Die Kinder waren zuerst der Meinung, daß Moms neuerwachte Streitsucht und Reizbarkeit ein Aspekt ihres Alters wären – »eine Art von Senilität«. Aber das war nicht der Fall. Sie mußte im Mittelpunkt stehen, sie brauchte Aufmerksamkeit. Und sie fand einen Weg, um all das zu bekommen.

Sie wurde zu einem Brennpunkt der Sorge und der Aufmerksamkeit für ihre Pflegerinnen und ihre Kinder. Während sie auf die Techniken zurückgriff, die sie eingesetzt hatte, als sie in ihrer Kinderzeit mit ihren Geschwistern rivalisierte, gelang es ihr meisterlich, alle anderen zu manipulieren. Jetzt hatte sie noch den zusätzlichen Vorteil, daß sie fähig war, leicht Schuldgefühle hervorzurufen, aufgrund ihres Alters und ihrer Vergangenheit als einer engel- und märtyrerhaften Mutter, die sie während fast ihrer gesamten Lebenszeit gespielt hatte. Jetzt spielte sie die Rolle sowohl des Kindes unter anderen Geschwistern als auch die Rolle der Königinmutter: Jeder tanzte nach ihrer Pfeife, und sie erlebte auf diese Weise ein fortwährendes, erfolgreiches, aufregendes Melodrama, in dem sie auf ewig die Rolle des Stars innehatte. Keiner der Mitspieler war sich bewußt, was sich in Wirklichkeit abspielte, aber selbst wenn das der Fall gewesen wäre, wäre wahrscheinlich eine radikale Veränderung des Szenarios nicht möglich gewesen. Jedoch wird eine gewisse Einsicht in die Zusammenhänge den Beteiligten dazu verhelfen, sich nicht schuldig zu fühlen und die Situation mit Sympathie und ohne Selbstvorwürfe zu akzeptieren.

Von dem Zeitpunkt an, als Arthur geboren wurde, hatte Susan Schwierigkeiten mit ihm. Susan war sicherlich nicht »stolz darauf« - schließlich ist Arthur ihr Sohn –, aber es blieb eine Tatsache. Später haben sie sich über alles und jedes gestritten. Wenn man sie fragt, so ist er immer widerspenstig, fordernd, aggressiv und ihr gegenüber feindselig gewesen. Ihr jüngerer Sohn, Jimmie, war dagegen immer »ein richtiger Prachtkerl«. »Von Anfang an - gerade so, als wäre er überhaupt nie da - war er niemals ein Problem.« Jimmie ist drei Jahre jünger als Arthur.

Peter ist Susans Mann. Er arbeitet für Pops, Susans Vater, und Pops hat immer alle Fäden in der Hand gehabt. Pops ist ein »Selfmademan«, er hat eine große Menge Geld mit seiner kleinen Fabrik und mit seinen geschickten Immobiliengeschäften gemacht. Susan ist das einzige Kind. Sie war, von dem Augenblick ihrer Geburt an, Pops Augapfel. Tatsächlich hörte Pops auf, Fay, seiner Frau (Susans Mutter), von dem Zeitpunkt von Susans Geburt an allzuviel Aufmerksamkeit zu schenken. Pops war für sie sowohl ein Vater wie auch ein Ehemann - außer, natürlich, im sexuellen Bereich, sagt Susan. Aber sie erinnert sich an die verführerischen Nachthemden, die er ihr häufig kaufte, und zwar zu dem Zeitpunkt, als sie begann, ihre Periode zu bekommen. Hinzu kamen andere, üppige Geschenke, wie etwa teure Uhren, Ohrringe, Ringe und ziemlich »erwachsene« Kleider.

Als Susans Sohn Arthur geboren wurde, veränderte sich Pops Verhältnis zu ihr. Arthur wurde plötzlich sein Liebling und nahm damit Susans Platz ein. Sofort betrachtete er Arthur als ein Anhängsel seiner selbst. Arthur sollte alles das tun und erreichen, was er selbst niemals zu tun vermochte. »Wieviel kann man denn auch in einem Leben schon schaffen und tun?« pflegte er zu sagen. Arthur würde auf eine erstklassige Schule gehen. Er würde ein großartiger Rechtsanwalt werden. Er würde wunderbare Kleidung, schnelle Autos, alles haben - und durch Arthur könnte dann Pops mehrere Leben zugleich leben. Wir müssen uns dessen bewußt sein, daß sich Sadismus nicht nur im Hinzufügen von Schmerzen zeigt; die Manipulation anderer Menschen und das Durch-sie-stellvertretende-Leben sind auch sehr wichtige Ausdrucksformen des Sadismus.

Susans und Arthurs Beziehung wurde immer schlechter, und Susan suchte schließlich einen Psychiater auf. Zu gleicher Zeit wurde deutlich, daß Pops, Arthur und Susan sehr viel Gemeinsames hatten - ebenso wie Peter und Jimmie. Jimmie war leicht zu handhaben, zeitweilig fast gleichgültig, von jedem geliebt und leicht zufriedenzustellen. Pops, Arthur und Susan waren aggressiv, wettbewerbsorientiert, starrsinnig und häufig arrogant. Gewöhnlich bekamen sie, was sie haben wollten - und fast immer wollten sie ziemlich viel haben. Im übrigen haßte Susan diejenigen Aspekte ihrer Persönlichkeit, die sie in Arthur wiedererkannte. Es war immerhin leichter, Arthur zu hassen, als sich selbst. Diese Art von Haß auf die eigenen Eigenschaften, projiziert auf jemand anderen, nimmt häufig die Form von Sadismus an. Man versucht, sich selbst von den Symptomen und Schmerzen des Selbsthasses zu befreien, indem man eine Scheinlebendigkeit genießt, die daher kommt, daß man einem Opfer Schmerzen zufügt.

In der Therapie kam heraus, daß Pops Geld Susan geholfen hatte, einen Familienmythos zu erschaffen, das Selbstbild eines besonderen gesellschaftlichen Status, vergleichbar etwa dem eines Adelsgeschlechts. Susans Mutter paßte nicht in dieses Selbstbild, sie hatte sozusagen kein »blaues Blut«. Sie hatte Pops eben nur geheiratet. Susan selbst hatte jedoch dies »blaue Blut« - und das machte sie zumindest zu einer Kronprinzessin, wenn nicht zu Pops rechtmäßiger Königin. Schließlich hatte Pops sie immer dieser Rolle entsprechend behandelt und hatte seine eigene Frau, von dem Zeitpunkt an, als die Kronprinzessin geboren worden war, vernachlässigt. Susan identifizierte sich mit Pops und betrachtete ihren eigenen Mann und ihren jüngeren Sohn (»Jimmie ist geradeso wie Peter«) so, wie sie ihre Mutter ansah - als Hilfspersonal für das königliche Paar, Pops und sich selbst.

Susan verneinte, daß sie für ihren Vater sexuelle Gefühle hätte, aber sie fühlte sich irgendwie immer zu »starken Männern wie ihn« hingezogen und hatte zu Peter, ihrem Mann, eine sehr schlechte sexuelle Beziehung. Tatsächlich hatte Peter seine Rolle weitgehend erfüllt, indem er Susan schwängerte. Pops wollte gerne einen Enkel haben. In sexueller Hinsicht war Peter Pops Ersatz. Arthur wiederum spielte auch eine bestimmte Rolle. Für Pops war er Susans männlicher Gegenspieler, für ihn selbst, Pops, ein Anhängsel seiner selbst, aber immerhin doch noch etwas mehr wert als die Kronprinzessin. Es schien, als hätte Pops nicht länger die sexuelle Stimulation von Susans Weiblichkeit nötig, und so trat Arthur an Susans Stelle.

Offensichtlich bewirkte diese Situation, daß eine intensive verwandtschaftliche Rivalität zwischen Mutter und Sohn entstand. Dies wiederum ergab die Basis für Arthurs zukünftigen Sadismus. Es war wichtig, daß Susan noch sehr jung war, als Arthur geboren wurde. Es war ebenso wichtig, daß sie ein Einzelkind war. Pops trug auch sehr viel dazu bei. Susans Vater war in gewisser Weise zu ihrem Ehemann geworden. Ihr Sohn wurde dann zum geschwisterlichen Rivalen um die königliche Gunst und die königliche Macht. Beide, Susan und ihr Vater, betrachteten Susans Mutter, Peter und Jimmie als nette, fast nutzlose Drohnen. Obwohl ich keine genaueren Anhaltspunkte dafür hatte, hatte ich die Vorstellung, daß Susans Mutter, ihr Mann und ihr jüngerer Sohn in sich eine immense Wut unterdrückten, die möglicherweise den Treibstoff für alle möglichen Arten von antagonistischen Kämpfen in der Familie liefern könnte. Susan und ihre Familie werden noch viel seelische Arbeit leisten müssen, um eine wirkliche Veränderung zu bewirken.

Einzelgängerische, ich-orientierte Freundschaften

Ich möchte diesen Abschnitt über neurotische Sackgassen damit beenden, daß ich einen Abkömmling des Sadomasochismus und zugleich eine der am häufigsten anzutreffenden Formen der Freundschaft in unserer wettbewerbsorientierten Gesellschaft erörtere. Das zentrale Element in solchen »Freundschaften« ist die neurotische Befriedigung, die daraus erwächst, daß man den anderen auf die eigenen Leistungen, auf die eigene berufliche Stellung, seinen Besitz oder sein Prestige neidisch macht. Ich nenne diese Art von Freundschaften einzelgängerisch. Obwohl die Elemente der Konkurrenz und des Wettbewerbs in einer einzelgängerischen Freundschaft selten deutlich an der Oberfläche zutage treten, beruht diese Art von Beziehung doch weitgehend darauf, den Freund neidisch zu machen. Der eine Partner gewinnt seine innere Befriedigung daraus, daß er auf den anderen herabblickt, indem er zum Beispiel eine höhere Position auf der Leiter der sozialen Hierarchie erreicht hat als sein neidischer Freund. Der Neid seines Freundes dient gleichzeitig der Bestätigung seiner Leistungen. Das Erzeugen von Neid ist häufig verbunden mit anderen Mechanismen, welche die Freundschaft zusammenhalten. Darin sind die gewöhnlichen neurotischen Verstrickungen ebenso eingeschlossen wie eine konstruktive Gemeinsamkeit von bestimmten Interessen und Wertvorstellungen. Welche zentrale Rolle das Neidelement in diesen Freundschaften spielt, kann daraus ersehen werden, was sich verändert, wenn diese Kraft wegfällt oder wenn man darüber hinauswächst, weil man sich weiterentwickelt hat: Dies bedeutet nämlich häufig das Ende der Beziehung.

Da Geld in unserem kulturellen Umfeld eine enorm wichtige Rolle spielt, wird es sehr häufig dazu benutzt, um unter Freunden Neid zu erregen. Geld wird häufig in Gesprächen über großartige, plötzliche Erfolge erwähnt, in Erzählungen über »clevere Manöver«, »Gehaltssteigerungen« oder »besondere Zuwendungen«. Das Vorhandensein von Geld wird außerdem dadurch gezeigt, daß man alle möglichen materiellen Güter anhäuft, daß man in bestimmte Orte zur Erholung fährt, daß man sich mit seiner Freizeit brüstet (»Wie wenig ich doch in diesen Tagen zu arbeiten brauche«) und so fort.

Diese Form von neiderregendem Wettbewerb beginnt in einem sehr frühen Alter, und ich glaube sogar, sie wird von den Eltern angeregt: Kinder beobachten ihre Eltern und ahmen sie nach. Sie identifizieren sich mit ihren Eltern und übernehmen ihre Verhaltensweisen, die sich dadurch auszeichnen, daß sie häufig unbewußt ihrer Befriedigung darüber Ausdruck verleihen, daß ihre Kinder mehr besitzen als andere Kinder - mehr Talente, ein besseres Aussehen, mehr Intelligenz, eine bessere Ausbildung, eine bessere Schule, daß sie einer gehobeneren sozialen Gruppe angehören. Die Kinder werden von den Eltern benutzt, um sich auf eine höhere soziale Stufe einzuordnen; sie selbst werden dazu angehalten, bei ihren kleinen Kameraden Neid zu erregen. Während der Zeit des Heranwachsens kommt dies in allen möglichen Formen des Wettbewerbs zum Ausdruck. Dazu gehören sportliche Wettkämpfe, die Zugehörigkeit zu bestimmten Clubs oder zu den »richtigen« Schulen. Fortwährend werden Jugendliche eingeordnet und bewertet. Sie tun dies sogar selbst auch und versuchen, ihre eigenen Freunde herabzusetzen.

In solchen Beziehungen spielen auch sadistische Elemente mit. Allerdings gibt es meist keine Anzeichen für Masochismus, ebenso wie der diffizile Tango-Effekt des Sadomasochismus nicht deutlich erkennbar ist, der ja immerhin bestimmte Reaktionsmuster und Reaktionsweisen und ein willfähriges Tauschen der Rolle voraussetzt. Sadomasochismus ist sehr häufig anzutreffen bei Paaren, die zusammenleben, während ausgeprägtes Konkurrenzdenken häufig unter Freunden anzutreffen ist.

Wir müssen uns aber auch darüber klar sein, daß viele Paare anderen einfach deshalb gerne über ihre Erfolge - in finanziellen und in anderen Bereichen - erzählen, nicht um Neid zu erregen, sondern um mit anderen ihre Freude zu teilen. Dies ist das Gegenteil von einem Beziehungsmuster, das auf Wettbewerb beruht. Das eine tut man, um mit anderen zu teilen und um sich nahe zu sein. Das andere setzt man ein, um den anderen (und schließlich sich selbst) ärmer zu machen. Aber ein »offenes Mitteilen« wird häufig gerade von den Menschen als »Angeberei« interpretiert, denen es selbst wichtig ist, Neid zu erregen, die außerdem unter chronischen Neidgefühlen leiden.

Dieser Wettbewerbsaspekt kann so bösartig werden, daß er alle anderen Aspekte einer Beziehung überschattet - und dann bereitet vielleicht die Beziehung so viele Probleme und Schmerzen, daß einer oder beide Partner dazu gezwungen werden, sie zu beenden. Viele Wettbewerbsbeziehungen laufen sich auf diese Weise allmählich tot, aber häufig attackiert ein Partner auch dann noch den anderen in einem unbewußten, verzweifelten Versuch, Erregung und Interesse hervorzurufen und einen Triumph über ihn davonzutragen. Statt seinem Freund die eigene Beförderung unter die Nase zu reiben, sagt etwa einer der beiden: »Ich habe gehört, daß sie Albert befördert haben, aber dich nicht!« Die Beziehung wird dann mit einem Knall enden, mit Beschimpfungen und Verletzungen - anstatt allmählich auszulaufen. In diesem Fall gehen dann alte Freunde in dem Gefühl auseinander, daß sie ungerechtfertigterweise angegriffen und verletzt worden sind. Sie haben aber keine Ahnung, welchen Beitrag sie selbst zu diesem traurigen Ergebnis geleistet haben.

Auswege aus Beziehungssackgassen

Es ist deutlich geworden, daß im Bereich der menschlichen Beziehungen komplexe und vielfältige Entwicklungen stattfinden. Jedoch gibt es die von mir beschriebenen »Fallen« oder »Sackgassen« niemals in ihrer reinen Form. Ich habe sie nur deshalb beschrieben, um mögliche allgemeine Entwicklungen aufzuzeigen, die in neurotischen Beziehungen stattfinden. Sogenannte »potentiell funktionsfähige« Fallen - zum Beispiel eine Beziehung zwischen einem überangepaßten und einem expansiven Partner - werden besonders dann zur Beziehungssackgasse, wenn das Paar sonst nichts gemeinsam hat. Eine Beziehung kann auch dadurch kompliziert werden, daß der überangepaßte und unterwürfige Teil von dem anderen in destruktiver Weise abhängig ist, daß distanzierte Menschen ein außerordentlich großes Maß an Resignation an den Tag legen und daß expansive Leute allzu rachsüchtig, arrogant und perfektionistisch sind. Aber Beziehungen können auch durch eine ganze Reihe anderer Faktoren noch weiter kompliziert werden. Selbsthaß, den einer der beiden Partner empfindet und der dann von dem anderen wiederum ausgenutzt wird, macht die Sackgasse noch enger, weil er zum Sadomasochismus, dem Prototyp der Beziehungssackgasse in unserem Kulturkreis, führt. Durch das Phänomen der Übertragung wird die Falle noch enger geschlossen, weil auf diese Weise gegenwärtige Beziehungen mit vergangenen, unerledigten Angelegenheiten vermengt werden.

Zugleich aber verfügt jeder Mensch über ein großes Maß an seelischer Gesundheit und sehr viele Möglichkeiten der Vorbeugung. Selbst der neurotisch gestörte Beziehungspartner hat noch einige gesunde Charakterzüge, auch wenn eine neurotische Falle durch die unbewußten Bedürfnisse und Zwänge der Partner selbst geschaffen wird. Dies ist sogar bei sehr problematischen Beziehungen der Fall.

So finden sehr häufig auch in den größten Sackgassen positive

Entwicklungen statt. Hier hilft jeder Partner dem anderen (so wie jeder auch sich selbst hilft), die Kraft innerer Zwänge abzuschwächen: Man verstärkt sich nicht länger in seinen negativen Bereichen. Eine Lösung, die zur Wiederherstellung und Stabilisierung der seelischen Gesundheit beiträgt, ist nicht leicht durchführbar: Es ist ein Prozeß, in dem sehr viel emotionaler Aufruhr stattfindet, der ausgelöst werden kann durch eine Krise, durch psychoanalytische Intervention, durch den Verlust (einer geliebten Person oder eines Arbeitsplatzes), durch eine wesentliche Veränderung (eine Beförderung, einen Umzug), und er kann schmerzhafte Gefühlsreaktionen wie Depression und Angst nach sich ziehen. Einige Beziehungen brechen zusammen, wenn sich ein Ausweg aus der Sackgasse eröffnet, andere schließen sich noch fester als jemals zuvor, und einige öffnen sich ganz – und entwickeln sich zugunsten einer ausgeglichenen seelischen Gesundheit.

Ob eine solche positive Entwicklung wirklich stattfindet, hängt in hohem Maße von den Menschen ab, um die es hier geht. Menschen mit unterschiedlichen Charakteren und Beziehungsmustern verstehen häufig einander nicht und haben das Gefühl, vom anderen vollkommen verschieden zu sein. Ihre Erfahrungen in der Vergangenheit waren unterschiedlich und sind von jedem in unterschiedlicher Weise wahrgenommen worden. Die Furcht vor verborgenen Charakterzügen, die man selbst hat, wird häufig in Form von Verachtung auf den Partner projiziert. Nur der, der sich sein ganzes Leben lang um Selbstliebe, um Sensibilität und Sympathie für sich selbst und andere bemüht, wird solche Zwänge überwinden können. Ein solches Überwinden wird noch sehr viel komplizierter, wenn die Partner, die eine Beziehung eingegangen sind, extrem unterwürfig, extrem expansiv oder extrem distanziert sind.

Es ist nur begrenzt möglich, einer ungesunden Verstrickung vorzubeugen. Da wir *alle* bis zu einem gewissen Grad neurotisch sind, laufen häufig ganz automatisch in jeder Beziehung gewisse neurotische Verstrickungsmechanismen ab. Aber sehr vieles kann auch verhindert werden. Was man braucht, ist vor allem

Zeit, Geduld und die Bereitschaft auf beiden Seiten, einander näher kennenzulernen, bevor man sich in irgendeiner Weise wirklich festlegt.

Wenn sie sich die Zeit nehmen, auf sich selbst zu hören, werden die meisten Menschen ein Gefühl dafür bekommen, was gut oder schlecht für sie ist. Man braucht nur ein wenig Zeit und Geduld, um eine derartige Sensibilität für sich selbst zu entwikkeln. Eine neurotische Verstrickung kann sich dagegen schon beim ersten Treffen anbahnen: Neurotische Prozesse warten nicht. Aber wenn wir auf unsere Gefühle hören und warten, bis wir einander wirklich ein wenig näher kennengelernt haben, dann können auch solche Prozesse abgeschwächt werden.

Aus einigen Sackgassen ist es schwieriger herauszukommen als aus anderen. Bestimmte qualitative Aspekte sind wichtig für das Funktionieren oder Nicht-Funktionieren einer Beziehung.

Im folgenden Abschnitt werden wir diejenigen Kräfte in unserem Gefühlsleben analysieren, von denen die Entwicklung menschlicher Beziehungen beeinflußt wird.

III
Wesen und Gehalt menschlicher Beziehungen

Tiefe

In diesem Abschnitt des Buches werden wir unsere Beziehungsmuster unter qualitativem Aspekt erörtern. Es reicht nicht aus, Beziehungen nur als wettbewerbsorientiert, kooperativ oder antagonistisch zu beschreiben. Ebenso ist es nicht genug, sie als Verstrickungen zweier Menschen mit verschiedenen oder gleichartigen Persönlichkeitsstrukturen zu beschreiben. Für ein wirkliches Verstehen müssen wir uns die Substanz einer Beziehung einmal genauer ansehen: Es geht um die Art und Weise, wie Menschen füreinander empfinden. Wir müssen uns bestimmte Fragen stellen, etwa nach der Tiefe der Gefühle, nach dem Grad an Offenheit, Zärtlichkeit, Vertrauen, Intimität, Freundlichkeit und nach anderen Qualitäten.

Wir könnten sagen, daß wir bis jetzt Beziehungen aus einer sozusagen globalen Perspektive betrachtet haben. In diesem Abschnitt wollen wir uns nun mit ihrem Gehalt im einzelnen befassen.

Die Tiefe einer Beziehung ist nicht immer direkt proportional zu ihrer Dauer. Viele lang anhaltende Beziehungen sind im wesentlichen sehr seicht, und es gibt auch solche mit kurzer Dauer, in denen ein ausgesprochen tiefes Verhältnis zueinander bestand. In seichten Beziehungen – und dazu gehören häufig Beziehungen zwischen Menschen, die miteinander arbeiten und oberflächliche soziale Kontakte pflegen – findet kaum ein wirklicher Austausch statt, und das, was die Beteiligten einbringen, ist minimal und dient in keiner Weise einer Vertiefung. Insofern ist auch eine Veränderung der Menschen selbst, die als ein Resultat der Beziehung hätte entstehen können, minimal. Die Menschen, die daran beteiligt sind, treffen sich vielleicht, aber sie gehen schließlich wieder getrennt ihrer Wege, so, als seien sie sich eigentlich nie wirklich begegnet, denn bei jedem der beiden Partner entsteht durch den Kontakt mit dem anderen nur sehr wenig emotionale Veränderung. Die beiden betroffenen Personen verbringen vielleicht Jahre miteinander, aber jeder der beiden wird von dem anderen als eine Art Möbelstück empfunden, als angenehm oder unangenehm, aber kaum den Einsatz von Gefühlen erfordernd.

Natürlich gibt es keine absolut oberflächliche oder absolut tiefe Beziehung. Aber es gibt bestimmte Vorgänge, durch die eine gewisse Tiefe geschaffen wird und an Hand derer wir die Intensität einer Beziehung beschreiben können.

Der intensive Austausch von Informationen, Ideen und Gefühlen ist ein wichtiger Aspekt einer tiefergehenden Beziehung. Dies gilt vor allem für die Informationen über Gefühle, die man sich selbst und anderen gegenüber hegt – sei dies nun ein Mangel an Selbstvertrauen, Ärger, Gereiztheit in bezug auf den Partner oder was auch immer. Diese Gefühle müssen ehrlich ausgedrückt werden, ohne jede künstliche Pose oder Doppeldeutigkeit. Diese Art von Information wird um einer wirklichen Nähe und eines wirklichen Austausches willen gegeben und nicht so sehr deshalb, weil man jemanden manipulieren oder beeindrucken möchte.

Tiefe steht auch in direkter Beziehung zum entsprechenden gefühlsmäßigen Einsatz. In einer tiefen Beziehung haben die Partner wirklich starke Gefühle füreinander. Eine tiefe Beziehung schließt kranke Beziehungsaspekte allerdings nicht aus. In einer tiefen Beziehung, sei sie nun krank oder gesund, kümmert sich jeder der Partner sehr intensiv darum, wie es dem anderen geht. In einer gesunden tiefgehenden Beziehung sind die deutliche Wahrnehmung und die Reaktionsbereitschaft darauf, wie es dem anderen Partner geht, gekoppelt mit der Sorge für das gegenseitige Wohlbefinden. In einer tiefen, gleichwohl aber kranken Beziehung (beispielsweise einer sadomasochistischen oder einer kämpferisch-destruktiven Beziehung) nimmt einer der beiden Partner den anderen ebenfalls sehr deutlich wahr – aber vor allem deshalb, um seine Chancen wahrzunehmen, um den Partner auszubeuten. In einer gesunden tiefen Beziehung geht es, zumindest in einem gewissen Maße, auch um die gemeinsame Lösung von Problemen. Die Redewendung »Das ist dein

Problem!« ist charakteristisch für einen mehr oberflächlichen Kontakt.

Natürlich zeichnen sich tiefergehende Beziehungen auch dadurch aus, daß man versucht, die gemeinsamen Interessen und Aktivitäten sowohl in bezug auf Menschen als auch in bezug auf bestimmte Ideen zu verstärken.

Das wichtigste Kennzeichen einer tiefen Beziehung ist allerdings meiner Meinung nach eine gemeinsame persönliche Geschichte. Die gemeinsame Geschichte beider Partner, wie lang sie auch sein mag, ist für sie von wesentlicher Bedeutung. Eine gemeinsame Geschichte hat für Menschen, die nur oberflächlich miteinander in Beziehung stehen, nur sehr wenig Wert, gleichgültig wieviel Zeit sie auch gemeinsam verbracht haben. Eine gewisse Ehrfurcht vor gemeinsamer Lebenserfahrung, wie z. B. Probleme, Frustrationen, Tragödien, Erfolge, Veränderungen, Wachstum, Verletzungen und Kränkungen (einschließlich derer, die man sich gegenseitig zugefügt hat), Freuden, Austausch mit anderen Menschen, ist für tiefe Beziehungen von wesentlicher Bedeutung. Ein derartiges emotionales Engagement ist immer ein deutlicher Hinweis auf eine besonders tiefe Beziehung. Ein Gefühl für eine gemeinsame Geschichte wird meistens erst in längerfristigen Beziehungen entwickelt.

Gelegentlich haben Menschen auch eine lange, gemeinsame Geschichte, die für sie trotzdem relativ bedeutungslos ist. Es gibt wiederum andere Paare, deren gemeinsame Geschichte nicht so lang ist, aber die hinsichtlich ihrer kurzen gemeinsamen Vergangenheit sehr starke Gefühle haben. So ist also die Bedeutung, welche man einer gemeinsamen Geschichte beimißt, ebenso wie die Geschichte selbst, wichtig für die Tiefe einer Beziehung.

Gewöhnlich ist es schwierig, sich aus einer tiefergehenden Beziehung zu lösen. Eine derartige Beziehung begründet ein größeres gegenseitiges Interesse und größere Möglichkeiten für einen bedeutsamen Austausch von Gefühlen. Eine oberflächliche Beziehung findet man dagegen gewöhnlich dort, wo die Verstrickung der Partner – gewollt oder ungewollt – nicht allzu eng ist, so daß das Zerreißen dieses Netzes gewöhnlich nicht allzu große Angst hervorruft.

Lionel und Lisa

Dieses Paar wurde von seinen Freunden als »glänzend, schön und immer zu einem Spaß aufgelegt« beschrieben. Einige Leute gebrauchten sogar den Begriff Charisma, um sie zu beschreiben. Wenn beide gefragt wurden, wie sie sich fühlten, dann sagten sie unweigerlich: »Großartig!« Beide liebten sie schöne Kleidung, fuhren das »richtige« Auto und wohnten in einem schicken Appartement in einer besseren New Yorker Wohngegend.

Man wußte, daß sie sich außerordentlich kritisch und abfällig gegenüber denjenigen Leuten äußerten, die nicht besonders gut aussahen oder die, nach den gängigen Maßstäben unseres Kulturkreises, nicht besonders erfolgreich waren. Sie waren auf die »richtigen« Schulen gegangen und sahen sich gewöhnlich alle Broadwayaufführungen entweder schon am Premierenabend an oder so schnell wie möglich hinterher. Lionel verbrachte einen Großteil seiner Zeit im Geschäft; er war Geschäftsführer in einer großen Firma. Lisa dagegen verbrachte sehr viel Zeit damit, einzukaufen und sich ihrer Frisur und ihren Fingernägeln zu widmen. Sie gaben alle drei oder vier Monate große Cocktailparties und aßen häufig zusammen mit Freunden - und sie hatten viele Freunde. Tatsächlich gab es nur sehr wenige Freunde, die mehr über sie wußten, als daß sie gut aussahen, das Vergnügen liebten und offensichtlich erfolgreich waren. Zu ihrem Image vom Erfolg gehörten viele Skiwochenenden, Winterurlaube in renommierten Ferienorten des Südens und aufwendige Sommerferien mit großen Cocktailparties. Tatsächlich können sich Lionel und Lisa gar nicht daran erinnern, jemals einfach nur ein paar Freunde zum Abendessen eingeladen zu haben. Außerdem gaben sie sich immer große Mühe, alle »schweren« Themen in ihren Gesprächen zu vermeiden.

Dieses äußere Bild des Erfolges wurde allerdings ein wenig getrübt: Lionel und Lisa hatten ernsthafte Probleme miteinander. Sie suchten psychologische Beratung, weil ihre Kämpfe immer häufiger und immer erbitterter wurden. Nachdem sie sich schon mehrmals getrennt hatten, dachten sie schließlich daran, für immer auseinanderzugehen. Sie waren ungefähr zehn Jahre lang verheiratet gewesen und, wie Lisa plötzlich eingestand, »die Wahrheit ist, daß es niemals wirklich gut gewesen ist«. Während sie bei mir waren, hörten sie nicht auf, sich gegenseitig die Schuld für ihre Schwierigkeiten in die Schuhe zu schieben. Keiner der beiden war bereit, die Verantwortung zu übernehmen, und beide verlangten jeweils von dem anderen mehr Verständnis.

Tatsächlich gab es nur sehr wenig Offenheit, Zärtlichkeit, Vertrauen oder Intimität zwischen den beiden - oder auch zwischen ihnen und sonst irgend jemandem. Beide hatten seit ihrer Teenagerzeit sehr häufig bei allen möglichen Gelegenheiten geschwindelt und unechtes Verhalten an den Tag gelegt. Ich fand keine Anzeichen dafür, daß sie wirklich an irgend jemand anderem, an Menschen im allgemeinen und an der Welt im großen und ganzen interessiert waren. Das einzige, was sie zu berühren schien, war ihre unmittelbare Umgebung und der Einfluß dieser Umgebung auf sie selbst.

Lionel und Lisa sind ein Beispiel für zwei hochgradig narzißtische, seichte Menschen, welche nach außen hin eine große Show abzogen, aber sehr wenig Toleranzbereitschaft füreinander zeigten. Ihre Beziehungen zu anderen waren extrem oberflächlich - und ebenso ihre Beziehung zueinander. Es gab fast gar keine gegenseitige Fürsorge und Freundlichkeit. Sie hatten nur sehr wenig Interesse an ihrer gemeinsamen Geschichte, und sie brauchten diese gemeinsame Vergangenheit eigentlich nur, um noch mehr Anlässe für gegenseitige Anklagen zu finden. »Erinnerst du dich«, sagte Lisa zu Lionel, »an die Zeit vor zwei Jahren, als du meinen Geburtstag vergessen hast?« Interessanterweise waren ihre sexuellen Beziehungen befriedigend, was ihre rein körperlichen Reaktionen anbetraf, aber weder Lionel noch Lisa empfanden irgendein Gefühl von Liebe oder Zärtlichkeit, während sie miteinander schliefen. Dies gilt häufig auch für Menschen, die sich sehr stark ihren Gefühlen entfremdet haben, die zwar sexuell funktionieren, aber für die dieses Funktionieren in keiner Weise mit Gefühlen in Verbindung steht. Wir können dies in der Theorie erklären, indem wir sagen: In Anbetracht ihrer großen Ähnlichkeit, des hohen Ausmaßes an Narzißmus und ihrer inneren Entfremdung haben sie es geschafft, die Barriere der gegenseitigen Ablehnung im Bereich der Sexualität zu durchbrechen, indem sie einander als Spiegelbilder ihrer selbst betrachteten. Im Grunde genommen waren ihre sexuellen Begegnungen ein Akt der Selbstbefriedigung.

Lisa und Lionel waren tatsächlich schon seit einiger Zeit in eine kämpferisch-destruktive Beziehung verstrickt. Es gab für sie scheinbar keine Entwicklungsmöglichkeit in eine andere Richtung mehr. Sie konsultierten mich nicht, um Hilfe zu bekommen, sondern um mich als Unterstützung für ihren Kampf gegeneinander zu gewinnen. Lionel und Lisa sind in einer narzißtisch-narzißtischen Sackgasse festgefahren, und die Oberflächlichkeit ihrer Beziehung verhindert einen wirklichen Austausch von Gefühlen und Gedanken, der beide in ihrer Entwicklung fördern würde. Auf der anderen Seite ist es durchaus möglich, daß jeder der beiden sich dieser Verstrickung plötzlich einfach entzieht, eben weil die Beziehung im Grunde genommen nur äußerst oberflächlich und ohne gegenseitige Verantwortung ist.

Ich weiß nicht, ob sie sich wirklich getrennt haben oder ob sie auf einer kämpferisch-destruktiven Basis weitergemacht haben. Dauernder ehelicher Kampf kann nämlich auch bewirken, daß Menschen im Zustand einer gegenseitigen Scheinlebendigkeit ein Leben lang zusammenbleiben. Im Gegensatz zu sadomasochistischen Beziehungen ist in solchen Beziehungen ein Rollentausch zwischen »Henker« und »Opfer« nicht üblich.

Liebenswürdigkeit und Wärme

Freundlichkeit spielt für jede Beziehung eine sehr wichtige Rolle. Freundlichkeit und Wärme machen es leichter, mit den Frustrationen fertigzuwerden, die durch die unvermeidlichen Unvereinbarkeiten im Rhythmus der beiden Personen und durch einen Zusammenbruch der Kommunikation hervorgerufen werden können. Freundlichkeit bedeutet Nähe und die gegenseitige Unterstützung bei den unvermeidlichen Schwierigkeiten des Lebens, die man einzeln oder gemeinsam angeht. Freundlichkeit hilft, falschen Stolz abzuschwächen; sie hilft den Partnern, zu »vergessen und zu vergeben«. Wirkliche Freundlichkeit hilft auch, eine Atmosphäre herzustellen, in der Ehrlichkeit und gegenseitiges Vertrauen gedeiht.

In diesem Zusammenhang ist Grausamkeit mehr als ein bloßer Mangel an Freundlichkeit. Vielmehr bedeutet Grausamkeit in einer Beziehung, daß jeder der beiden Partner den anderen auf grausame Weise attackiert. Dazu gehören ganz allgemein auch folgende Verhaltensweisen: rachsüchtige Angriffe, das Kleinmachen des anderen, Entmutigung, das willkürliche Erzeugen von Frustrationsgefühlen, Necken, verbale und körperliche Angriffe, Rachsucht, alle Arten von chronischer gegenseitiger Sabotage, gebrochene Versprechungen und Vereinbarungen, Lügen, das Hervorrufen von Situationen, in denen der andere auf jeden Fall etwas verkehrt macht, das Erzeugen von Verlegenheitsgefühlen. Dazu gehört auch jedes psychologische Manöver, das darauf angelegt ist, Selbsthaß und Hoffnungslosigkeit zu erzeugen, die Selbstachtung, das Vertrauen, die Kreativität, das Glück und die Freude des anderen zu untergraben. Viele rachsüchtige und bösartige Menschen sind ganz besonders erfindungsreich darin, die wunden Punkte des Partners herauszufinden und sie geschickt und grausam auszunutzen. Wenn zwei auf diese Weise ähnliche Menschen zusammentreffen, dann können sie ein unglaublich erfinderisches Szenario für gegenseitige Quälereien erfinden.

Ein etwas weniger bösartiger Ausdruck von Grausamkeit ist die Gleichgültigkeit. Gleichgültigkeit mag sehr wohl eine Form von bewußter Grausamkeit sein, aber sie zeigt möglicherweise auch nur an, daß einem der Partner einfach egal ist. Natürlich wird Gleichgültigkeit - ob sie nun vorsätzlich oder relativ gutartig ist - von Menschen, die besonders hilflos oder abhängig sind, als sehr bösartig empfunden. Was auch immer das Motiv für die Gleichgültigkeit sein mag, sie verursacht bei solchen Menschen große seelische Schmerzen. So wird also auch das, was häufig nicht als direkte Grausamkeit gemeint ist, von dem anderen als Grausamkeit verstanden.

Ein wenig freundlicher als Gleichgültigkeit ist das, was ich eine passive Fürsorglichkeit nenne. Passive Fürsorglichkeit bedeutet, daß man sehr wohl den anderen versteht, daß man sich in ihn einfühlen kann, daß man Sympathie für ihn empfindet und ein Gefühl hat für seine Empfindlichkeiten und Bedürfnisse. Diese Art von Fürsorglichkeit grenzt an aktive Unterstützung, aber sie ist nicht ganz dasselbe. Gefühle für eine andere Person - vor allem, wenn sie deutlich ausgedrückt werden und wenn sie nicht einem persönlichen Zweck dienen - können eine unterstützende Funktion haben. Einige Menschen sehen eine solche Haltung vielleicht schon als aktive Freundlichkeit an, aber in bezug auf das Kriterium, das ich hier beschreiben möchte, reicht diese Form der Freundlichkeit nicht aus.

Eine wirklich fürsorgliche Freundlichkeit wird gemessen an der Energie, der Zeit und der Hingabe, mit der jemand sich einem anderen Menschen widmet. Es gehört mehr dazu als bloße Lippenbekenntnisse und eine gute Motivation. Diese Art der Fürsorglichkeit bemißt sich danach, wieviel Hilfe man dem anderen Menschen zukommen läßt, und nicht daran, was man durch die eigene Hilfe an Gegenleistungen zurückbekommt. Mein Vater sagte mir einmal, daß der Talmud, das jüdische Gesetzbuch, Freundschaft und Güte nach den guten Taten selbst bemesse und nicht so sehr nach der Motivation und den guten

Absichten. So wird also ein Mensch nicht danach beurteilt, warum er einem Freund etwas gibt, sondern danach, ob er *wirklich* etwas gibt und sein Freund auch etwas davon hat.

Wenn jemand sich mir gegenüber beklagt: »Meine Freundin macht sich nichts mehr aus mir!«, dann meint er häufig in Wirklichkeit: »Sie hat unseren Vertrag gebrochen; sie will meine Selbstidealisierung nicht länger unterstützen.« Dies hat nichts mit wirklicher Fürsorge zu tun, sondern es ist vielmehr ein Aspekt einer kämpferisch-gegnerischen Beziehung.

Eine tiefe, aktive Fürsorglichkeit - und das meine ich, wenn ich von Freundlichkeit spreche - ist gleichzeitig die Bereitschaft, die eigenen Prioritäten aufzugeben, um die Bedürfnisse des Partners zu befriedigen. Ich meine hier nicht die märtyrerhafte Selbstaufgabe um eines bestimmten »Ruhmes« willen. Ich rede vielmehr von einem tiefgehenden, liebevollen Beziehungsprozeß, in dem zumindest ein Partner über genügend Selbstachtung verfügt, so daß er sich von solcher Hingabe nicht bedroht fühlt. Ein Beispiel dafür ist eine Familiensituation, in der ein Elternteil arbeitet, damit das Kind eine gute Schule besuchen kann, und zwar ohne daß dieser Elternteil sich dieses Opfers rühmt, ohne das Gefühl, daß das Kind ihm irgend etwas »schuldig« wäre und ohne irgendein Gefühl der Bitterkeit gegenüber dem Kind. Diese Art von Beziehung zeichnet sich dadurch aus, daß man fortwährend darum kämpft, die Bestrebungen, Neigungen, Vorzüge, Grenzen und Empfindlichkeiten des Partners zu verstehen. Freundlichkeit gibt es am häufigsten in einer kreativen Beziehung - dem genauen Gegenteil einer »Sackgasse« oder »Falle«. Freundlichkeit wirkt immer einer neurotischen Verstrikkung entgegen und hilft dabei, konstruktive Beziehungen aufzubauen.

Reaktion als bestimmendes Handlungsmuster

Interaktion ist der elementare Bestandteil aller Beziehungen. Als eine besondere Art der Interaktion wird die *Reaktivität* angesehen, bei der die Reaktion auf die Stimmungen, die Gefühle, die Geschmäcker, die Entscheidungen und die Aktionen des Partners wichtiger sind als das, was in einem selbst vorgeht. Tatsächlich kann die Reaktion aufeinander wichtiger werden als die handelnden Menschen selbst. Bei sehr starker Reaktivität, die möglicherweise schon bösartige Ausmaße angenommen hat, wird vielleicht das, was man ein Leben lang in einen reaktiven Kampf investiert, alle anderen Interaktionen und Gefühle zerstören. Wie ein Klient von mir sagte: »Ich bin so sehr damit beschäftigt, ihn zu interpretieren und auf ihn zu reagieren, daß ich niemals innehalte, um festzustellen, was ich selbst sehe und empfinde.«

Bei großer Reaktivität ist ein wirklicher Austausch von Gefühlen weniger wichtig als ein sich immer wieder monoton wiederholendes Schema von Reiz und Reaktion. Persönliche Werte, Ideen und Gefühle werden beschwichtigt oder verleugnet, während die Individuen, die in diesen Prozeß verwickelt sind, auf das, was der andere sagt, reagieren, ohne überhaupt darüber nachzudenken, ob ihre Reaktion vielleicht nichts anderes ist als ein bedingter Reflex. So findet in Beziehungen, in denen ein hohes Maß an Reaktivität herrscht, so wenig Austausch von persönlichen Gefühlen statt (obwohl es zwischen beiden Partnern sehr häufig zu explosionsartigen Gefühlsausbrüchen kommt), daß die Beteiligten möglicherweise unter intensiven Gefühlen von Isolation und Einsamkeit leiden. Und diese Isolation bewegt sie dazu, nach weiteren reaktiven Konfrontationen zu suchen, ganz einfach nur, um auf diese Weise überhaupt einen Kontakt herzustellen, als Ausgleich für einen Mangel an jeder Art von persönlichen und konstruktiven Austauschmöglichkeiten. Die entsprechenden Reaktionen aufeinander bestehen sehr häufig in rachsüchtigen Angriffen, giftigen Wortschwallen und der Verbalisierung von Ansprüchen, die man aneinander stellt.

Sehr stark reaktive Menschen mit der Fähigkeit zu starken Auseinandersetzungen und einem großen Energiepotential für aktive, zerstörerische Angriffe erscheinen häufig sehr lebendig und spontan. Aber ihre Lebendigkeit, wenn man sie einmal aus der Nähe betrachtet, erweist sich oft als vorgetäuscht, ihre Spontaneität ist falsch. Tatsächlich sind derartige Menschen oft sehr narzißtisch, und zwar so sehr, daß sie in der Gegenwart anderer immer nur über sich selbst reden in der Meinung, daß sie, und nur sie allein, für die Welt, in der sie leben, von Interesse sind. Ihr gefühlsmäßiger Austausch besteht im wesentlichen aus Wiederholungsritualen, in denen jeder der beiden Partner gut eingeübte Rollen spielt, denen es vollkommen an Originalität, Kreativität und Spontaneität mangelt. Ich kannte Paare, die nach dieser Methode stundenlang übereinander herfielen. Diese Art von chronischem, intensivem Kampf wird von allen, die Zeuge der Auseinandersetzung sind, als quälend und peinlich empfunden. Die daraus entstehende feindselige Langeweile beeinträchtigt alle Beteiligten.

Es gibt auch Menschen, die, ohne daß sie sich dessen überhaupt bewußt wären, andauernd ihre Stimmungen entsprechend den Stimmungen anderer verändern, als seien sie hilflose Automaten. Wenn sie kalt vor sich hin schmollt, dann wird er warm und unterwürfig. Wenn sie warm und offen ist, dann beginnt er kalt vor sich hin zu schmollen und so weiter. Aber es gibt auch sehr viel subtilere Formen von Reaktivität – wenn zum Beispiel zwei außerordentlich abhängige, überangepaßte Menschen auf die entsprechenden Meinungen und Bedürfnisse des anderen zu reagieren versuchen, anstatt einmal ihre eigene Meinung herauszufinden. Dies führt gewöhnlich zu chronischer Frustration, Konfusion und Lähmung, da es keinem von beiden möglich ist, eine Meinung oder eine gewisse Zielstrebigkeit zu entwickeln, ohne daß man vorher die Reaktion des anderen erfahren hat.

Einige Formen von krankhafter Reaktivität gibt es sogar in den gesündesten Beziehungen. Wir alle sind in einem gewissen Maße neurotisch, aber der Grad unserer seelischen Gesundheit oder Krankheit ist entscheidend. In Beziehungen, in denen ein hohes Maß an Reaktivität vorherrscht, beobachten wir häufig einen chronischen Zusammenbruch der gesamten Kommunikation. Zerstörerische Beziehungsmuster haben hier alle anderen Formen der Kommunikation verdrängt. Diese Art von reaktiver Interaktion kann Menschen in destruktiver Weise zusammenschweißen. Dabei ist ganz gleichgültig, ob dies sich nun darin auswirkt, daß man sich gegenseitig dauernd in unterwürfiger Form konsultiert (Frage: »Was meinst du?« Antwort: »Nun, was meinst du denn?«), daß man sich andauernd aufeinander bezieht oder aber sich gegenseitig verletzende Vorwürfe macht. Dieses Verhalten dient häufig dem intensiven Aufbau einer krankhaften gegenseitigen Abhängigkeit bis zum Zustand der Symbiose. Wo die gegenseitige Reaktivität sehr stark ausgeprägt ist, da funktionieren die Menschen manchmal fast als identische Einheiten und klammern sich in einer unglaublich fest geschlossenen neurotischen Falle aneinander.

Pygmalion oder Frankenstein? *Ein Fall von Identitätsverwechslung*

Als sie heirateten, waren sie noch jung. Sie führte ein ruhiges, häusliches Leben und fühlte sich »als Hausfrau und Mutter ganz glücklich«. Er wurde ein reicher, erfolgreicher Geschäftsmann. Sie hatten zwei Kinder, die sich »in der Schule und in allen anderen Bereichen« sehr gut entwickelten. Sie war zufrieden. Er begann dagegen, sich zu langweilen.

Er wollte gern, daß sie noch einmal zur Schule gehen sollte. Sie behauptete, sie habe »kein Bedürfnis danach und sei auch gar kein Typ zum Lernen«. Er behauptete das Gegenteil und wies darauf hin, daß sie so eine tüchtige Hausfrau, kluge Mutter und Hausverwalterin sei, - und in allem anderen doch auch tüchtig. Er sagte, sie demonstriere damit nur, daß sie sehr »logisch, intelligent und gut organisiert sei«. Er meinte, er wolle nicht gerne, daß sie ihre Talente brachliegen ließe. Darüber hinaus würde er sehr viel Befriedigung verspüren, sie beim Hineinwachsen in eine neue Aufgabe zu beobachten. Sie sagte, sie sei mit den Dingen, so wie sie eben seien, vollkommen glücklich und zufrieden. Er ließ jedoch nicht locker.

Schließlich gab sie nach. Das tat sie im übrigen fast immer. Und was ihre Fähigkeiten anbetraf, so hatte er ganz recht gehabt. Sie wurde eine hervorragende Schülerin und absolvierte ihre Abschlußprüfung in der Tat mit ganz ausgezeichneten Noten. Er erinnerte sich daran, wie stolz er am Tag ihrer Abschlußprüfung war. Es war zugleich ihr 15jähriger Hochzeitstag.

Er bestand dann darauf, daß sie Jura studieren sollte. Diesmal bedurfte es keiner großen Überzeugungsmanöver. Sie gab sofort seinen Wünschen nach und machte wiederum mit Auszeichnung ihren Abschluß. Nach zwei Jahren wurde sie juristische Mitarbeiterin einer Firma und nach weiteren fünf Jahren war sie eine der wichtigsten und angesehensten Angestellten der Firma. Sie ist jetzt eine berühmte Anwältin, verdient sehr viel Geld, und man erwägt, sie als Richterin an ein Landgericht zu berufen.

Auch die Kinder gehen jetzt ihre eigenen Wege und »machen sich gut«, aber die Beziehung zwischen ihren Eltern hat sich radikal verändert. Sie hört nicht mehr so unbedingt auf ihren Mann und hat schließlich das Ruder in der Familie und in den sozialen Beziehungen selbst in die Hand genommen. Sie hatte immer häufiger berufliche Verpflichtungen als er – so mußte ihr gemeinsamer Tagesablauf mehr auf sie als auf ihn eingestellt werden. Immer seltener trafen sie sich mit seinen Freunden und Kollegen und immer öfter mit den ihren. Er sagt, daß sie »schließlich alles übernommen hat: auch unsere Finanzen – alles«. Zuerst fühlte er sich von dieser Entwicklung freudig erregt und angespornt. Dann wurde ihm klar, daß die Lawine nicht mehr aufzuhalten war. »Sie war wie eine Dampfwalze.« Er begann, unter chronischen, wenn auch leichten Depressionen zu leiden.

Sie leben zwar weiterhin zusammen, haben aber nicht mehr allzuviel miteinander zu tun. Sie verwalten jeweils ihre eigenen

Finanzen und gehen getrennte Wege. Er hat seine alten sozialen Beziehungen wiederhergestellt, aber ohne sie sind sie relativ unergiebig geblieben. Sie ist viel mit ihren eigenen Freunden und Kollegen zusammen und findet seine Bekannten steif und langweilig. Sie besuchen gemeinsam ihre Kinder und gehen zusammen aus, aber meistens sind sie in ihren verschiedenen beruflichen Bereichen engagiert. Seit Jahren haben sie nicht mehr miteinander geschlafen. Manchmal ziehen sie auch eine Scheidung in Erwägung und haben sogar schon darüber gesprochen. Aber sie denken: »Wofür eigentlich?« und machen so weiter, ziemlich resigniert. Sie haben beide Therapien gemacht, aber nichts hat sich verändert.

Er sagt, er habe nicht erkannt, wie gut er es in ihrem alten Leben hatte. »Keine gute Tat bleibt ohne ihre Strafe«, sagt er. »Ich dachte, ich sei Pygmalion, aber ich habe einen Frankenstein erschaffen.« Sie meint, sie sei »ein Kind mit gestutzten Flügeln« gewesen, »bequem, ruhig, eigentlich innerlich tot«. Aber jetzt, so fühlt sie, ist sie lebendig geworden. Er benimmt sich dagegen wie ein »verwöhnter kleiner Junge, der immer seinen Willen durchsetzen konnte«.

Hier haben wir das Beispiel einer sehr starken Reaktivität, die als Ergebnis einer monumentalen Veränderung in der Beziehung eingetreten ist. Die Veränderung wurde dadurch hervorgerufen, daß die Grundmuster der Beziehung verändert wurden. Als sie ihr gemeinsames Leben begannen, war der wesentliche Charakterzug dieser Frau ihre Anpassungsbereitschaft. Sein wesentlicher Charakterzug war Expansivität. Die Veränderung des Status quo weckte ihre unterdrückten expansiven Neigungen; als Reaktion darauf wurde er in sehr starkem Maße anpassungsbereit – was in unserem Kulturkreis und besonders im geschäftlichen Bereich sehr viele Schwierigkeiten bereitet. Eine Zeitlang war dies dann der neue Status quo. Aber die Anpassung rief Selbsthaß hervor, und er begann, unter Depressionen zu leiden. Er versuchte, wieder zu seinen alten Verhaltensweisen zurückzukehren, aber nicht ganz zu seiner früheren Expansivität. Diese Veränderung brachte sie beide in eine außerordentlich reaktiv geprägte, letztlich unhaltbare Situation. Schließlich nahmen beide zueinander eine sehr distanzierte Haltung ein, und sie resignierten, was ihr gemeinsames - oder vielmehr getrenntes - Leben anbetraf.

Das Hervorkommen ihrer Talente steht in Verbindung mit ihrer früher unterdrückten Expansivität, aber es ist auch das Ergebnis von wirklicher seelischer Gesundheit. Hätte er dies ganz klar erkannt, anstatt in zwanghafter Weise darauf zu reagieren, dann hätten sie ihr neugefundenes inneres Potential und Wachstum gemeinsam genießen können. Dies hätte ihre Beziehung verbessert und gefestigt, anstatt sie zu untergraben. Und wenn ihr wirklich ihre eigene Stärke verfügbar gewesen wäre, dann hätte sie nicht die Nähe zu ihm mit Abhängigkeit und Unterwürfigkeit in Verbindung gebracht. Sie hätte gesehen, wie sehr ihre Beziehung durch Nähe bereichert würde. Aber das hohe Ausmaß ihrer Reaktivität zu ihm bewirkte, daß sie entweder eine arrogante oder eine distanzierte Position einnahm.

Er betrachtet die Entwicklung ihres persönlichen Potentials als Bedrohung seiner Dominanz und als einen potentiellen Angriff auf seine Männlichkeit. Er ist wirklich sehr stolz auf sie - aber zugleich hat er Angst vor ihr. Er hat eine Schmeichelkatze und ein Spielzeug an ihr verloren, und er hat noch nicht gelernt, auf der Basis der Gleichberechtigung eine enge Beziehung zu einer Frau einzugehen. Dies wird so lange nicht möglich sein, wie er seine untergründigen Abhängigkeitsbedürfnisse und seine Neigung zur Anpassung nicht akzeptiert. Er darf keine Angst mehr haben, diese untergründigen Charakterzüge zutage treten zu lassen.

Vertrauen, Offenheit, Intimität, Zärtlichkeit – graduelle Abstufungen

Offenheit ist praktisch unmöglich ohne ein Gefühl des gegenseitigen Vertrauens. Intimität bedarf der Offenheit. Zärtlichkeit braucht Intimität. Vertrauen ist ohne Intimität fast bedeutungslos.

Diese Kräfte sind miteinander verbunden und hängen voneinander ab. Offen sein bedeutet sanft und zart sein. Offen sein bedeutet Vertrauen haben. Offenheit, Zärtlichkeit und Vertrauen bedeuten Intimität. In verschiedenen Beziehungen treten diese Eigenschaften in unterschiedlichem Maße und auch zu unterschiedlichen Zeiten auf. Während jede dieser Qualitäten auch einen Einfluß auf die anderen ausübt, ist es doch zugleich möglich, daß eine Eigenschaft sehr viel stärker hervortritt als die anderen. So gibt es möglicherweise sehr viel Zärtlichkeit, aber nicht so besonders viel Offenheit in einer Beziehung. Aber wenn eine dieser vier Eigenschaften nur in reduziertem Maße vorhanden ist, dann werden sich auch die anderen proportional dazu verringern. Auf der anderen Seite ist der Grad der Ausprägung einer dieser Eigenschaften in einer Beziehung auch ein Hinweis darauf, in welchem Maße diese Beziehung offen, kooperativ und »unverstrickt« ist. Das Zusammenspiel dieser Eigenschaften ergibt eine einzigartige dynamische Kraft. Vielleicht können wir diese Kraft Liebe nennen. Wenn wir diese Qualitäten wahrnehmen, dann wissen wir etwas über die Beschaffenheit einer Beziehung.

Vertrauen läßt sich nicht zusammen mit Selbstzweifeln verwirklichen, mit dem Gefühl, nicht liebenswert zu sein, einem geringen Maß an Selbstachtung, starken Gefühlen der Verletzlichkeit und Verfolgungswahn. Vertrauen hängt zunächst davon ab, welche Beziehung man zu sich selbst hat, und dann erst davon, wie die Beziehung zum Partner aussieht. Eine wirkliche

Selbstliebe und das Akzeptieren der eignen Stärken und Schwächen sind die Voraussetzung und Grundlage für Vertrauen. Das Vertrauen zu uns selbst versetzt uns in die Lage, auch anderen zu vertrauen. Aber dasselbe Vertrauen und unsere Wahrnehmungsfähigkeit schützen uns auch davor, zwanghaft solchen Menschen zu vertrauen, bei denen Vertrauen offensichtlich nicht angebracht ist.

Vertrauen bedeutet, daß man sich miteinander wohlfühlt und daß kaum eine defensive innere Spannung vorhanden ist. Es heißt, daß Sie darauf vertrauen, von Ihrem Partner nicht verletzt oder manipuliert zu werden. Sie sind sicher, daß Ihr Partner Ihre Bestrebungen nach Selbstverwirklichung unterstützen wird. Diese Unterstützung und dieses Vertrauen sind das Ergebnis der gegenseitigen Fürsorge, die man füreinander empfindet, und sie sind unabhängig von schlechtem oder gutem Wetter, von irgendwelchen Stimmungen, von irgendeinem Gefallen, den man jemandem tut oder auch nicht, und von sonstigen äußeren Ereignissen und Zufällen.

Es ist bezeichnend für ein hohes Maß an Vertrauen, daß man sich keine Gedanken macht über gleiche Rechte, über das Teilen der materiellen Güter, über bestimmte Arbeiten, die zu erledigen sind, oder über Verantwortlichkeiten. In diesem Fall nehmen sich die Partner ganz einfach und ganz spontan, was sie brauchen. Sie wissen zugleich, daß sie nicht von jemand Gierigem ausgebeutet werden. Für Beziehungen, in denen es nur ein geringes Maß an Vertrauen gibt, ist es charakteristisch, daß man sich andauernd damit befaßt, daß alles in gleichem Maße geteilt werden muß. Tatsächlich geht das so weit, daß es wichtiger wird, seinen »fairen Anteil« zu bekommen, als daß man sich seine wirklichen Bedürfnisse und Wünsche erfüllt.

Dieser eben beschriebene Mechanismus sagt unweigerlich sehr viel aus über die Frage des Vertrauens. Häufig wirken sich in solcher Verhaltensweise anerzogene geschwisterliche Rivalitätskämpfe aus. Ein anderes, sichtbares Charakteristikum für ein hohes Maß an Vertrauen (und zugleich ein Anzeichen, daß man sich nicht andauernd mit der Frage von »gleichen Rechten«

befaßt) ist ein Gefühl der Loyalität ohne Ansprüche. Diese Loyalität ist zwischen vertrauensvollen Partnern ein wesentlicher Faktor. Sie beruht nicht auf Fragen wie: »Was hast denn *du* in letzter Zeit für mich getan?« Diese Loyalität gibt es nicht nur dann, wenn der andere einem selbst bestimmte Geschenke hat zukommen lassen oder bestimmte Dienste erwiesen hat. Zugleich müssen wir uns darüber klar sein, daß Loyalität in keiner Weise bedeutet, daß man sich selbst völlig auslöscht oder unterwirft. Sie entsteht vor allem aus einer grundsätzlichen Loyalität und Liebe zu sich selbst und aus dem Vertrauen zu sich selbst. Es gehört zu einer vertrauensvollen Beziehung, daß man für sich selbst - und für den Prozeß der Beziehung in seiner unendlichen Komplexität - ein hohes Maß an Wertschätzung, Hoffnung und einfühlsamer Liebe empfindet.

Vertrauen führt zu Offenheit. Das Maß an Offenheit besteht darin, wie weit ein gegenseitiges Geben und Nehmen stattfindet, sowohl in qualitativer als auch in quantitativer Hinsicht.

Offenheit schließt Angeberei, Heuchelei, ein gekünsteltes Verhalten und einen Mangel an Kommunikation aus. So werden in eine Beziehung, in welcher Offenheit herrscht, alle Aspekte des Selbst eingebracht. Dies ist ein machtvolles Mittel gegen Gefühle der Nutzlosigkeit und Langeweile. Wir müssen uns dessen bewußt sein, daß Offenheit im wesentlichen bedeutet, daß wir die emotional wichtigen, »privaten« Bereiche unseres Lebens diskutieren. In unserem kulturellen Umfeld kann dies in der Tat sehr bedrohlich sein.

Offenheit bedeutet, daß wir uns zunächst einmal kritisch alle verfügbaren Informationen und Meinungen anhören und weitergeben. Eine offene Beziehung bedeutet zum Beispiel, daß ein Geschäftskollege den anderen fragt: »Was denken Sie über diesen Vorschlag?« Er will mit dieser Frage wirklich wissen, was sein Kollege denkt - und ihn damit nicht in eine Falle locken. Diese Art von Austausch ist in menschlichen Beziehungen äußerst wichtig. Das Geben ist eine wesentliche Voraussetzung des Empfangens, da das Privileg, sich selbst einbringen zu können, auf das Selbst, den eigentlichen Persönlichkeitskern des

Menschen, eine außerordentlich heilsame Wirkung hat. Deshalb gehören Geben und Nehmen im Zustand der Offenheit untrennbar zusammen.

Was bedeutet also Offenheit in diesem Zusammenhang? Es bedeutet, daß man in einem Zustand oder in einer Verfassung ist, in der es auch wirklich möglich ist, die Botschaften, die andere Menschen aussenden, zu empfangen, daß man einen Dialog statt zweier getrennter Monologe führt. Dies bedeutet, daß man seine eigenen Wahrnehmungen kennt und ihnen vertraut, ohne durch Vorurteile oder durch Stolz blockiert zu sein. Es bedeutet auch, daß man dem anderen seine eigenen Botschaften ohne die Barriere des persönlichen Stolzes, der Vorurteile oder der Furcht übermitteln kann. Damit meine ich Botschaften über ganz persönliche Gedanken, Meinungen, Wertvorstellungen und, vor allem anderen, Stimmungen und Gefühle. Offenheit ist dagegen nicht möglich, wenn man sich sehr stark von seinen eigenen Gefühlen und seinem individuellen Persönlichkeitskern entfremdet hat, denn es ist einfach notwendig, dauernd mit unseren eigenen Gefühlen in Kontakt zu stehen, wenn wir unsere Wahrnehmungen voll ausnutzen wollen und wenn wir durch das Ausleben unserer Gefühle auch unsere Botschaften an unseren Partner übermitteln wollen.

Unser kulturelles Umfeld arbeitet, so kann man sagen, der Offenheit entgegen, während doch unser Persönlichkeitskern danach verlangt. Die Wettbewerbshaltung führt zu Zynismus, Verfolgungswahn sowie Rückzug und Isolation vor der Umwelt. Von frühestem Kindesalter an bringt man uns bei, vor allem auf unsere eigenen Angelegenheiten zu achten. Wir lernen, nicht allzuviel verlauten zu lassen über unsere eigenen Ideen oder Gefühle, schon gar nicht über unser Alter, unseren Gesundheitszustand oder sonst irgend etwas Persönliches. Diese anerzogenen Grundsätze lösen sich, auch wenn wir uns verlieben, nicht einfach auf. Wenn wir nicht dauernd einen Kampf um Offenheit führen, dann kann keine Intimität entstehen. Man ist statt dessen für immer unfähig zu kommunizieren und leidet sein ganzes Leben lang an einem Gefühl der Isolation und Einsamkeit.

Unterdrückte Wut ist zweifellos einer der größten Feinde der Offenheit. Wenn wir unseren Ärger und unsere Wut unterdrükken, dann bedeutet das auch, daß wir andere Gefühle unterdrükken. Um Offenheit zu entwickeln, ist es jedoch notwendig, daß wir alle unsere Gefühle deutlich spüren.

Wenn wir unseren Ärger unterdrücken, dann lähmen wir uns damit selbst. Das bedeutet, daß die Energie, die man für die Unterdrückung seines Ärgers braucht, uns dann in allen sozialen Beziehungen fehlt. Das Ergebnis ist dann ein beleidigtes Schmollen und ein Sich-Abkapseln von anderen. Die meisten Menschen sind sich sogar dann, wenn sie sich ihrer Wutgefühle bewußt sind, selten darüber klar, daß das Unterdrücken und Zurückhalten von Wut der Offenheit im Wege steht.

Wenn wir offen sind, dann übermitteln wir im Grunde genommen folgende Botschaft: »Hier bin ich, so wie ich wirklich bin und fühle. Ich heuchle nicht, ich spiele nichts vor. Und ich bin bereit, auch dich genau so zu akzeptieren, wie Du bist. Zwischen uns gibt es keine Verstellung«.

Wenn wir offen sind, dann sind wir auf allen Ebenen hellhörig: in dem, was wir sagen, wie wir es sagen, und in dem, was hinter dem steht, was wir sagen. Dies bezieht sich auf nonverbale ebenso wie auf verbale Botschaften. Wir dürfen uns nicht verstecken. Offenheit bedeutet, daß wir alles sagen, ohne etwas zu zensieren. Offenheit ist die Basis, auf der Intimität und Zärtlichkeit sich entwickeln können, und sie sagt sehr viel über die Qualität einer Freundschaft zwischen Menschen aus.

In diesem Zusammenhang können wir uns Intimität als eine handlungsbezogene Ausdehnung der Offenheit vorstellen. Sie ist das Ausleben der Offenheit, die Verwandlung der Offenheit in eine sinnvolle Aktion. Während Intimität sowohl körperlich als auch durch Worte ausgedrückt werden kann, ist dieser körperliche Ausdruck doch nur dann sinnvoll, wenn er echte Gefühle repräsentiert. Wörter und Handlungen, wie intim auch immer sie klingen und aussehen mögen, sind, wenn sie nicht in wirklichen Gefühlen verwurzelt sind, nichts anderes als Heuchelei und ein leeres Ritual.

Intimität bedeutet also, daß sie sich ihm nahe fühlt und auch seine Nähe zu ihr deutlich spürt. Sie spürt sehr deutlich ihre eigenen aktiven Gefühle zu ihm und ist gleichermaßen sensibel für seine Gefühle zu ihr. Er empfindet ähnlich sensibel. Diese Schwingungen machen die Intimität aus.

Intimität, so wie wir sie hier beschrieben haben, variiert in ihrer Stärke bei verschiedenen Menschen, ebenso wie sie bei jedem Paar in sehr unterschiedlichen Ausprägungen vorhanden ist. Gefühle und Stimmungen verändern sich, und Gefühle der Nähe bleiben auch nicht immer gleich. Aber wenn eine Beziehung schon länger bestanden hat, dann wird ein bestimmtes Ausmaß an Nähe häufig mit bemerkenswert wenigen Veränderungen immer weiter aufrechterhalten, obwohl die Stimmungen und der Ausdruck jener Stimmungen vielleicht wechseln.

Es gibt Gelegenheiten, bei denen Menschen, die sich eben erst getroffen haben, zu einer wirklichen Intimität fähig sind. Aber solche Gelegenheiten sind selten, und sie dürfen nicht verwechselt werden mit konditionierten sexuellen Reaktionen, die auftreten können, wenn man meint, das eigene, romantische sexuelle Ideal getroffen zu haben. Ähnlich kann es so sein, daß das, was als spontane Intimität erscheint, möglicherweise nur eine Pseudointimität und nur das Ergebnis von Übertragungsprozessen auf eine andere Person ist, an die uns dieser Mensch erinnert. Ein wirklich hohes Maß an Intimität ist gewöhnlich nur dann möglich, wenn Menschen einander lange genug gekannt haben, so daß sich Gefühle entwickeln konnten und man diese Gefühle auch wahrnimmt. Die Fähigkeit, mit anderen über Gefühle zu sprechen, ist ein sicheres Anzeichen für Intimität. Aber die Quelle einer wirklichen Intimität ist das praktische Einbringen von Gefühlen und von Fürsorglichkeit. Dies nimmt Zeit in Anspruch. Dazu gehört auch eine gewisse gemeinsame Geschichte. Dies bedeutet, daß in einer Beziehung jeder Partner sich selbst und den anderen deutlich wahrnehmen muß. Jeder muß sich selbst als die Hälfte eines Paares erfahren, während zugleich beide Partner auf die Welt und ihre verschiedenen Aspekte gemeinsam reagieren. Jeder Partner muß ein inneres

Bedürfnis verspüren, über den anderen stets etwas Neues erfahren zu wollen.

Das Bedürfnis, sich gegenseitig kennenzulernen, entsteht nicht aus dem Verlangen heraus, den anderen auf seine Seite zu ziehen oder seine eigenen Grenzen dadurch zu erweitern, daß man einen anderen unterwirft, daß man ihn überschwemmt, aufsaugt, ausnutzt und zerstört. Es entsteht vielmehr aus dem Bedürfnis nach Nähe und aus den warmen und reichen Gefühlen, die der Austausch von Intimität mit sich bringt. Intimität trägt sehr stark zu einem Gefühl der »Teamarbeit« und der gegenseitigen Unterstützung bei. Und sie bietet ein starkes Bollwerk gegen die Anforderungen des harten und oft unerträglich scheinenden Lebens. Aber dieser große Vorteil, die gegenseitige Unterstützung, darf nicht mit den verkrüppelnden Wirkungen einer krankhaften Abhängigkeit verwechselt werden.

Einfühlungsvermögen (Empathie) und Sympathie sind für echte Intimität charakteristisch. Ohne diese beiden Gefühle ist es nicht möglich, eine Antenne für die Gefühle des anderen zu entwickeln. Aber diese beiden Eigenschaften dürfen wiederum nicht mit krankhafter, nach vollkommener Übereinstimmung strebender Abhängigkeit verwechselt werden. Sie beweisen Sympathie und Mitgefühl, wenn Sie einem kranken Freund einen Besuch abstatten. Aber wenn Sie von jenem Besuch heimkommen und sich deshalb den ganzen Abend lang nicht wohl fühlen, dann verwechseln Sie wahrscheinlich Sympathie mit exzessiver Abhängigkeit: Sie haben die Identität des kranken Freundes angenommen. Krankhafte Abhängigkeit entspringt dem Narzißmus. Ihr Ziel ist es, den anderen aufzusaugen, um sich selbst für ein sehr stark geschwächtes Selbstgefühl zu entschädigen. Intimität dient dem starken Selbst, das in seiner individuellen, separaten Identität verbleibt und so imstande ist, jemand anderem nahe zu sein, ohne daß daraus eine Bedrohung für sein/ihr Getrenntsein und einzigartige Individualität entstünde. So findet ein Teilen statt, ohne daß die Trennung zwischen den beiden separaten Persönlichkeitskernen aufgehoben würde.

Ich erinnere mich in diesem Zusammenhang an eine Diskussion, die ich einmal mit einem Kollegen hatte. Dieser wies darauf hin, daß Menschen nicht verlegen oder schockiert zu sein scheinen, wenn sie mit Menschen zusammen sind, die sich verbal aggressiv zueinander verhalten. Aber sie fühlen sich fast immer peinlich berührt durch Menschen, die liebevolle Gefühle füreinander demonstrieren, indem sie sich berühren, küssen oder zärtlich miteinander sprechen. Warum? Ich glaube, sehr viele Menschen sind verlegen, wenn sie Zeuge von Nähe oder Intimität werden. Kampf wird betrachtet, als schaffe er Distanz und Getrenntsein. Zärtliche Gefühle werden als Charakteristikum der Intimität angesehen. Wir leben in einer Kultur der kühlen Distanz, und man bringt uns bei, uns vor Nähe, Intimität und überhaupt allen Äußerungen der Zärtlichkeit zu hüten.

Der Ausdruck von Zärtlichkeit durch Sprache, Gesten, körperlichen Kontakt und auf vielen anderen Wegen fördert jedoch die Intimität, eine Erfahrung, die sowohl den Empfänger als auch den Geber bereichert. Aber obwohl vielleicht viele Menschen Zärtlichkeit empfinden, wird dieses Gefühl doch nicht immer in Handlungen umgesetzt. Es ist gut möglich, daß sehr viele Menschen, vor allem Männer, vielfältige Gefühle der Offenheit, der Intimität, des Vertrauens und auch der Zärtlichkeit empfinden, aber sehr schwere Hemmungen beim Ausdrücken solcher Gefühle haben. Dies ist am häufigsten auf kulturelle Zwänge und auf falsche Vorstellungen darüber, was »maskulin« und was »feminin« sei, zurückzuführen. Einige Männer und Frauen befürchten anscheinend, daß der Ausdruck von Zärtlichkeit sie plump und langweilig erscheinen ließe. Obwohl vielleicht sehr starke zärtliche Gefühle vorhanden sind, läßt doch die Unfähigkeit, sie auszudrücken, sowohl den Geber als auch den potentiellen Empfänger verarmen. Und diejenigen, die zögern, zärtliche Gefühle auszudrücken, werden niemals fähig sein, das wirklich zu tun, bis sie sich selbst gegenüber so zärtliche Gefühle hegen wie zu ihren Partnern.

Aber wie ist es mit Gefühlen der Zärtlichkeit für eine andere Person? Ohne sie ist jeder Ausdruck und jede Geste nur ein leeres Rollenspiel. Jeder, der dieses Spiel mitspielt, ist sich dieser Tatsache meist sehr schnell bewußt.

Wirkliche Zärtlichkeit bedeutet, anders als Pseudozärtlichkeit, daß man die Empfindlichkeiten des Partners wahrnimmt und spürt. Dazu gehört, daß man motiviert ist, an den anderen Partner nahe genug heranzutreten, um ihn wirklich kennenlernen zu können.

Wirkliche Zärtlichkeit bedeutet ein wohlwollendes Akzeptieren und eine angemessene Behandlung des Mitmenschen, vor allem in Anbetracht seiner Empfindlichkeiten, seiner Grenzen und auch in bezug auf jene Bereiche, die besonders bedeutungsvoll für ihn sind. Wenn man wichtige Bereiche des Lebens eines Menschen zartfühlend behandelt, dann wird dadurch das Mitgefühl dieses Menschen für sich selbst und das Einfühlungsvermögen in bestimmte Aspekte seiner Persönlichkeit noch gefördert. Der *Grad* an Zärtlichkeit und an zartem Empfinden ist schwierig auszudrücken. Aber für jedermann, der Menschen, die miteinander eine Beziehung haben, nahe genug kommt, ist er erkennbar.

Es ist wichtig zu erkennen, daß Zärtlichkeit fast niemals einseitig ist. Sollte dies der Fall sein, dann ist es sehr wahrscheinlich, daß sie nicht echt ist, sondern vielmehr irgend etwas verdecken soll und nur eine leere Geste ist, geboren aus krankhafter Abhängigkeit oder Schmeichelei. Wirkliche Zärtlichkeit wird fast immer gegenseitig empfunden, gegenseitig ausgedrückt und gegenseitig gesteigert. Ihre therapeutische Wirkung im Hinblick auf eine Steigerung des Selbstbewußtseins, größere Wahrnehmungsfähigkeit, mehr Offenheit, Vertrauen und Intimität ist für beide Geschlechter in jedem Alter gleichermaßen wohltuend.

Einigkeit in wesentlichen Lebensbereichen

Fast jeder von uns verfügt über bestimmte Prioritäten. Viele sind sich dieser Prioritäten nicht voll bewußt, aber sie spiegeln sich dennoch in unseren Wertvorstellungen, in unseren Vorlieben, unseren Entscheidungen, Geschmäckern und in unserem Lebensstil. Das bewußte Wahrnehmen persönlicher Prioritäten kann eine sehr wichtige Rolle dabei spielen, den Schwerpunkt unseres Lebens wieder zu erspüren und uns zur Selbstverwirklichung in allen Lebensbereichen verhelfen. Ich habe in der Tat das Empfinden, daß das Herausfinden und das Auflisten unserer Prioritäten von wesentlicher Bedeutung dafür ist, ob wir kulturellen Zwängen und Vorschriften zu widerstehen vermögen und ob wir uns selbst zum Herren unserer eigenen Energie und Zeit machen können.

Es gibt Menschen, die praktisch gar keine Prioritäten haben, weder bewußt noch unbewußt. Gewöhnlich leiden sie unter schweren Entfremdungsgefühlen und leben auf einer chaotisch-impulsiven Ebene, die sich durch das Fehlen jeglicher Kontinuität auszeichnet. Ihre Beziehungen sind gewöhnlich zersplittert und von unvorhersehbaren Impulsen bestimmt. Es fehlt ihnen selbst der Schein eines konstruktiven Austauschs von Gedanken und Gefühlen mit anderen. Das Wissen um wesentliche Prioritäten kann von großer Bedeutung sein beim Einschätzen von Beziehungen und ihrem konstruktiven oder destruktiven Potential. Wenn Prioritäten beider Partner differieren, dann gibt es zwei verschiedene Möglichkeiten. Im Bereich gemeinsamer Prioritäten gibt es vielleicht verschiedene Intensitätsgrade. Zum Beispiel ist für Mary Sex möglicherweise ganz ungewöhnlich wichtig, während für ihren Mann Jack Sex zwar eine gewisse Bedeutung haben mag, aber nicht sehr wichtig ist. Auf der anderen Seite ist für John Sex von entscheidender Bedeutung, während seine Frau Jane ebensogut ohne Sex auskommen könnte.

Eine andere Art, die Unterschiedlichkeit zu beschreiben, ist eine Bemessung nach der Anzahl der verschiedenen Prioritäten: Von zehn Prioritäten teilen Jack und Mary acht, während John und Jane gar keine teilen.

Wo es entscheidende und große Unterschiede bei wesentlichen Prioritäten gibt, da erweisen sich Beziehungen manchmal als einfache »Verwechslung« bestimmter Persönlichkeiten durch Übertragung. Oder sie beruhen auf impulsiven Entscheidungen, die ohne ein wirkliches Wissen voneinander getroffen worden sind. Es gibt in seltenen Ausnahmefällen allerdings auch Menschen, die Beziehungen aufrechterhalten, obwohl die wesentlichen Prioritäten ganz deutlich verschieden sind. Gewöhnlich handelt es sich dabei um ziemlich entfremdete und sehr distanzierte Menschen, und obwohl sie eine Art von Beziehung haben, so ist diese doch sehr schwach und »verwässert« - sie verbringen nur wenig Zeit miteinander. Dies sind Menschen, die einander niemals kannten und niemals kennenlernen, die ganz sicherlich die gegenseitigen Prioritäten auch nicht kennen.

Wo es dagegen gar keine entscheidenden Prioritäten gibt – und daher keine Gleichheit oder auch keine Unterschiede von Prioritäten –, da ist es schwierig, irgendeine Art von Beziehung zu entwickeln.

Diejenigen, deren Prioritäten weitgehend unvereinbar sind, sind gewöhnlich sehr unglücklich, und die Zeit, die sie zusammen verbringen, ist voll von Forderungen, gegenseitigen Beschuldigungen und Kämpfen. Meistens sind diese Paare sich nicht einmal der Unterschiede in ihren Prioritäten bewußt. Sie besitzen vielleicht sehr stark ausgeprägte Prioritäten, aber sie haben darüber noch nie miteinander diskutiert und sind sich in vielen Fällen nicht einmal ihrer eigenen Prioritäten bewußt geworden.

Wir sprechen hier über wesentliche Prioritäten, die Beziehungen betreffen, nicht über die Vielzahl der Aktivitäten, die aus ihnen entstehen können. Zum Beispiel ist die Einstellung zum Geld eine entscheidende Priorität, die bestimmte Entscheidungen über Ausgaben beeinflussen wird. Diese Entscheidungen sind dann wiederum abgeleitete Prioritäten. Ausgehend von meinen Erfahrungen in der klinischen Praxis habe ich 14 Bereiche aufgelistet, welche für Menschen, die in unserer Gesellschaft leben, von entscheidender Priorität sind.

1. Sex

Ich werde später noch genauer erörtern, wieso ich Sex (ebenso wie den Umgang mit Geld) als Anzeichen für den Zustand einer Beziehung betrachte. Aber in diesem Zusammenhang befassen wir uns mit Sex oder der Bedeutung, die man Sex als wesentlicher Priorität zumißt, und nicht so sehr mit der gegenseitigen Anziehung oder der Fähigkeit, einander sexuell glücklich zu machen. Für einige Menschen gibt es nichts, was im Leben wichtiger wäre als Sex. Für andere ist es eine Beschäftigung, damit von geringer Bedeutung. Für einige sind sexuelle Gefühle, das Ausdrücken von Sexualität und die sexuelle Potenz das Leben selbst; Befriedigung im sexuellen Bereich ist einer der Maßstäbe für Selbstachtung. Für andere ist Sex eine der vielen Möglichkeiten, um Nähe und Zärtlichkeit auszudrücken. Manche Menschen wiederum sehen darin nur ein Mittel, um möglichst viel Vergnügen zu haben. Es gibt auch einige Menschen, für die Sex fast keine Bedeutung hat, und sogar andere, die so wenig wie möglich damit zu tun haben möchten.

2. Religion

Ob zwei Partner, die zueinander eine Beziehung entwickelt haben, dieselbe Religion haben oder aber unterschiedlichen Konfessionen angehören, ist weniger wichtig als die Bedeutung, die sie ihrer Religionszugehörigkeit beimessen. Schwierigkeiten, die daraus entstehen, daß man unterschiedlichen Religionsgemeinschaften angehört, werden noch dadurch verstärkt, daß die Intensität des Glaubens von Partner zu Partner verschieden ist. Diese Schwierigkeiten werden dann noch stärker, wenn man besonderen Stolz in seine religiösen Gefühle hineinlegt oder gerade seine Religion als etwas Besonderes betrachtet. Dadurch kann ebenso viel Schaden entstehen wie durch Unterschiede im religiösen Glauben und die verschiedenen Glaubensaktivitäten selbst.

3. Ethnische Zugehörigkeit

Ebenso wie es bei der Religion der Fall ist, hat auch eine unterschiedliche ethnische Zugehörigkeit nur dann eine zerstörerische Wirkung, wenn ein Partner besonders stolz auf seine nationale Herkunft ist, während der andere Partner einen anderen kulturellen Hintergrund hat. Nationalismus verursacht fast immer dann Beziehungsschwierigkeiten, wenn einer der beiden Partner ihm große Bedeutung beimißt und der andere Partner nicht.

4. Geld

Auch Geld wird nur dann zu einem Problem, wenn das finanzielle Interesse nur auf der Prioritätenliste eines der beiden Partner steht. Unvereinbare Prioritäten hinsichtlich des Geldes – einer Ware, der unser kulturelles Umfeld eine große Bedeutung zumißt – kann in bezug auf den Lebensstil, den man anstrebt, sowie in bezug auf die generelle Sichtweise der Welt zu Frustration führen.

5. Die Suche nach Vergnügen

Für einige Menschen steht die Suche nach dem Vergnügen ganz oben auf der Prioritätenliste. Für andere ist sie nur von geringer Bedeutung. Sie akzeptieren das Vergnügen und entsprechende Aktivitäten, wenn diese sich anbieten, aber sie »jagen« nicht danach. Diese Priorität kann ebenfalls den Lebensstil eines Menschen bestimmen und Probleme verursachen, wenn einer der Partner in einer Beziehung wesentlich mehr nach dem Vergnügen strebt als der andere.

6. Zeit

Für einige Menschen sind Pünktlichkeit, die sinnvolle Nutzung der Zeit und die Zeiteinteilung ganz besonders wichtig. Für andere sind diese Gesichtspunkte ganz bedeutungslos: Sie nehmen Verabredungen nicht so genau, setzen sich nicht zwanghaft unter Zeit- und Termindruck und sind häufig auch nicht so zielstrebig wie solche Menschen, für die der Faktor Zeit extrem wichtig ist. Offensichtlich sind diese Gefühle Ausdruck von vollkommen unterschiedlichen Lebensstilen. Zunehmende Differenzen in diesem Bereich können auf eine Beziehung einen sehr zerstörerischen Einfluß ausüben.

7. Integrität

Wie ich bereits an anderer Stelle erörtert habe, ist Integrität, womit ich vor allem die Wahrheitsliebe meine, auf der Prioritätenliste verschiedener Menschen nicht an gleichermaßen hoher Stelle angesetzt. Meine Beschreibung des Gegensatzes zwischen sach- und menschenorientierten Charakteren macht dies deutlich. Unterschiedliche Ansichten über Integrität brauchen allerdings nicht notwendigerweise zu einem Fiasko führen, vorausgesetzt, in einer Beziehung herrscht eine Haltung des »Leben-und-leben-lassens« vor. Aber wenn einer der beiden Partner Prinzipientreue für wichtiger einschätzt als Menschlichkeit und Wahrheitsliebe, dann können unterschiedliche Prioritäten zu schweren Enttäuschungen führen.

8. Menschen

Unterschiedliche Prioritäten hinsichtlich der Rolle, die Menschen und der Umgang mit Menschen spielen, können zu großen Schwierigkeiten führen, denn die Einstellungen in diesem Bereich haben auf den Lebensstil einen großen Einfluß. Wenn man dem Umgang mit Menschen eine sehr hohe Priorität einräumt, dann bedeutet das gewöhnlich, daß man mit anderen Menschen eine Menge Zeit verbringt. Eine große Priorität für den Umgang mit Menschen bedeutet auch mehr Loyalität zu Menschen, im Gegensatz zu einem ständigen Beharren auf Prinzipientreue.

9. Familienleben

Familienleben - damit meine ich alles, wofür man sich in diesem Bereich engagiert, woran man sein Herz hängt, was sozial damit zusammenhängt - hat für einige Menschen oberste Priorität. Ihre gesamte Selbstidentifikation entspringt dieser Quelle. Auf der anderen Seite gibt es auch Menschen, für die das Familienleben nur sehr wenig oder gar keine Bedeutung hat, die sich in ganz ausgeprägter Weise von allen Familienbindungen fernhalten. Wenn die Prioritäten hinsichtlich des Familienlebens auseinanderklaffen, dann werden möglicherweise beide Beziehungspartner in eine innerlich distanzierte Haltung hineingleiten.

10. Kinder

Kinder zu haben, Gefühle in Kinder zu investieren, mit Kindern eng zusammenzuleben - dies kann im Leben von Menschen von großer Wichtigkeit sein und ihr Dasein in entscheidenden Aspekten beeinflussen. Wenn in diesem Bereich die Prioritäten sehr starke Differenzen aufweisen, dann entsteht unweigerlich zwischen beiden Partnern eine sehr starke Unzufriedenheit, gleichgültig, ob diese Partner nun verheiratet sind oder bloß unehelichen Kontakt haben. (Denken Sie nur an alle jene Paare, die aufgehört haben, ihre früheren Freunde zu sehen, weil diese Freunde vollkommen von ihren Kindern in Anspruch genommen werden.) Kinder zu haben ist kein Heilmittel für eine kranke Beziehung, aber wenn für beide Partner die Kinder auf der Prioritätenliste sehr hoch oben angesetzt sind, dann können gemeinsame Kinder für eine geschwächte Beziehung eine bedeutsame Hilfe sein.

11. Romantik

Ein Leben ohne romantische Aspekte ist für einige Leute undenkbar. Für andere steht ein solches Leben auf der Prioritätenliste ganz unten: Für sie sind Aspekte der Nützlichkeit besonders wichtig. Die Stelle, die Romantik in der Wertehierarchie einnimmt, hat auf den Lebensstil einen sehr großen Einfluß und kann, wenn die Ansichten in diesem Bereich zu stark auseinanderklaffen, es unmöglich machen, verschiedene Lebensstile miteinander zu vereinbaren.

12. Aufregung und Ruhe

Diese Prioritäten haben eine ähnliche Auswirkung wie die Romantik. Menschen, die Aufregung und Abenteuer ganz hoch auf ihrer Prioritätenliste ansetzen, betrachten häufig einen Zustand von Ruhe und Frieden als lethargische Lähmung. Menschen, welche dagegen die Ruhe und den Frieden sehr schätzen, betrachten Aufregung häufig als manisches Chaos – als eine turbulente Bedrohung ihres Wohlbefindens.

13. Arbeit

Menschen, für die Arbeit eine sehr hohe Priorität einnimmt, betrachten sie häufig als alleiniges Zentrum ihrer Identität und ihres Lebens. Menschen, für die sie allerdings nur von geringer Bedeutung ist, betrachten sie als lästiges Ärgernis, die häufig den Freizeitaktivitäten im Wege steht. Natürlich haben die Prioritäten in diesem Bereich einen starken Einfluß auf den Lebensstil, auf die Geschmäcker, Neigungen, Wertvorstellungen, Entscheidungen und Handlungen. Dieser Bereich ist sehr wichtig!

14. Intellektuelle Aktivitäten

Intellektuelle Interessen, die den Lebensstil ebenso wie die sozialen Aktivitäten und die sozialen Kontakte bestimmen, sind wichtiger als der Intelligenzquotient eines Menschen.

Körperlich-sportliche Betätigungen

Wenn hier die Interessen auseinanderklaffen, dann hat das wahrscheinlich nicht gleich katastrophale Auswirkungen. Ein Paar oder zwei Freunde haben möglicherweise unterschiedliche Ansichten über die Bedeutung von Körperübungen und Sport. In diesem Bereich hängt viel davon ab, wo die anderen Prioritäten liegen und ob man dem anderen ein Eigenleben zugesteht.

Offensichtlich gibt es bei den wesentlichen Prioritäten in den meisten Fällen sehr viele Überschneidungen. Ebenso berührt jede einzelne Priorität die anderen und wird von den anderen wiederum berührt. Natürlich ist ein Auseinandergehen der Prioritäten dann in sehr viel stärkerem Maße eine Quelle für Schwierigkeiten, wenn es ein größeres Maß an gegenseitiger Abhängigkeit gibt. Die Konfrontation ist geringer, wenn zwei gesunde Persönlichkeitskerne nebeneinander bestehen. Gemeinsame Prioritäten machen es für zwei Partner leichter, einander zu verstehen. Sie ermöglichen eine kooperative Beziehung. Das Auseinanderklaffen der Prioritäten macht es für beide Partner notwendig, um so stärker darum zu kämpfen, ein gemeinsames Wertesystem und gegenseitiges Verständnis zu entwickeln. Wenn andere Bereiche ebenfalls stimmen, dann wird Intimität auch durch gemeinsame Prioritäten gefördert, einfach deshalb, weil die gemeinsame Freude an bestimmten Dingen die Menschen näher zusammenbringt.

Laurence und Sylvia

Der Geschäftsbereich ist seine Welt. Die Kunst ist ihre. Beide sind, nach Kategorien unseres kulturellen Umfelds bemessen, sehr erfolgreich. Er ist Aufsichtsratsvorsitzender einer großen Firma und verdient eine Menge Geld. Ihre Bilder sind schon in berühmten Galerien und auch in einigen Museen ausgestellt worden. Sie kosten sehr viel Geld.

Die Leute fragen sich, was die beiden gemeinsam haben. Die Antwort: Ein Interesse am Prinzip des »Leben-und-leben-lassens« – und sehr wenig sonst. Ihr Interesse am Geschäftsleben ist gleich Null, und sein Interesse an der Kunst ist ebenfalls gleich Null. Seit mehr als zwanzig Jahren haben sie zusammen, aber dennoch getrennt gelebt. Und doch helfen sie einander auf ihre ganz persönliche Weise. Sie haben keine Kinder und wenig Freizeit. Ihre Kunst und seine Aktivitäten im geschäftlichen Bereich nehmen fast alle ihre Zeit und Energie in Anspruch. Die Freizeit, die sie haben, widmen sie vollkommen unterschiedlichen Aktivitäten. Er liebt den Sport. Sie geht gern ins Museum. Sie haben nicht die gleichen Freunde.

Sie begleiten einander jedoch zu großen Wohltätigkeitsveranstaltungen. Und sie sind sehr kooperativ hinsichtlich ihrer finanziellen Bedürfnisse und Verantwortlichkeiten. Sie sind auch im sexuellen Bereich Partner, obwohl sie nur selten sexuell aktiv werden. Gelegentlich haben sie im Laufe der Jahre kurze Affären mit anderen gehabt. Beide wissen davon, aber sie reden nicht darüber. Es scheint, als hätten sie keinen besonderen Groll deswegen aufeinander entwickelt.

Warum bleiben sie überhaupt zusammen? Warum haben sie denn überhaupt geheiratet? Ihre Beziehung beruht weitgehend auf Bequemlichkeit. Sie sind im wesentlichen sehr konventionelle Menschen. Sie ziehen sich gerne gut an, sie leben gut, und sie »sehen zusammen gut aus«, wie Sylvia sagt. Beide haben das Gefühl, daß sie durch ihre Ehe beträchtlich an Prestige gewonnen haben, und dies hat Laurence beruflich genützt. Sylvia hatte auch das Gefühl, daß Heiraten etwas wäre, was sie ohnehin doch tun müßte, so daß sie es schließlich »hinter sich gebracht« hat.

Es scheint, als hätten sie nichts gemeinsam, und doch ist das, was sie gemeinsam haben, für sie wichtig. Beide sind sie im wesentlichen Menschen, die sehr distanziert und ihren Gefühlen entfremdet sind. Sie benutzen einander, sie brauchen einander, um eine Distanz entwickeln zu können. Indem sie das tun, halten sie ihre Illusion von Unabhängigkeit aufrecht. Ihre Ehe bewahrt sie davor, sich mit anderen Menschen enger einlassen zu müssen. Eine gelegentliche Affäre mit jemand anderem vermittelt ihnen Stimulanz und sexuelle Erregung, eine Art von Pseudolebendigkeit. Aber das wesentliche Motiv hinter diesen Affären ist wahrscheinlich, sich gegenseitig in ihrem Gefühl der Unabhängigkeit zu bestätigen. Wahrscheinlich leiden sie unterschwellig unter sehr starken Einsamkeits- und Abhängigkeitsgefühlen. Dies ist bei Menschen, die sich nur begrenzt emotional aufeinander einlassen, unvermeidbar. In diesen Fällen gibt es immer ein tiefes Gefühl innerer Isolation. Laurence ist im wesentlichen nur mit seinem Geschäft beschäftigt, während Sylvia in ähnlicher Weise von ihrer Kunst in Anspruch genommen wird. Sie brauchen beide ihre Berufe, um Gefühle ganz allgemein abzuschwächen, vor allem Gefühle der Isolation.

Wir müssen uns in diesem Zusammenhang bewußt sein, daß alle Anzeichen einer inneren Abhängigkeit, wie etwa Gefühle der Einsamkeit und das Bedürfnis nach anderen Menschen, bei sehr distanzierten Leuten Angst hervorrufen. Auf unbewußter Ebene benutzen Laurence und Sylvia einander, um die Angst auszuschalten, die erzeugt würde, wenn sie sich ihres Bedürfnisses nach anderen Menschen bewußt wären. Sie haben für sich einen Lebensstil gefunden, in dem sie genügend Gemeinsamkeiten haben, um den Eindruck einer konventionellen, sozialen Ehrbarkeit zu erwecken, während dadurch insgeheim zugleich Einsamkeits- und Isolationsgefühle abgeschwächt werden. Zugleich sind sie dadurch in der Lage, ihre wesentlichen neurotischen Abwehrmechanismen gegen die Angst – Entfremdung von ihren Gefühlen und innere Distanz – relativ ungehindert weiterfunktionieren zu lassen.

Marge und Cindy

Marge ist fünfundfünfzig, sie ist Witwe und hat eine Tochter, die fast in Cindys Alter ist. Cindy ist fünfunddreißig. Ihre eigene Mutter ist schon über sechzig, zehn Jahre älter als Marge. Cindy hat zwar männliche Freunde gehabt, aber sie ist nie verheiratet gewesen. Beide Frauen kennen einander schon seit zehn Jahren und haben sich auf der Jahresfeier einer höheren Schule getroffen.

Sie entdeckten, daß sie trotz ihres Altersunterschiedes sehr viele gemeinsame Interessen und Prioritäten haben, und es entwickelte sich eine lange und sehr enge Beziehung. Nach kurzer Zeit schon erschien der Altersunterschied zwischen ihnen ganz unerheblich, vollkommen bedeutungslos.

Jede der beiden Frauen ist bei den gesellschaftlichen Anlässen der jeweiligen anderen anwesend, und beide fühlen sich mit Erwachsenen aller Altersstufen sehr wohl. Während vieler Jahre haben beide einander in vielerlei Hinsicht geholfen, und während einiger sehr schwieriger Phasen haben sie sich in selbstloser Weise für die andere eingesetzt. Keine der beiden war geizig oder zurückhaltend, wenn Hilfe gebraucht wurde.

Aber wenn die beiden zusammen sind, dann bekämpfen sie sich und fauchen sich fast ununterbrochen an. Zeitweilig zählen sie sich gegenseitig eine ganze Liste von Klagen und Beschwerden auf und lassen dabei jede Menge Dampf ab. Manchmal ist das so schlimm, daß man vergißt, daß ihre Beziehung im wesentlichen auf Kooperation, Freundschaft und Vertrauen aufbaut. Aber obwohl sie vielleicht Außenstehenden als destruktiv-kämpferisch erscheinen mögen, ist der eigentliche Mechanismus, welcher zwischen ihnen abläuft, kooperativ, und sie gehen auf keinen Fall destruktiv miteinander um. Die Tatsache, daß sie so viele Interessen und Prioritäten gemeinsam haben, ermöglicht es ihnen, trotz aller äußerlichen Schwierigkeiten eine befriedigende Beziehung aufrechtzuerhalten.

Ihre kleinen Kämpfe haben eine ganz andere Ursache. Obwohl Marge und Cindy sehr offen und vertrauensvoll miteinander umgehen, hat Marge keine solche Beziehung zu ihrer Tochter. Cindy hat ebenfalls keine derartige Beziehung zu ihrer Mutter. Im Falle ihrer Verwandten verhindert das idealisierte Selbstbild, welches sie beide haben, die Möglichkeit einer offenen und tiefen inneren Beziehung. Tatsächlich betrachtet Marge sich selbst als die ideale Mutter, und Cindy sieht sich als die ideale Tochter. In beiden Fällen verhindern diese Idealbilder das offene Äußern von Mißstimmungen und Frustrationen, ganz zu schweigen vom Zulassen oder, noch schlimmer, dem Ausdrücken von

Ärger und Wut. Die Beziehungen zu ihren engsten Verwandten bleiben rein, irreal und ideal, damit die besonderen idealisierten Selbstbilder jeweils erhalten bleiben können.

Marge tut für ihre leibliche Tochter sehr viel, sie ist ihr schon in verschiedenen Krisensituationen zu Hilfe gekommen und hat freigebig viel Zeit und Energie für sie aufgewandt. Dasselbe gilt für Cindy und ihre Mutter. Cindy ist eine sehr hingebungsvolle Tochter und spürt jedes Bedürfnis ihrer Mutter, lange bevor es ausgesprochen ist. Aber diese Beziehungen bleiben im wesentlichen oberflächlich, weil sie ideal und irreal sind. So kommt es, daß wirkliche Gefühle nicht ausgetauscht werden und überhaupt nur sehr vorsichtig investiert werden.

Marge und Cindy haben zueinander eine sehr viel tiefergehende und offenere Beziehung, eine Beziehung mit sehr viel Gefühlsaustausch. Dieser Gefühlsaustausch wird nicht durch das Bedürfnis nach Selbstidealisierung in irgendeinem Bereich behindert.

Viele der Klagen, die sie gegeneinander und übereinander äußern, sind nur sehr schwach begründet und eigentlich sehr übertrieben. Sie spielen in Wirklichkeit eine Art von Psychodrama. Obwohl sie meist als Gleichgestellte zueinander in Beziehung treten, übertragen sie doch sehr viele Gefühle, vor allem unterdrückten Ärger und Wut, die sie eigentlich für ihre Verwandten empfinden, auf ihre Beziehung. Marge verlagert die Wut, die sie auf ihre Tochter empfindet, auf Cindy, und Cindy verlagert die Wut auf ihre Mutter auf Marge. Ihre Beziehung kann das vertragen, weil sie im wesentlichen stark und offen ist. Sie wird von dem Streben nach einem Ideal nicht blockiert und geschwächt. In der Tat steht diese Beziehung zu einem Teil im Dienste der Idealisierungen, die in ihren Beziehungen zur »perfekten Tochter« oder auch zur »perfekten Mutter« vorherrschen. Ihre Beziehung dauert schon lange an und erscheint relativ konstruktiv, trotz der Tatsache, daß sie dazu herhalten muß, idealisierte Beziehungen mit Blutsverwandten vor der Konfrontation mit der Realität zu bewahren.

IV
Gesellschaft und kulturelles Umfeld

Kulturelle Einflüsse

Wir können den Einfluß, den die Gesellschaft und unser kulturelles Umfeld darauf haben, wie wir zu anderen in Beziehung treten, gar nicht hoch genug veranschlagen. Dies bedeutet nicht, daß wir vollkommen unschuldig sind, gewissermaßen willenlose Opfer kultureller Zwänge, über die wir keine Kontrolle haben. Wenn es so scheint, als würden wir uns benehmen wie ganze Armeen von selbstzerstörerischen Automaten, dann ist der Grund dafür, daß wir auf die Gesellschaft in neurotischer Weise reagieren und den Kampf um unsere Individualität vernachlässigen. In dem Maße, in dem wir sozialen Zwängen unterliegen, lehnen wir es häufig ab, unsere eigenen menschlichen und gesunden Kraftquellen zu nutzen. Ebenso gilt zu bedenken: Wenn die gesellschaftlichen Zwänge von der Gesellschaft selbst diktiert werden, das heißt also von uns allen, dann diktieren wir damit die Bedingungen unserer eigenen Niederlagen.

Wir sind eine an Wettbewerb, Konkurrenz und Erfolgsdenken orientierte Gesellschaft. Erfolg wird bemessen nach materiellem Reichtum, Macht, Prestige, Bekanntheitsgrad und nicht nach der Fähigkeit zur Kooperation, Friedfertigkeit oder Gesundheit. Die destruktiven Elemente unserer Gesellschaft werden immer weiter ausgebaut: in der Berufswelt und im geschäftlichen Bereich, in allen möglichen Schulen, durch die Medien. Jedoch ist die Familie selbst wahrscheinlich das allerwichtigste Medium, um kulturelle Botschaften weiterzutragen, denn sie ist ein Mikrokosmos des kulturellen Umfelds. Jedes der Familienmitglieder spielt seine besondere, ihm zugeschriebene Rolle und nimmt einen bestimmten Status in der Familienhierarchie ein. Es gibt die »Erfolgreichen« und die »Versager«, die »Schuldigen« und diejenigen, die Schuldgefühle provozieren, die »armen Schweine« (die andere jedoch oftmals sehr gut manipulieren können), diejenigen, die man respektiert, und diejenigen, die kein besonderes Prestige haben, die »Starken« und die »Schwachen«.

Jeder dieser Eindrücke bleibt schon bei einem Kind haften. Sie setzen sich sogar dann, wenn man sie nicht ganz deutlich wahrnimmt, im Unterbewußtsein fest.

Ich werde in den folgenden Abschnitten die wichtigsten Beziehungscharakteristika, die unser kulturelles Umfeld entwickelt hat, definieren. Durch diese Charakteristika, die zugleich die Form von Forderungen annehmen, werden wir dazu gebracht, bestimmte Aspekte unseres Charakters auf der Suche nach einer »einfachen Lösung« zu vernachlässigen. Diese Forderungen begünstigen kämpferische und sogar destruktive Beziehungen; das Bedürfnis nach Kooperation wird durch sie geschmälert.

Wut und Ärger

Die Art, wie wir Wut und Ärger empfinden, beeinflußt unser Gefühlsleben und unsere Beziehungen mindestens in demselben Maße, wenn nicht sogar mehr als jedes andere menschliche Gefühl. Und doch sind die Botschaften, die unser kulturelles Umfeld in bezug auf die Gefühle Ärger und Wut aussendet, sehr unterschiedlicher Natur, wodurch häufig Verwirrung, innere Konflikte, Ängste, neurotische Strategien und psychische Schwierigkeiten hervorgerufen werden. Worin besteht diese verwirrende Botschaft? Sie besteht darin, daß wir nett und beliebt sein müssen, daß jeder uns lieben muß. Und um diese Forderung zu erfüllen, dürfen wir nicht wütend werden oder Wut ausdrükken. Der Ausdruck von Wut ist gleichzusetzen mit mangelnder Kontrolle. »Coole« Menschen (vor allem Macho-Männer) werden nicht wütend, oder sie zeigen zumindest die Wut nicht, selbst wenn sie sie empfinden. Auf der anderen Seite, so wird uns von der Gesellschaft vermittelt, werden Menschen, die sich selbst durchsetzen, ärgerlich, und sie zeigen diesen Ärger auch. Dies ist vor allem für starke Macho-Männer charakteristisch. Die moderne, emanzipierte Frau darf ebenfalls wütend sein. So ist Wut mit Stärke gleichzusetzen – und zur gleichen Zeit mit potentieller Zerstörungswut.

Ärger kann nicht ohne destruktive Rückwirkungen unterdrückt werden. Gefühlsmäßige Alternativen für den entsprechenden Ausdruck von Ärger – unangemessene Angst, psychosomatische Symptome wie hoher Blutdruck oder asthmatische Anfälle, irrationale Ängste, Zwänge, Depression, Übergewicht, Magersucht, Schlaflosigkeit, Grübeln und so weiter – sind für den davon betroffenen Menschen selbst außerordentlich destruktiv. Ein geschwächtes Selbst kann zu anderen keine guten Kontakte aufnehmen. Aber es gibt auch bestimmte Auswirkungen dieser Verdrängungsmechanismen, durch die der Kontakt miteinander und untereinander direkt zerstört wird.

Häufig wird Ärger stimmungsmäßig ausgedrückt. Diese Stimmung wird nicht verbalisiert; es gibt nicht einmal ein Anzeichen dafür, wie etwa schmollende Kälte, sondern sie wird auf sehr viel subtilere Weise vermittelt. Die Stimmung kann durch den Ton, durch bestimmte Bewegungen, durch ein feines Ignorieren der Gegenwart des anderen vermittelt werden – zum Beispiel durch Übergehen, als sei der andere nicht anwesend, oder durch Unterbrechen, wenn er spricht. Häufig geht dies auf so subtile Weise vor sich, daß der andere gar nichts vom Ärger des Partners merkt.

Unterdrückte Wut wird häufig in Wut auf sich selbst verwandelt. Daraus entwickelt sich Selbsthaß. Wut und Ärger müssen nämlich irgendwo hingehen, und wenn andere Ventile sozial unannehmbar sind, dann ist man selbst die einzige Zielscheibe, die übrigbleibt. So kommt es zu einer Implosion statt zu einer Explosion. Selbsthaß nimmt viele Formen an: Depression, Selbstanklagen und jede nur vorstellbare Art von Selbstsabotage einschließlich zerstörerischer Beziehungen. Es liegt auf der Hand, daß ein Mensch, der krank ist und voller Selbsthaß, nicht der allerbeste Partner in einer Beziehung ist. Aber Selbsthaß wird ebenso häufig unbewußt auf den eigenen Partner übertragen, den man dann mit Haßgefühlen betrachtet. Hinzu kommt, daß jeder Aspekt des Partners, in dem man die eigenen verhaßten Eigenschaften wiedererkennt, verachtet wird. Menschen, die ihren Ärger und ihren Selbsthaß in dieser Weise projizieren, neigen häufig dazu, Ärger, der ganz woanders herstammt, auf geliebte Menschen zu übertragen. Ärger auf den Chef, den Lehrer, auf Kollegen, Ärger über einen persönlichen Fehlschlag oder unkontrollierbare Umstände wird häufig unbewußt auf die engsten Partner übertragen. Vor allem auf die, von denen man annehmen kann, daß sie nicht zurückschlagen. Häufig kommt es auch zwischen zwei Partnern, die von der Angemessenheit und Echtheit ihres (übertragenen) Ärgers ganz überzeugt sind, zu derartigen Projektionen. Aber da die wirklichen Quellen der Wut unbewußt und unberührt bleiben, schwächt sich dieses Gefühl niemals ab, und die Partner verharren in einer kämpferisch-destruktiven Beziehung.

Gefühle von Ärger und Wut werden häufig auch in den sexuellen Bereich verlagert. Dieser Bereich wird so zu einer Art Kampfschauplatz. Verdrängter Ärger führt häufig zu sexueller Gefühllosigkeit, wobei der einzelne schließlich nichts empfinden kann und durch keine Reize mehr erregt wird. Er erzeugt persönliche und gegenseitige Frustrationsgefühle – manchmal auch durch Necken und falsche Versprechungen. Verdrängter Ärger wird häufig durch sexuelles Versagen – verfrühte Ejakulation, Interesselosigkeit, Impotenz, Gefühlskälte und Orgasmusunfähigkeit ausgedrückt. Er kann sich auch durch Vernachlässigung der eigenen Person ausdrücken in Form von Unsauberkeit, nachlässiger Kleidung oder Übergewicht. Der betreffende Mensch macht sich selbst unattraktiv. Er kann sich aber auch durch chronisches Flirten, permanentes Anbandeln und zwanghafte Promiskuität ausdrücken. Der Ärger, der diese Symptome oder Symbole hervorbringt, kann sich direkt auf den Sexualpartner beziehen, er kann von anderen Menschen auf ihn übertragen werden, oder beides ist der Fall – aber er wird selten wirklich als Ärger empfunden. Um diese Situation zu verbessern, müssen diejenigen, die damit zu tun haben, ihn auch wirklich als Ärger fühlen. Sie müssen ihren Ärger an seinen Quellen oder an den Wurzeln, die ihn hervorbringen, bekämpfen.

Häufig äußert sich unterdrückte Wut letztendlich in Form von rachsüchtigen, explosiven Ausbrüchen. Die Skala reicht hier von leichten und mittleren Wutanfällen bis hin zu schweren hysterischen Ausfällen, zu Lähmungen und Krämpfen, Gedächtnisverlust, Blindheit und selbstzerstörerischen körperlichen Krankheiten, auch Herzanfälle, Selbstmord und Mord können im Extremfall die Folge sein.

Im Gegensatz zu der allgemein vorherrschenden Meinung hat der angemessene Ausdruck von Ärger keine so schädlichen Auswirkungen. Fast immer sind es die »netten, ruhigen«, vollkommen leeren, scheinbar gefühl- und affektlosen Leute, deren unberechenbare Wut- und Haßausbrüche unkontrollierbare Gewalt hervorbringen. Es gibt unangemessene und schmerzhafte Wege, um ganze Lagerhäuser verdrängter Wut zum Explodieren zu bringen, aber nicht einmal schwache Explosionen sind einer glücklichen Beziehung förderlich. Bei beiden Partnern, ebenso wie bei deren Angehörigen oder ihren Kindern, rufen sie Angst hervor. Gewöhnlich wird dadurch die Verwirrung nur vergrößert, und die Folgen sind so unangenehm, daß der offene und direkte Ausdruck von Ärger und Wut dadurch nur noch weiter verhindert wird. Dies wiederum steigert das Maß an Verdrängung und fördert weitere Explosionen. Es kommt zu einem Teufelskreis.

Explosionsartige Ausbrüche von Wut oder Ärger enden, vor allem wenn sie sehr massiv und chronisch sind, gewöhnlich in einem vollkommenen Zusammenbruch der Kommunikation und in damit zusammenhängender Desintegration und allgemeiner Auflösung.

Klatsch ist eine destruktive Art und Weise, Ärger auszudrükken. Er verursacht sehr starke Beziehungsstörungen. Feindselige Bemerkungen, Verzerrungen, Übertreibungen und Lügen werden im vertraulichen Gespräch an Dritte übermittelt, eine direkte Konfrontation wird jedoch vermieden. Klatsch ist zum einen eine sehr hinterhältige Art, um Ärger loszuwerden. Zum anderen wird er häufig dazu benutzt, andere auf billige Art zu unterhalten: Man gibt falsche und unehrliche Informationen weiter, um Bewunderung zu erheischen oder um gemocht und anerkannt zu werden. Wenn der Klatsch zu einem dieser Zwecke benutzt wird, dann ist dies gewöhnlich dem, der ihn verbreitet, nicht deutlich bewußt. Klatsch kann süchtig machen. Sein gewohnheitsmäßiger Gebrauch kann immer bösartigere Blüten treiben und sowohl die Freunde als auch die Feinde des Klatschenden betreffen.

Wut wird häufig durch die verschiedenste Art und Weise der Sabotage ausgedrückt. Zwanghaftes Zuspätkommen, demoralisierende oder offen feindselige Bemerkungen, Fehlinformationen oder absichtlich schlechte Ratschläge gehören in diese Kategorie. Eine andere Möglichkeit besteht darin, seinen Ärger unter der Maske der Ehrlichkeit zu verstecken: Einige der zerstörerischsten und rachsüchtigsten Angriffe können mit dieser seltsamen Form von Ehrlichkeit gerechtfertigt werden. Dasselbe gilt für Klatsch, bei dem die Information, die weitergegeben wird, vielleicht sogar den Tatsachen entspricht. In diesem Zusammenhang ist es offensichtlich sehr wichtig, welche Motivation dahintersteht. Man kann die Wahrheit nämlich auch dazu benutzen, dem anderen große emotionale Schmerzen und Grausamkeiten zuzufügen.

Schmollen und die gleichzeitige Entwicklung einer inneren Distanz, also das Erzeugen und Ausweiten eines emotionalen Vakuums, ist einer der zerstörerischsten Wege, um Ärger und Wut in menschlichen Beziehungen auszudrücken. Dieser Mechanismus garantiert ein Zusammenbrechen der Kommunikation und nährt eine indirekte Art von Feindseligkeit, für die es kein wirkungsvolles Ventil gibt. Ein emotionales Leichentuch senkt sich über das Paar oder die Familie. Vor allem sehr kleine Kinder fühlen sich davon außerordentlich beeinträchtigt. Häufig wird dieses Vakuum nur kurzzeitig geöffnet, indem jemand destruktive, explosive Ausbrüche bekommt. Aber die Furcht vor diesen Ausbrüchen intensiviert möglicherweise wiederum den inneren Rückzug und läßt ihn chronisch werden. Gerade dieser Mechanismus wird häufig als eine Art von sadistischer Verschwörungstaktik angewandt – indem man jemand anderem, der verzweifelt Kontakt sucht, und sei dies nur in Form eines Streits, diesen Kontakt vorenthält. Der innerlich abhängige Partner zieht jede Form von Kontakt der Distanz vor, selbst wenn dieser Kontakt sehr schmerzhaft für ihn sein sollte. Die flehentliche Bitte: »Beschimpfe mich, schlag mich meinetwegen, aber strafe mich bitte nicht durch Mißachtung!« ist dann die Reaktion auf die sehr intensiven Schmerzen, die das emotionale Vakuum erzeugt. Offensichtlich wird durch diesen Mechanismus ebenfalls eine Botschaft von Ärger und Wut übermittelt. Dies geschieht jedoch in einer extrem zerstörerischen Weise. Dabei werden Gründe für den Ärger nur selten offen ausgesprochen, und wenn sie überhaupt ausgedrückt werden, so wird die Atmosphäre dadurch doch nicht bereinigt. Der Zorn bleibt hinter einem Panzer, er wächst und hat eine bösartige Wirkung auf alle, die er betrifft. Schmollende Kälte ist ein idealer Weg, um Rachsucht auszudrücken. Dies wirkt sich letztlich auf alle Beziehungen immer destruktiv aus.

Wut kann nicht verdrängt werden, ohne daß man damit auch andere Gefühle verdrängt. Die Seele des Menschen kann ihre Gefühle nicht auswählen. Wenn wir Ärger und Wut unterdrükken, dann töten wir alle unsere Gefühle ab. Ärger, wenn wir ihn nur unterschwellig empfinden und nicht deutlich ausdrücken, steht allen anderen Gefühlen wie ein Felsbrocken im Wege, vor allem den Gefühlen von Liebe, Zärtlichkeit, Offenheit und Intimität. Diese Gefühle können erst dann frei fließen, wenn der Felsbrocken, der den Ausbruch der Wut blockiert, beiseite gerollt ist. Das Ausdrücken von Wutgefühlen befreit auch die liebevollen Gefühle. Diese blockierende und selbst-entfremdende Wirkung ist vielleicht der destruktivste Aspekt beim Unterdrücken des Ärgers in der Kommunikation mit anderen.

Der gefühlsmäßige Kontakt mit anderen Menschen besteht im Austausch von Gefühlen. In destruktiv-kämpferischen Beziehungen steht die Wut im Dienste eines rachsüchtigen Triumphierens über andere. In kämpferisch-gegnerischen Beziehungen wird sie benutzt, um genügend Energie für die eigene Selbstbehauptung zu erzeugen. In kooperativen Beziehungen werden durch Ärger die dahinterstehenden Gefühle von Mißfallen ausgedrückt. Als fühlende menschliche Wesen müssen wir uns ganz einfach zu bestimmten Zeiten auch wütend und ärgerlich fühlen. Der spontane Ausdruck dieser Emotion - genau zu dem Zeitpunkt, wo sie hochkommt, und gegenüber dem Menschen, der sie hervorgerufen hat - ist der einzige Weg zu einer wirklichen Freundschaft. Gleichgültig, was uns unser gesellschaftliches Umfeld über Wut und Ärger beizubringen versucht, der Ausdruck dieser Gefühle bewirkt, daß die Luft rein wird, daß man sich über Schwierigkeiten und unterschiedliche Meinungen verständigt, und er ermöglicht das Fließen all jener Gefühle, die man für eine warmherzige und tiefe Freundschaft braucht.

Perry und Sally

Er klagte über ihre »periodischen Kälteanfälle«. »Sie macht ganz einfach die Klappe zu, als ob es die Welt nicht mehr gäbe. Ich existiere dann für sie ganz einfach nicht, und irgendwie existiert sie auch nicht mehr. Dieser Zustand hält dann wochenlang oder sogar monatelang an. Sie sagt, sie könne einfach nichts dafür. Ein anderes Mal ist sie sehr warm und nahe, der sanfteste, süßeste Mensch, den ich kenne. Jeder liebt Sally. Und dann, ganz plötzlich verändert sie sich. Sie funktioniert zwar irgendwie weiter, aber sie verhält sich dabei eben vollkommen mechanisch, interesselos, kalt und distanziert. Um die Wahrheit zu sagen, diese Art schreckt mich ab. Ich habe schon ernsthaft daran gedacht, einfach abzuhauen. Es reicht mir allmählich!«

»Ja, ich habe sie immer wieder gefragt, was denn eigentlich mit ihr los sei. Gefragt ist wohl nicht das richtige Wort. Ich habe versucht, sie festzunageln, ich habe ihr mein ganzes Leid geklagt. Offen gesagt, ich war häufig den Tränen nahe. Ich kann das einfach nicht mehr aushalten. Sie wird nicht einmal richtig wütend, wenn ich sie festzunageln versuche. Sie sagt, es tue ihr leid, wirklich leid, und ich glaube, das stimmt auch. Sie ist wirklich ein netter, ein wunderbarer Mensch. Sie sagt, sie kann einfach nichts dagegen tun. Sie empfindet eben so und kann einfach ihre Gefühle nicht abstellen. Ich habe ihr zum Geburtstag ein Geschenk gekauft, und es schien, daß sie das wohl zu würdigen wußte. Aber sie war keineswegs davon begeistert. Beim Sex ist es genau dasselbe. Sie reagiert zwar, aber sie scheint dabei überhaupt nicht anwesend zu sein, und ich fühle mich ganz verloren. Sehen Sie, sie ist eben ehrlich, sie fühlt, was sie fühlt. Sie spielt mir nichts vor und zieht keine Schau ab. Das erkenne ich ja an. Aber zugleich vermisse ich bei ihr ein wirklich ganz ehrliches, klares Gefühl.«

Oberflächlich betrachtet verhalten sich Sally und Perry beide zueinander sowohl unterwürfig als auch distanziert, mit einer untergründigen Neigung zur Expansivität. Sally ist eher distanziert, und Perry ist eher abhängig. In ihrer Beziehung hat jeder zum anderen einen gewissen Abstand, und jeder erwartet von der Beziehung etwas anderes: Sally braucht mehr Raum und Distanz, zu gleicher Zeit aber sehr viel liebevolle Zuwendung. Perry dagegen braucht Nähe. »Sally wird nie wütend« – das sagt sehr viel. Wie jeder andere Mensch wird auch Sally von Zeit zu Zeit wütend. Aber sie unterläßt es, ihre Wut zu zeigen, sie ist sich nicht einmal wütender Gefühle bewußt - oder will sich dieser Gefühle nicht bewußt sein. Sie verwandelt ihren spontanen, lebendigen Ärger so schnell in innere Kälte, daß sie diesen Ärger selbst nicht empfindet. Wahrscheinlich beruht dieses Verhalten auf ihrer Erziehung, auf tiefgreifenden Erfahrungen oder auf ihrem zwanghaften Bedürfnis nach Liebe und Anerkennung und auf der Furcht, daß Wut ihr Image und den liebenswerten Eindruck, den sie macht, zerstören könnte. Ihre Kälte dient dazu, ihre Gefühle zu verstecken und sie zugleich doch auch auszudrücken - wenn auch in einer pervertierten Form.

Aber ihre Gefühlskälte beeinträchtigt und verwirrt Perry sehr stark. Sie bestraft ihn eigentlich damit. Das weiß sie ganz deutlich, wenn auch nur auf einer unbewußten Ebene. Ich vermute, daß Perrys krankhafte Abhängigkeit und seine gefühlsmäßige Bedürftigkeit ihr schrecklich auf die Nerven gehen, daß sie sich dadurch in ihrem Bedürfnis nach Distanz sehr beeinträchtigt fühlt und dadurch zugleich enorme Konflikte mit ihren unterschwelligen Abhängigkeitsneigungen entstehen.

Perry fühlt sich natürlich frustriert und bestraft. Er reagiert, indem er an Rache und mehr Distanz denkt. Er glaubt, er müsse sich ebenfalls gefühllos verhalten. Vielleicht meint er auch, es sei noch besser, sie zu verlassen.

Ich schlug Perry vor, Sally beim Ausleben ihres Ärgers und ihrer Wut zu unterstützen. Er sollte ihr gelegentlich andeuten, daß sie innerlich möglicherweise ziemlich wütend sei. Wenn sie solchen Andeutungen keinen Glauben schenken würde, dann sollte er ihr dabei helfen, ihren inneren Widerstand zu analysieren und ihr helfen, ihre Furcht und ihre inneren Hemmungen in dieser Hinsicht zu verstehen. Er muß ihr die Sicherheit geben, daß sie wirklich liebenswert sei, und ihr andeuten, daß Ärger und Wut, die von Herzen kommen, der inneren Kälte und dem Abtöten von Gefühlen vorzuziehen sind. Er muß auch darum kämpfen, seine eigene gefühlsmäßige Bedürftigkeit ein wenig zu verringern, und einfach versuchen, seinen eigenen Gefühlen mehr Raum zu geben.

Sally muß wiederum lernen, ihm aus seiner Abhängigkeit herauszuhelfen. Statt »die Klappe herunterzulassen« muß sie sich auf einen Dialog über seine außerordentliche Bedürftigkeit und seine Angst vor dem Verlassenwerden einlassen. Beide müssen die Kunst der Selbstliebe, des liebevollen Spürens der eigenen Gefühle und der Gefühle und Schwierigkeiten des Partners üben. Und sie müssen vor allem damit aufhören, auf die neurotischen Strategien des anderen zu reagieren. Möglicherweise kann dies nur dann geschehen, wenn sie versuchen, sich in einer analytischen Therapie helfen zu lassen.

Ein ganz wesentliches Ziel einer solchen Therapie müßte dann sein, die Intensität all der verborgenen, seelisch-gefühlsmäßigen Bedürfnisse klar ans Tageslicht zu bringen. Wenn dies geschähe, dann würde die gegenseitige Abhängigkeit - vor allem hinsichtlich des Auslebens eigener, verdrängter und expansiver Bedürfnisse durch den anderen - geringer werden. Dadurch würden letztendlich die unbewußten Ansprüche, die jeder an den anderen stellt, und zugleich die Gefühle von Ärger und Wut geringer werden.

Lilly und Abe

Sie beklagt sich immerzu über ihn. Er ist zwar darüber verärgert, sagt aber nicht viel dazu. Irgendwie soll alles seine Schuld sein. Alle Schwierigkeiten, die auftreten im Haus, mit Geld, mit der Familie, in den Ferien - alles ist seine Schuld. An allen Problemen, die sie hat, seien dies nun Probleme damit, eine Entscheidung zu treffen, oder aber Langeweile und Einsamkeit, Angst und Depression, soll immer nur Abe schuld sein. Wenn er sich nur ändern würde, sagt sie, dann wäre alles in Ordnung, aber wenn sie mit ihm spricht, dann ist es, »als rede sie auf Steine ein«. Sie ist vor allem deshalb über ihn wütend, weil er weiter ins Büro geht, Golf spielt, mit Freunden ausgeht und alles »weglacht«, obwohl es ihr doch die meiste Zeit schlecht geht und er der Grund dafür ist. Er allein ist auch, dessen ist sie sich sicher, weitgehend verantwortlich für ihr sehr unbefriedigendes Sexualleben.

Wenn man ihn fragt, dann sagt er, er verstehe ganz einfach ihre Beschwerden, ihre Stimmungen oder Vorwürfe gegen ihn nicht. »Soll ich denn das Golfspiel und alles andere, was mich entspannt, aufgeben, nur um sie glücklich zu machen? Würde es ihr besser gehen, wenn es mir auch schlechtginge? Sie will sich ein Kleid kaufen und kommt in Bedrängnis, weil sie sich nicht entscheiden kann. Ich gehe in ein Geschäft mit der festen Absicht, einen Anzug zu kaufen. Und ich kaufe dann auch einen. Allein das reizt sie. Irgendwie dreht sie die Dinge dann so hin, daß es mein Fehler sein soll, wenn sie nicht fähig ist, sich für ein Kleid zu entscheiden.« Er zuckt also mit den Schultern und macht weiter wie bisher.

Obwohl Lilly ziemlich wütend und rachsüchtig werden kann, obwohl Abes Schweigen und seine Weigerung, mit ihr »in den Ring zu gehen«, eine ziemlich starke Waffe in seinem Arsenal sind, passen sie doch beide nicht richtig in das Schema einer kämpferisch-antagonistischen Beziehung. Sie lehnen einander nicht einmal wirklich ab. Aber sie passen auch nicht so einfach in eine andere Kategorie. Ich glaube, wenn es nicht möglich ist, eine Beziehung an Hand der Kategorien, die wir zu Anfang aufgestellt haben, zu beschreiben, dann bedeutet das, daß wir es mit ungewöhnlich vielen Schwierigkeiten gleichzeitig zu tun haben. Ich stellte fest, daß dies auch bei Lilly und Abe der Fall war.

Es wurde deutlich, daß Lilly unter starken Stimmungsumschwüngen litt, die durch intensiven Selbsthaß genährt wurden. Abe leidet dagegen unter einer beträchtlichen Entfremdung von seinen eigenen Gefühlen – und ebenfalls unter intensivem Selbsthaß. In der Sackgasse, in der sie sich befinden, schwankt Lilly zwischen Gefühlen von Identifikation mit expansivem Narzißmus und sehr starker Unterwürfigkeit, zwischen Selbstaufgabe und extremer morbider Abhängigkeit oder Anpassungsbereitschaft. Abe besteht auf seinem Bedürfnis nach Distanz. Die üblichen Charakteristika eines sadomasochistischen Ringkampfes mit einem periodischen Wechseln der Rolle sind nicht erkennbar. Man kann nicht sagen, sie hätten eine eindeutig sadomasochistische Beziehung. Auf eine bestimmte Weise aber, auf einer unbewußten Ebene, haben sie eine Art von kooperativer Beziehung, auch wenn diese stark neurotische Züge trägt. Die Dynamik, das treibende Moment dieser Beziehung sind schlimme und chronische Anschuldigungen und Beschimpfungen. Ohne das könnte es sein, daß einer der beiden sich umbringt. Ja sie benutzen einander, um ihren Selbsthaß zu projizieren und um sich selbst zu erleichtern. Lilly überträgt die Wut, die sie über sich selbst empfindet, auf Abe und macht ihn für alle ihre persönlichen Schwierigkeiten verantwortlich. Für Abe bedeuten Lillys Haßtiraden einen Ersatz für die Tiraden, die er andernfalls gegen sich selbst loslassen würde. Er benutzt Lilly als einen Aggressor gegen sich selbst und fragt zugleich ganz naiv: »Was soll ich tun? Es ist gerade so, als lebte ich mit einem Säbelzahntiger zusammen. Ich muß sie von mir fernhalten, um mich selbst zu schützen.«

Die beiden sprechen oft davon, einander zu verlassen. Aber sie tun es nicht. Der eigentliche Leim, der sie zusammenhält, ist Wut und deren Externalisierung. Auf einer ganz tiefen Ebene ihres Bewußtseins wissen sie, daß sie ohne diese Externalisierung mit dem eigenen wütenden Selbsthaß konfrontiert würden. Wäre es möglich, auf eine gesündere Art und Weise zu kommunizieren? Ja, aber die Möglichkeit einer anderen Art von Beziehung wäre nur gegeben, wenn beide ihrem Ärger ehrlich Ausdruck verleihen würden, wenn sie ihren Selbsthaß einschränken würden. Dies bedeutet, daß sie sich mit ihrem Selbsthaß auf einer ganz bewußten Ebene auseinandersetzen müßten, was allerdings sehr riskant sein kann. Selbsthaß kann nur dann reduziert werden, wenn man einen geradezu heldenhaften Kampf darum führt, sein perfektionistisches, idealisiertes Selbstbild und die idealisierte Vorstellung von den menschlichen Lebensbedingungen zu verändern.

Es ist nicht leicht, Liebe, Sympathie und Einfühlungsvermögen für sich selbst und für andere zu entwickeln. Zu lernen, was es bedeutet, ein wirklicher, wenn auch immer unvollkommener Mensch in einer realen Welt zu sein, ist ein fortwährender, nie endender Kampf. Wenn diese beiden Menschen sich einmal auf diesen Kampf einlassen würden, dann würden sich alle Arten von Möglichkeiten eröffnen. Es ist möglich, daß sich ihre Beziehung in gesünderer Weise entwickelt. Aber vielleicht erkennen sie dadurch auch, daß sie schließlich besser auseinandergehen und lieber andere Beziehungen eingehen möchten.

Wenn das verbindende Band einer fortwährenden, intensiven Externalisierung nicht mehr besteht, dann kann sich eine Vielzahl neuer Aspekte für eine Beziehung ergeben. Aber diese Möglichkeiten sind auch mit einem gewissen Risiko verbunden. Menschen, die seelisch geschädigt und verletzt sind, wissen dies auf einer sehr tiefen Ebene ihres Bewußtseins. Sie sind sich deshalb ihrer Labilität und Verletzlichkeit bewußt. In den meisten Fällen beharren sie auf der vertrauten Atmosphäre einer im Grunde genommen kranken Beziehung, selbst wenn diese Beziehung sehr zerstörerisch ist, als daß sie die Möglichkeit einer gesünderen, aber ungewohnten Beziehung und eines riskanten neuen Weges und/oder einen anderen Partner ins Auge fassen würden.

Falsche und verzerrte Vorstellungen von Liebe und Sex

Immer wieder wird uns in Liedern und Filmen und im Fernsehen von gewissen Therapeuten und obskuren psychologischen Ratgebern eingeredet, daß Liebe alles besiegen kann, daß sie ein Heilmittel ist für das, was uns schmerzt. Die Liebe, von der so gesprochen wird, das muß ich leider feststellen, ist eine sehr stark idealisierte Version. Daran zu glauben, oder auch an eine Reihe anderer falscher Platitüden über die Liebe, kann alle unsere Bemühungen um eine Beziehung vergiften.

Zusammensein: In unserem kulturellen Umfeld scheint man eine Art von bösartigem, zweiköpfigem Monster der bedingungslosen Zusammengehörigkeit zu züchten, obwohl doch zugleich die männlichen Tugenden des unabhängigen »Macho« in den Himmel gehoben werden. Man redet uns ein, daß Liebe vollkommen und fest zusammenbinden würde. Wir reden uns schließlich selbst ein und glauben, Liebe bedeutet, daß wir immer zusammensein wollen, daß wir unbedingt an denselben Dingen, Menschen, Interessen und Aktivitäten zur selben Zeit Gefallen finden müßten. Man predigt uns, daß wir die Gesellschaft unseres Partners stets einem Zusammensein mit anderen Menschen vorziehen müßten. Unweigerlich entsteht daraus das Gefühl, eingeengt, überlastet und versklavt zu werden von genau dem Partner, den man eigentlich liebt. Man meint, in einer Sackgasse eingeschlossen zu sein. Man redet den Männern ein, wie großartig »Männlichkeit« sei – und verdächtigt sie doch zugleich der Homosexualität, wenn sie sich in Gesellschaft von Männern wohl fühlen. Dieser Widerspruch erzeugt Konflikte sowie alle möglichen Schuldgefühle und Ärger darüber, wenn man an einem Abend nur unter Männern wirklich einmal Spaß gehabt hat. Es erzeugt auch alle möglichen Schwarz-Weiß-Vorstellungen in Hinblick auf die charakteristischen Eigenschaften des einen oder des anderen Geschlechts.

Der Glaube an die perfekte gemeinsame Harmonie beeinflußt auch den sexuellen Bereich. Er führt zu einer permanenten Suche nach der doch nicht existierenden, perfekten sexuellen Harmonie, in der die Geschmäcker und die Bedürfnisse immer synchron sind. Natürlich entstehen daraus Enttäuschungen, Wut, Depressionen und ein Gefühl der Frustration anstelle von Liebe und gegenseitiger Hilfe.

Nonverbale Kommunikation: Viele Menschen in unserer Gesellschaft sind irgendwie zu der Überzeugung gekommen, daß zwischen Personen, die sich lieben, nur ganz wenige Worte gemacht zu werden brauchen. Dies gilt vor allem für den sexuellen Bereich, wo das Bedürfnis, seine Wünsche deutlich zum Ausdruck zu bringen, als Hinweis darauf angesehen wird, daß die Liebe und die sexuelle Harmonie eben nicht perfekt sind. Das Vorurteil »Wenn ich es Dir erst sagen muß, dann ist die ganze Angelegenheit schon verdorben« bedeutet eigentlich, daß Liebe das Bedürfnis nach verbaler Kommunikation aufhebt. Dies ist ein Teil eines allgemeinen Mythos, den die Gesellschaft entwickelt hat, der aber in keiner Weise der Realität entspricht. Man nimmt an, daß man sich ohne Worte sehr bald auf einer »liebevollen Wellenlänge« befinden würde.

Aber nur wenige von uns - wenn überhaupt jemand - haben die Fähigkeit zur geistigen Telepathie. Liebe zu Menschen und zwischen Menschen heißt, daß man das Bedürfnis hat, zu verstehen und verstanden zu werden. Dazu gehört, daß man die Sprache benutzt. Erst auf dem Weg über die Sprache kann eine Verständigung zwischen beiden Partnern, wenn auch nur mit sehr viel Übung, hergestellt werden. In einer Beziehung, die sich vollkommen auf eine angeblich funktionierende telepathische Kommunikation verläßt, werden im Geiste des einen Partners ganze Bündel von Erwartungen wachsen, von denen der andere Partner gar keine Ahnung hat. Dies führt unweigerlich zu Frustration und Wut. Dies drängt die Partner zu Kampf und Gegnerschaft. Man braucht Erfahrung im Miteinandersprechen und Aufeinanderhören, um zu verstehen, was Wörter und Symbole wirklich für jeden von uns bedeuten. Ganz zu schweigen von dem Schritt, der dann darauf folgt: das Entwickeln einer gemeinsamen Sprache, die für eine kreative Beziehung charakteristisch ist.

Eifersucht: Zwar wird sie häufig als Zeichen für »wahre Liebe« betrachtet, jedoch zerstört sie im Grunde jede Art von fruchtbarer Kommunikation und ist in keiner Weise ein Ausdruck von Liebe. Chronische Eifersucht entsteht aus einer geringen Selbstachtung und aus einer krankhaften Unsicherheit, wobei der einzelne das Gefühl hat, daß jeder andere ihm oder ihr vorzuziehen wären. Heftige Eifersuchtsanfälle sind fast immer auf verletzten Stolz und auf einen Angriff auf die Selbstachtung zurückzuführen. Häufig kommen solche Minderwertigkeitsgefühle daher, daß man seine Arbeit verloren hat, daß man zurückgewiesen wurde, daß man durch ein Examen gefallen ist und daß scheinbare oder wirkliche persönliche Niederlagen erlitten wurden. Eifersucht untergräbt das Vertrauen, das für eine kooperative Beziehung nötig ist.

Besitzanspruch: Eifersucht tritt häufig zusammen mit krankhaften Besitzansprüchen auf. Diese Ansprüche können eine Beziehung sehr stark schädigen und belasten. Besitzanspruch wird auch sehr häufig mit Liebe verwechselt. Unweigerlich laufen dabei dieselben oder ähnliche Mechanismen ab wie bei der Eifersucht. Aber mit reifer Liebe hat das alles nichts zu tun.

Besitzanspruch ist häufig ein Ausdruck von krankhafter, destruktiver Abhängigkeit und auch von extremem Narzißmus. Man findet ihn ganz besonders häufig in Beziehungen, in denen Sadomasochismus eine Rolle spielt. Besitzanspruch ist charakteristisch für Menschen, deren gefühlsmäßige Entwicklung auf einer infantilen Stufe stehengeblieben ist. Häufig nimmt er die Form einer Forderung an: »Wenn du mich wirklich liebst, dann wirst du mir auch geben, was ich brauche«, »Wenn du mich liebst, dann wirst du niemals auf mich wütend werden« (natürlich schließen sich Wut und Liebe keinesfalls gegenseitig aus!), »Du wirst mich immer verstehen und mir helfen, selbst wenn das bedeutet, daß du deine eigenen Werte opferst«, »Du wirst an dem Freude haben, woran auch ich Freude habe«, »Wenn du mich lieb hättest, dann würdest du niemals anderer Meinung sein als ich, - niemals ärgerlich oder wütend werden«, »Ich kann ohne dich nicht leben«, »Wenn du mich lieb hättest, dann hättest du nicht aufgehört, mir Geschenke zu kaufen, dann würdest du immer mit mir zusammensein, gleichgültig, was auch geschieht«. Besitzanspruch hat auf jede Beziehung eine einengende Wirkung. Er unterwirft die Partnerschaft bestimmten Bedingungen und führt zu feindseligen Gefühlen.

Ausschließlichkeit und Exklusivität: Ausschließlichkeit ist in diesem Zusammenhang gleichzusetzen sowohl mit Liebe als auch mit persönlichem Prestige. Exklusivität bedeutet hier, daß man ausschließlich aneinander Interesse hat, daß man sich ausschließlich zueinander hingezogen fühlt und daß man füreinander einzigartige Gefühle hegt, vor allem im sexuellen Bereich, wobei sogar die Möglichkeit von Interesse an einem anderen Menschen ausgeschlossen ist. Liebe wird in diesem Fall so idealisiert, damit dadurch die Möglichkeit von Versuchungen, die auch andere Menschen betreffen, ausgeschlossen ist. Eine solche Liebe versteht es nicht, daß man andere Interessen hat, die einen möglicherweise von der ausschließlichen Beschäftigung miteinander abhalten.

Wie sehr sich Menschen auch liebevoll für jemanden engagieren mögen - wir sind ganz einfach nicht dafür geschaffen, nur Gefühle für den, den wir lieben, zu haben. Unabhängig von unserer Entscheidung, in dieser oder einer anderen Weise auf unsere Gefühle, Sehnsüchte und auf die Versuchungen, denen wir ausgesetzt sind, zu reagieren, wir werden in jedem Falle Gefühle haben, die von den Menschen hervorgerufen werden, mit denen wir zusammentreffen. So ruft die Forderung nach Ausschließlichkeit Verdrängung, Angst, Selbsthaß und Depressionen hervor. Menschen reagieren ganz einfach nicht immer mit reinen, logischen und konsequenten Gefühlen.

Liebe als Lösungsmöglichkeit oder »Liebe besiegt alles«

Im Gegensatz zu den romantischen Vorstellungen, die sich um sie ranken, heilt die Liebe nicht alle Krankheiten, löst sie nicht alle finanziellen Probleme, erzeugt sie nicht automatisch eine perfekte Verständigung, löst sie nicht alle sexuellen Probleme. Sie ist kein Allheilmittel gegen Ignoranz und Vorurteile. Sie macht auch nicht gegen Versuchungen gefeit, sie löst keine inneren und äußeren Konflikte, sie erzeugt nicht die absolute Glückseligkeit und dient auch nicht als ewig wirksames Mittel gegen Angst und Depression. Liebe, wirkliche Liebe, die aus Warmherzigkeit und Freundlichkeit kommt, aus der Fürsorge für den anderen, aus dem Respekt für die jeweiligen Empfindlichkeiten und Neigungen, aus Offenheit, Vertrauen, Zärtlichkeit und Intimität, kann in der Tat manche Probleme erträglicher und leichter lösbar machen. Aber ihre Wirkung ist allemal begrenzt. Liebe ist kein Wundermittel. In Wahrheit ist es so, daß sogar liebevolle Menschen, ebenso wie Menschen, die heiß ineinander verliebt sind, immer noch darum kämpfen müssen, die Empfindungen, Wertvorstellungen und Sehnsüchte des anderen zu verstehen. Dies gilt vor allem für die Menschen, die sich eigentlich selbst nicht kennen. Sehr häufig wird an die Liebesbeziehung der Anspruch gestellt, daß der andere sofort die eigenen Frustrationen und Schwierigkeiten spüren und sie zum Verschwinden bringen müsse. Menschen, die erwarten, daß Liebe ein Allheilmittel ist, haben sehr häufig das Gefühl, daß jedes Problem, das in ihrem Leben auftaucht und nicht sofort gelöst wird, ein Zeichen dafür ist, daß die Liebesbeziehung gescheitert sei. Dies ruft natürlich häufig irreparablen Schaden hervor.

Verliebtsein und wahre Liebe: Wir werden von Botschaften überschwemmt, die uns zu vermitteln suchen, daß die Hochgefühle und die große innere Erregung, die für das Verliebtsein charakteristisch sind, das »Wahre« seien. In einer Gesellschaft, die weitgehend nur auf stimulierende Reize und kurzfristigen Genuß ausgerichtet ist, ist dies nicht überraschend. Aber unseligerweise glauben schließlich die meisten von uns, daß diese Gefühle auch im Laufe von tiefen, langen Beziehungen weiterbestehen würden und aufrechterhalten werden müßten. Natürlich kommen solche Gefühle vor allem dann auf, wenn wir neue Beziehungen mit Menschen, die uns nicht vertraut sind, eingehen. Sie werden geboren aus der inneren Erregung, die daraus entsteht, daß wir von jemandem angenommen werden oder daß wir eine neue Eroberung gemacht haben. Aber dieser Glaube an eine andauernde angenehme Erregung als Beweis für eine wirklich vorhandene Liebe wirkt sich auf längerwährende Beziehungen zerstörerisch aus, denn es wird dann entsprechend als ein Mangel an Liebe interpretiert, wenn die anfängliche Erregung schwindet. So trennen sich die Partner schließlich auf der Suche nach neuer, erregender Verliebtheit mit neuen Menschen. Das Resultat sind kurze, abgebrochene Beziehungen, unerfüllte Sehnsüchte und eine allgemeine Enttäuschung.

In Beziehungen, die auf destruktiver gegenseitiger Abhängigkeit aufgebaut sind, sehen wir bisweilen, daß ein Leben lang eine Art von Heldenverehrung betrieben wird und die Partner auf ewig in einem Zustand der Verliebtheit verharren. Masochisten klammern sich an das Gefühl der Verliebtheit zu »starken« Partnern, denn das Verschmelzen mit ihnen scheint für sie der Weg zu sein, um selbst Stärke zu erringen. Natürlich zerstören solche Formen der Verliebtheit das eigene, wahre Selbst und machen eine wirkliche, persönliche Entwicklung unmöglich. Ebenso haben sie einen negativen Einfluß auf den Partner, der mit dem idealistischen Anspruch auf Perfektion überfordert ist.

Der bedeutsamste Aspekt des Verliebtseins ist das Fehlen einer wirklichen Fürsorge für den anderen Menschen als wirklich existierende Person – und nicht als ein verzerrtes Idealbild. Dort, wo wir wirklich von einer Liebesbeziehung sprechen können, gibt es auch eine wirkliche Fürsorglichkeit für einen wirklich vorhandenen Menschen. Bei der Verliebtheit werden Zeit und Energie vor allem im Dienste von Idealisierungen eingesetzt. Wir projizieren idealisierte Versionen von uns selbst auf andere Menschen und verlieben uns sodann in diese Idealvorstellungen.

Wir verlieben uns auch in solche Menschen, in denen wir bestimmte Charakterzüge wiedererkennen, die uns bei Menschen in unserer Kindheit beeindruckt haben. Dies waren natürlich vor allem unsere Eltern. Hinzu kommt, daß wir auch dazu neigen, von den Menschen besonders beeindruckt zu sein, die uns als Prototyp eines in unserer Zivilisation propagierten Idealbildes erscheinen - vor allem hinsichtlich bestimmter oberflächlicher Eigenschaften wie materiellem Besitz, Bekanntheitsgrad und Aussehen. Wir verlieben uns auch in Menschen, mit denen wir andere Menschen beeindrucken können. Wir sind uns nicht einmal dieses Mechanismus bewußt. Im Gegenteil: Wir machen uns selbst etwas vor und meinen, daß unsere Gefühle ein wirklicher Ausdruck der Liebe oder der Zuneigung zu dem anderen Menschen sind. In dem Maße, wie diese subtilen Wirkungen eines zwanghaften Verliebtseins zum Ausdruck kommen, »schützen« sie den einzelnen davor, sich in realer und reifer Form für jemand anderen zu engagieren. Vielmehr erzeugt ein so verliebter Mensch in sich selbst eine solche Verwirrung, daß er ernsthaft meint, er sei dem anderen vollkommen zugetan und ergeben.

Zu einer wirklichen Beziehung gehören real existierende Menschen, ein wirkliches, anhaltendes Engagement und innere Nähe, ein unmittelbarer Austausch in vielen Bereichen, ein echtes Wissen über die Wertvorstellungen, Bedürfnisse und Sehnsüchte des anderen sowie über seine Grenzen. Dazu gehört auch eine von Herzen kommende Fürsorge für den anderen. Verliebtheitsbeziehungen sind dagegen auf Illusionen aufgebaut. Ein totales Verliebtsein wird häufig über eine große Distanz hinweg empfunden, und es gehört dazu nur eine Person, nämlich ein Bittsteller. Manchmal kennt dieser Bittsteller die idealisierte Person gar nicht wirklich, und diese ist sich der Gefühle dieses Bittstellers gar nicht bewußt. Das himmelhochjauchzende Gefühl des Verliebtseins bedeutet, daß das Selbst sich dadurch, daß es als Liebesobjekt glorifiziert wird, anscheinend ausdehnt. So ist diese Verliebtheit letztendlich eine Form des Narzißmus. Eine reife Beziehung dagegen bedeutet, daß wir den anderen als eigenständiges und ganzheitliches Individuum sehen, mit all den Beschränkungen und Begrenzungen, die nun einmal zum Menschen gehören. Es bedeutet auch, daß wir individuelle Bedürfnisse des anderen, und nicht immer nur unsere eigenen, respektieren. Dieser Respekt für die Bedürfnisse des Partners steht fast immer in genauem Gegensatz zu den Ansprüchen, die ein verliebter Mensch stellt.

Jenny und Bob

Sie hat ihn nur einmal getroffen. Danach hat sie ihn einige Male nur aus der Ferne betrachtet. Sie glaubt nicht, daß er sie wirklich gesehen hat. Nach ihrer ersten Begegnung hat sich für sie niemals wieder die Gelegenheit für ein Gespräch mit ihm ergeben. Als sie sich zum ersten Mal trafen, es war im Hause eines gemeinsamen Freundes, haben sie sich zwanzig Minuten lang unterhalten. Die Unterhaltung war sehr oberflächlich, sie haben kaum über sich selbst gesprochen. »Er hat mich nicht nach meiner Telefonnummer gefragt oder mit mir geflirtet. Er ist ja schließlich auch verheiratet«, sagt Jenny. »Aber er hat mich auf jeden Fall ziemlich beeindruckt.«

In den folgenden Monaten fand sie durch Leute, die sie gemeinsam kennen, eine Menge über ihn heraus. Sie stellte sich vor sein Büro, vor das Haus, in dem seine Wohnung ist, vor seinen Tennisclub oder sie aß im Restaurant an einem Tisch neben ihm, nur um ihn sehen zu können. Er hat sie jedoch niemals bemerkt, und sie hat sich ihm niemals genähert. Sie ist zweiunddreißig. Er ist achtunddreißig. Er ist, wie gesagt, verheiratet. Sie hat zwar gelegentlich Verabredungen mit anderen Männern, aber sie denkt doch nur an ihn. Alle Männer, die sie trifft, sind »im Vergleich zu ihm blaß«. Er ist einfach der Mann ihrer Träume.

Sie weiß über ihn sehr viele Einzelheiten, und doch kennt sie ihn überhaupt nicht - »nicht wirklich«, sagt sie. Und sie ändert diese Situation auch nicht. Obwohl sie insgesamt eine recht forsche Frau ist und manchmal Männern gegenüber sehr aktiv ist, meint sie, daß sie sich ihm niemals von sich aus nähern würde. »Er ist«, darauf besteht sie, »im übrigen verheiratet.« Sie denkt ununterbrochen an ihn und träumt sogar schon von ihm. »Er ist mein ganzes Leben. Die Leute würden denken, ich bin verrückt, wenn sie das wüßten. Vor einer Woche habe ich ihn beobachtet, wie er von einer Telefonzelle in der Nähe seines Hauses aus einen Anruf machte. Die Art, wie er sich bewegt und spricht – ich bekomme Herzklopfen davon.« Dieser Zustand dauert nun schon dreieinhalb Jahre. Jennys eigentliche innere Abhängigkeit bleibt verborgen unter einem äußeren Lack von Aggressivität. Dadurch ist sie in gewissem Maße fähig, soziale Situationen zu manipulieren. Aber unter dieser harten Lackschicht sehnt sie sich nach einem idealisierten Ritter in einer glänzenden Rüstung. Ein Traum, dessen Ursprünge in sehr frühen Kindheitsphantasien liegen, mit denen sie versuchte, das Bild ihres schwachen, unterwürfigen Vaters zu verdecken. Was sie über den wirklichen Bob durch Beobachtungen und eigene Nachforschungen weiß, paßt außerordentlich gut zu diesen frühen Kindheitsphantasien. Ihre Vorstellungskraft hat alles andere ergänzt.

Es ist von entscheidender Bedeutung, daß Bob für sie nicht erreichbar ist. Dadurch bleibt das Bild frei von allen Unvollkommenheiten, die unweigerlich ans Tageslicht kommen würden, wenn eine wirkliche Begegnung stattfände. Jenny gelingt es, dieses idealisierte Bild eines Mannes rein und unbefleckt von der Realität zu halten. Indem sie das tut, kann sie sich zugleich ihrer märtyrerhaften Selbstverherrlichung überlassen, indem sie in romantischer Weise darunter leidet, daß ihre Liebe für den Gottähnlichen, Unerreichbaren unerfüllt bleibt. Sie hat in der Tat Bob zu einer übermenschlichen Figur hochstilisiert: Sie, eine bloße Sterbliche, kann ihn nur über eine bestimmte Distanz hinweg verehren, da sie selbst auf einer viel zu niedrigen Stufe steht, um wirklich eine ernste Verbindung in Erwägung ziehen zu dürfen.

Dieses zwanghafte Verliebtsein zerstört für Jenny jede Möglichkeit, mit anderen Männern ernsthaft Kontakt aufzunehmen, denn sie sind im Vergleich zu ihrem Prinzen nur ausgesprochen »blaß«. Tatsächlich dient ihre Beschäftigung mit Bob der Ablenkung von fast allen ihren Problemen. Durch diesen Mechanismus gelingt es ihr, die Konfrontation mit dem Leben im allgemeinen zu vermeiden. Sie verstärkt ihre Selbstaufgabe außerdem noch dadurch, daß sie sich selbst in die Rolle einer hilflosen weiblichen Bittstellerin hineinmanövriert.

Jenny weiß, daß sie Hilfe braucht, »um wirklich mit dem Leben beginnen zu können«. Es ist ihr klar, daß sie Bob gar nicht wirklich kennt. Sie leidet allerdings nicht unter Wahnvorstellungen. Sie sagt ganz richtig, sie sei sicher, daß er nicht einmal von ihrer Existenz weiß. Aber sie betont ebenso: »Ich hasse es, ihn aufzugeben. Ich habe ja niemand anderen.«

Unter diesen Bedingungen einen Partner zu finden, der in das idealisierte Bild, das sie sich von Bob gemacht hat, hineinpaßt, wird unmöglich sein. Es ist absolut notwendig, daß sie mit sich selbst darum kämpft, ihre Phantasien und unmenschlichen Maßstäbe aufzugeben. Andernfalls werden Jennys Beziehungen im besten Falle immer enttäuschend und im schlimmsten Falle »leer« verlaufen.

Sexuelle Fehlinformationen

Die Bedeutung, die unsere Gesellschaft der sexuellen Attraktivität und der sexuellen Funktionsfähigkeit beimißt, der Fähigkeit, zu erobern, einen Orgasmus zu erreichen, sei dies nun ein sehr intensiver oder vaginaler oder mehrfacher oder sonst irgendein Orgasmus, unterwirft Sexualpartner schweren Zwängen. Dies setzt sie Enttäuschungen aus, schafft Angst und Gefühle der Unzulänglichkeit und bewirkt, daß jeder Partner an den anderen sehr hohe Ansprüche stellt, daß er bestimmte Vorstellungen von anderen auf ihn überträgt oder daß er seinen Selbsthaß auf ihn projiziert.

In den letzten Jahren hat eine sehr komplizierte Polarisierung der Erwartungen stattgefunden: Auf der einen Seite werden durch eine emanzipierte Sichtweise Männer und Frauen als vollkommen gleichartig betrachtet in Hinblick auf ihre Sehnsüchte, Bedürfnisse und auch auf ihre Reaktionsweisen. Auf der anderen Seite betrachtet man die Geschlechter als vollkommen unterschiedlich und meint deshalb, sie hätten keine Fähigkeit, die gegenseitigen Neigungen, Bedürfnisse und Reaktionsweisen zu verstehen. Natürlich ist keines dieser beiden Extreme vollkommen korrekt. Männer und Frauen sind einander sehr ähnlich, was ihr Bedürfnis und ihre Sehnsucht nach Befriedigung angeht. Aber es gibt zwischen ihnen offensichtlich physiologische Unterschiede. Das Spektrum der Möglichkeiten hinsichtlich der Sehnsüchte, der Vorlieben und der Reaktionsweisen eines einzelnen Menschen ist bei beiden Geschlechtern enorm.

Die Tricks zum Aufbau für das Zustandekommen einer sexuellen Begegnung sind von einer Gesellschaft, die mehr an konkreten Oberflächlichkeiten interessiert ist als an Gefühlen (von denen die sexuelle Begegnung nur ein Symbol ist), immer wieder vermarktet worden. Jedes Ehehandbuch gibt Auskunft darüber, was man wissen will - es gehört nicht viel dazu. Aber diese Betonung der rein mechanischen Seite der Sexualität ist destruktiv. Sie führt zu einer sehr starken Oberflächlichkeit und dahin, daß man seine ganze Energie und seinen Stolz in das »Funktionieren« hineinlegt. Man entwickelt immer weniger Interesse an einer erfüllten, herzlichen Beziehung. Sexuelle Turnübungen erzeugen ganz einfach keine langandauernden oder tieferen Befriedigungen. Wer dies von ihnen erwartet, wird notwendigerweise enttäuscht werden - und zwar in einer Weise, die sich destruktiv auf alle Bereiche einer Beziehung auswirkt.

In Beziehungen können sich auch Vorurteile über Selbstbefriedigung sehr destruktiv auswirken. Selbstbefriedigung wird als ein feindseliger Akt gegenüber dem anderen Geschlecht interpretiert und deshalb zugleich als potentiell homosexuell, als Zeichen für das Fehlen von reifer Kontrolle, als maskulin, als akzeptabel für unverheiratete Männer oder Frauen und als Zeichen für sexuelle Disharmonie oder ein Nachlassen der gegenseitigen Anziehungskraft bei verheirateten Paaren verstanden. Eine gemeinsame Selbstbefriedigung wird als »nicht das Wahre« und deshalb als verwerflich angesehen. Selbstbefriedigung wird als charakteristisch für Jugendliche angesehen und als Zeichen für eine retardierte sexuelle und sogar fehlgeleitete emotionale Entwicklung bei Erwachsenen. All dies führt dann dazu, daß der, der masturbiert, Schuldgefühle und Selbsthaß entwickelt. In einer Beziehung führen diese Vorurteile zu gegenseitigen Anschuldigungen, zu Ansprüchen aneinander und zu schweren Störungen. »Wenn du mich liebst, wie konntest du das denn tun, konntest du nicht ein wenig warten?« sagt der Partner. »Bin ich denn nicht attraktiv genug?« Und so fort. Selbstbefriedigung und gegenseitige Stimulation sind bei beiden Geschlechtern in allen Altersstufen vollkommen normal – ob die Personen nun allein oder mit jemand anderem zusammenleben. Sie kann zur Abfuhr sexueller Spannungen dienen, vor allem dann, wenn Menschen nicht immer im selben Rhythmus sind und weil möglicherweise ein Partner zu einem bestimmten Zeitpunkt gerade dann keine Lust hat, wenn der andere sich eine sexuelle Begegnung wünscht. Gelegentlich ist eine zusätzliche Selbstbefriedigung wirksamer und befriedigender als bloßer Geschlechtsverkehr.

Die Bedeutung des Orgasmus wird in unserer Gesellschaft überbetont. Nicht jeder wünscht sich und braucht bei jeder sexuellen Begegnung einen Orgasmus. Für viele Menschen ist bereits das Gefühl der Nähe, ausgedrückt durch eine sexuelle Begegnung mit oder ohne Orgasmus, von wesentlicher Bedeutung. Aber durch bestimmte Vorurteile in unserem kulturellen Umfeld wird Sex, der nicht mit einem gemeinsamen Höhepunkt endet, abgewertet, ebenso wie Sex, bei dem ein Orgasmus auf anderem Wege als über den normalerweise üblichen Geschlechtsverkehr erreicht wird.

Häufig wird ein sexuelles Versagen als das ursprüngliche und wesentliche Problem angesehen. Ich meine dagegen, daß es ursprüngliche Probleme verschlimmern kann, aber das zugrundeliegende Problem bei jeder sexuellen Störung sind gewöhnlich Beziehungsstörungen. Wer eine ungesunde Beziehung wegen unbefriedigendem Sex kritisiert, der ignoriert die tatsächlichen Probleme.

In unserer Gesellschaft mißt man monogamen und »treuen« Beziehungen eine sehr große Bedeutung bei: Ein sexueller Kontakt mit jemand anderem als dem eigenen Partner wird Untreue genannt. Man betrachtet ihn auf jeden Fall als Anzeichen für fehlende Liebe, fehlendes Interesse, Verantwortungslosigkeit, Betrug und Schwindelei. All dies kann seine Richtigkeit haben - oder auch nicht. Ich glaube, daß diese Einstellungen als solche schon einen ungewünschten Bruch und eine Scheidung verursachen können. Dies geschieht dann, weil man sich gesellschaftlichen Vorstellungen und Zwängen angepaßt hat oder weil man sich in seinem Stolz verletzt fühlt, in seinem Stolz darauf, ganz allein und ausschließlich für den Partner sexuell interessant zu sein. »Untreue« ist möglicherweise auch zurückzuführen auf Gefühle von Angst, Depression, Unzulänglichkeit, unterdrückte Wut, kindliche Neugierde, auf die Unfähigkeit, zu sich selbst und zu anderen einmal »Nein« zu sagen, auf eine geringe Frustrationstoleranz, auf unbefriedigende sexuelle Beziehungen zwischen den Partnern oder auf alle möglichen anderen Dinge. Liebe ist keine Garantie, daß man ausschließlich am Partner sexuelles Interesse findet. Wir alle fühlen uns andauernd von allen möglichen anderen Menschen sexuell angezogen, gleichgültig ob wir nun einen bestimmten Menschen lieben oder nicht. Was wir nun hinsichtlich dieser Attraktion tun, wird weitgehend durch unsere persönliche Geschichte bestimmt, davon, was man uns anerzogen hat, und von persönlichen Wertvorstellungen, Zwängen und Entscheidungen. »Treue« oder »Untreue« kann - als solche und aus sich selbst heraus - eine Beziehung nicht verändern.

Diese oben erwähnten sexuellen Fehlinformationen wirken sich auf den sexuellen Bereich jeder wie auch immer gearteten Beziehung destruktiv aus. Sie bewirken bei Paaren, die sich einander eigentlich liebevoll zuwenden sollten, Unzufriedenheit und Störungen. Ein unangemessenes Betonen von konkreten, mechanischen Sex-»Tricks«, die Angst, im Bett zu versagen, stereotype Vorstellungen von »idealen« Liebenden ebenso wie von »idealen« Reaktionsmöglichkeiten: Durch all diese Fehleinstellungen ist die seelische Verbindung zwischen Sex und liebevollen Empfindungen schwächer geworden. »Nein« zu sagen, wenn wir in Wirklichkeit »Ja« meinen, Spiele zu spielen, in denen ein falscher Widerstand vorgetäuscht wird, Necken, unklare Botschaften, Heuchelei in jeder Form – all dies kann sich sehr zerstörerisch auswirken und kann sogar in einen sadomasochistischen sexuellen Kampf ausarten. Zwar kann dies eine zeitweilige Erregung hervorrufen, aber es kann zugleich auch alle Gefühle von Zärtlichkeit und Wärme zerstören. Prüderie und falsche Bescheidenheit haben auf die Spontaneität eine zerstörerische Wirkung und können schließlich zu extremen Frustrationsgefühlen und zu einem schwerwiegenden Mangel an Interesse führen.

Verwirrung über die Rolle der Geschlechter

In unserer Gesellschaft gibt es eine Fülle von gemischten und verwirrenden Botschaften darüber, was Männlichkeit und was Weiblichkeit ausmacht. Noch verwirrender wird alles dadurch, daß die Vorstellungen fortwährend wechseln, häufig als Folge des Einflusses der Medien und der Werbung. Wenn wir den bekannten Werbespots im Fernsehen Glauben schenken wollen, dann schwitzen Frauen weniger als Männer, dann sind Frauen wirklich attraktiv und sexuell anziehend, wenn sie dünn, ohne Busen und auf jeden Fall langbeinig sind. Die Frauen in der Werbung sind zugleich auf nahezu verachtungsvolle und herablassende Weise arrogant. Männer haben dagegen harte, »gemeißelte« Gesichtszüge, sie rauchen, sind sportbegeistert, häufig irrational und lieben es, irgendwelche Kartoffelchips zu kauen, während sie vor dem Pantoffelkino sitzen. Männer machen sich vorwiegend Gedanken über ihren gesellschaftlichen Status und über wirtschaftliche Fragen, während sich Frauen von den Unterschieden zwischen verschiedenen Make-ups und den neuesten Spülmitteln faszinieren lassen. Gelegentlich beschäftigen sie sich ebenso intensiv mit dem schwarzen Rand am Hemdkragen, obwohl sie auch hinsichtlich der Lösung dieses schwerwiegenden Problems unterschiedliche Meinungen hegen.

Aber noch sehr viel wichtigere Botschaften werden uns auf ausgesprochen subtile Weise mitgeteilt: Sie bestanden in unserem kulturellen Umfeld schon lange Zeit, bevor es Fernsehen, Radio und Werbung gab. Auf jeden Fall verfehlen die verschiedenen verwirrenden Botschaften über sexuelle Rollenklischees ihren Eindruck auf Kinder nicht. Schon in dem Moment, wo wir geboren werden, sehen wir, daß unsere Mutter, unser Vater und unsere Geschwister bestimmte Rollen spielen – und daß das Zusammenspiel zwischen den Familienmitgliedern zum Teil auch ein Rollenspiel ist.

Männer sind »stärker« als Frauen. Stärke wird in diesem Zusammenhang verstanden als Rigidität, Dickköpfigkeit und häufig als milder bis gemäßigter Sadismus. Viele Frauen sind in ihrer Kindheit und Jugend einer derartigen Gehirnwäsche unterworfen worden, damit sie sich zu dieser Art von »starkem« Mann hingezogen fühlen. Sie betrachten einen solchen Typ als besonders fähig und verantwortungsbereit. Dies gilt vor allem für außerordentlich abhängige, passive Frauen.

Männer sollten zu Hause die Hosen anhaben und die Finanzen regeln. Passivität ist bei Männern mit Feminität gleichzusetzen. Gefühle sind weiblich, und ein Mangel an Gefühlen ist ein Zeichen für Männlichkeit. Auch logisches Denken ist männlich. Intuition dagegen ist weiblich. Hausarbeit und die Fürsorge für Kinder und die Familie ist weiblich und instinktiv bedingt – und keine anerzogene Einstellung.

Männer haben stärkere sexuelle Bedürfnisse als Frauen.

Frauen haben größere Besitzansprüche, sie sind neidisch, eifersüchtig und romantisch. Aber starke Männer sind auch eifersüchtig. Interesse für Kunst, Dichtung, Literatur ist weiblich. Interesse an Sport und an Geschäftlichem ist männlich.

Männer ziehen es vor, sich in Gesellschaft von Männern zu bewegen, während Frauen wiederum lieber mit Frauen zusammen sind.

Frauen ziehen tiefe Beziehungen vor, Männer dagegen haben lieber seichte Beziehungen.

Zärtlichkeit und Intimität sind weibliche Charakteristika.

Offenheit und Vertrauen sind männliche Charakteristika.

Dominanz, Kontrolle, Sadismus, innere Distanz, Überheblichkeit und Schweigen sind männliche Eigenschaften.

Selbstaufgabe, Anpassungsbereitschaft, krankhaft-destruktive Abhängigkeit, Narzißmus, Masochismus und die Fähigkeit zu manipulieren sind weibliche Charakteristika.

Klatsch und Tratsch sind spezifisch weiblich, während offene Stellungnahmen und Ehrlichkeit männlich sind.

Männer sind mehr wettbewerbsorientiert.

Aggression ist maskulin.

Die Rolle des Geldes zu verstehen, ist maskulin.

Kinder zu verstehen, ist feminin.

Tanzen ist feminin.

Französisch sprechen ist feminin.

Tennis ist sowohl maskulin wie feminin.

Tatsache ist, daß sowohl Männer als auch Frauen sich nicht wirklich selbst verwirklichen können und nicht wirklich alle ihre Gefühle erfahren und entwickeln können, weil sie fürchten, als feminin angesehen zu werden (wenn sie Männer sind) oder als maskulin (wenn sie Frauen sind). Sie treten zueinander nur als Bilder in Beziehung - Bilder dessen, was sie sein sollten und nicht als wirklich vorhandene echte Personen. Sie müssen andauernd darauf achten, nicht ihre eigenen »maskulinen« (wenn sie Frauen sind) oder »femininen« (wenn sie Männer sind) Persönlichkeitszüge zu enthüllen. Dies erzeugt Hemmungen, Zwänge und Langeweile. Es zwingt uns zum Rollenspiel und ist ein Feind von spontanem Austausch. Ohne die Fähigkeit, mit der ganzen Bandbreite unserer Gefühle in Kontakt zu sein, seien die nun anscheinend maskulin, feminin oder sonstwie (Gefühle haben eigentlich kein Geschlecht), treten wir nur als ein Bruchteil unserer selbst mit anderen in Beziehung. Beziehungen zwischen Menschen, die sich von ihren Gefühlen entfremdet haben, zeichnen sich durch innere Verarmung, durch Doppeldeutigkeit, durch Künstlichkeit, gegenseitigen Haß, neurotische Strategien und schwere Mißverständnisse aus.

Phil und Maggie

Phil war Chirurg, und Maggie war seine Frau. Sie war sehr stolz auf ihn, und lange Zeit pflegte er, immer wenn er nach Hause kam, ihr seine Operationen zu beschreiben. Sie hatte fast das Gefühl, als hätte sie mit ihm im Operationssaal gestanden. Sie selbst beschrieb manchmal chirurgische Operationen, wenn Freunde von ihnen zuhörten. Einige begannen, Maggie abzulehnen, weil sie andauernd mit Phil und seinen chirurgischen Leistungen angab. Er war der personifizierte Spezialist. Tatsächlich gab es in seinem Leben wenig außer der Chirurgie, was für ihn von Interesse war. Lange Zeit war dies für beide ganz in Ordnung. Sie kümmerte sich um ihr Haus und um die beiden Kinder. Er hatte seine Arbeit und diente als ihr anderes Ich. Sie war diejenige, die ihn aufbaute. Aber dann gingen die Kinder aus dem Haus. Maggie langweilte sich. Sogar die Chirurgie begann sie zu langweilen. Phil, den sie ehemals angebetet hatte, erschien ihr »engstirnig und kleinkariert«. »Er vermißt nicht einmal die Kinder, sein Tagesablauf hat sich nicht im mindesten verändert«, klagte sie. Sie wurde sehr launisch, sogar deprimiert. Sie sprach nicht länger über chirurgische Dinge und prahlte nicht mehr mit Phils Leistungen.

Maggie ging schließlich zu einem Therapeuten. Sie war sehr erstaunt herauszufinden, welches ihre wirklichen Gefühle zu Phil waren. Nach einigen Monaten kam die »wirkliche Wahrheit« heraus. Er war »kindisch, unterentwickelt, egozentrisch und wirklich langweilig«. Er war nicht im mindesten erwachsen. Er war ein »wirkliches Kind«, und sie hatte »den Verdacht, daß er ein schrecklicher Chauvinist« sei. Sie hatte ihr Leben für ihn »verschwendet«. Sie hatte auch den Verdacht, daß er im Grunde nur ein mittelmäßiger Chirurg sei. Er war niemals Chefarzt geworden oder hatte irgendwelche neuen Operationstechniken erfunden. Er schrieb niemals irgendwelche Artikel in medizinischen Fachzeitschriften. Sie sagte, er habe zwar irgendwann einmal etwas geschrieben, aber das sei viele Jahre her, und nun sei ihr endlich klar, daß es kaum von Bedeutung gewesen sei.

Im sozialen Bereich veränderte sich die Situation ebenfalls. Statt ihm eine Stütze zu sein, wurde sie nun zu seinem Hauptgegner. In jeder kontroversen Diskussion nahm sie den entgegengesetzten Standpunkt ein. »Nicht weil ich irgendwie wütend auf ihn gewesen wäre«, sagte sie, »sondern weil seine Ansichten immer so engstirnig und unweigerlich verkehrt waren.« Sie erkannte, daß er im Grunde genommen nur dickköpfig und dogmatisch war und sich selbst für allwissend hielt, nur weil er Chirurg war. Sie konnte es einfach nicht glauben. Sie müsse, so sagte sie, wie ein Schlafwandler durch die Gegend gelaufen sein. »Wie in aller Welt«, so meinte sie, »bin ich dazu gekommen, diesen Bauerntölpel, diesen infantilen Menschen zu heiraten?«

Maggie hatte in ihrem Leben die ideale »feminine« Rolle gespielt und dabei ihr eigenes Bedürfnis nach Selbstverwirklichung und Durchsetzung ihrer Ziele mißachtet. Ihr Vater war Apotheker gewesen. Er hatte immer Arzt werden wollen, aber er hatte das Geld dafür nicht. Sie liebte ihren Vater sehr. Sie wußte jetzt, daß er alles das repräsentierte, was ihr Mann nicht war. Er war freundlich, liebevoll und großherzig. Er las sehr viel und gern. Phil dagegen las nie, außer vielleicht einmal eine medizinische Zeitschrift. Sie selbst hatte »niemals daran gedacht, selbst ein Medizinstudium aufzunehmen«. »Früher taten Mädchen das einfach nicht.« Sie hatte nur ein »gutes College« besucht und ihren Abschluß in Philosophie gemacht. In ihrem letzten Jahr auf der Hochschule wurde sie von einem Freund mit Phil bekannt gemacht. Er hatte zu diesem Zeitpunkt bereits mit seiner Ausbildung als Chirurg begonnen. Als ihre Eltern von ihm hörten, waren sie sehr beeindruckt. Sie war ebenfalls beeindruckt, und sie heirateten, während er noch in der Ausbildung war, am selben Tag, als sie ihre College-Abschlußfeier hatte. Die meisten seiner jungen Kollegen waren ebenfalls auf der Hochzeit. »Es war so ähnlich wie in der ›Schwarzwaldklinik‹. Meine Eltern waren einfach begeistert, vor allem mein Vater. Es war alles sehr romantisch. Heute wird mir allerdings klar, daß ich Phil überhaupt nicht kannte.«

Sie kannte Phil auch später nicht besser und zeigte auch keine

Neigung, sich selbst die Zeit zu nehmen, um ihn wirklich kennenzulernen. Er war, für sie selbst und für ihren Vater, zu einem »maskulinen« Mittel geworden, durch das sie beide ein Stellvertreterleben führen konnten. Maggie übertrug die Gefühle, die sie für ihren Vater hatte, auch auf Phil. Diese Gefühle bestanden nur aus Idealisierungen (einer Projektion ihrer eigenen Selbstidealisierung ebenso wie des Idealbildes, das sie von ihrem Vater hatte) und aus ihrer Wut und Verachtung, die zutage traten, als sie merkte, daß sowohl sie wie ihr Vater eigentlich nicht das erreicht hatten, was sie wollten. Phil wurde zum Prügelknaben für ihre Wut und ihre Enttäuschung. Sie war wütend auf sich selbst - denn sie konnte kein Arzt werden und ihrem Vater Freude machen, eben weil sie ein Mädchen war. Und sie war wütend auf ihren Vater, weil er sie mit einem Mann verheiratet hatte, den sie noch nicht einmal kannte. Ihr Vater hatte versucht, so empfand sie, sich eine Entschädigung dafür zu schaffen, daß er nicht selbst Arzt geworden war. Sie hatte auch insgeheim das Gefühl, daß eigentlich ihr Vater ein richtiger Chauvinist war. Denn wäre sie ein Junge gewesen, dann hätte er ihr sicherlich Mut gemacht, selbst Medizin zu studieren.

Sie war so wütend und so verbittert über ihr Gefühl, in eine bestimmte Schablone gesteckt worden zu sein, daß sie sich entschied, sofort zu handeln. Sie schlug alle Ratschläge, daß sie warten möge, in den Wind. Sie weigerte sich, in Betracht zu ziehen, daß sie vielleicht Gefühle zu ihrem Vater auf Phil übertrug. Sie schlug alle Erkenntnisse über »Übertragung«, »Externalisierung«, das »Aufbauen und Zerstören von bestimmten Bildern« oder Erkenntnisse über »stellvertretendes Leben« in den Wind. Vor allem wollte sie ihrem Vater gegenüber keinen Zorn empfinden und ausdrücken. Es wäre unerträglich für sie gewesen, das Heiligenbild, das sie sich von ihm gemacht hatte, zu zerstören. So zog sie es vor, all ihre Wut und ihren Ärger an Phil abzulassen.

Als es ihr dann mit Hilfe einer Therapie gelang, ihren Ärger zu empfinden und auszudrücken, da verschwand ihre Depression, die im übrigen niemals besonders tief oder stark gewesen war.

Obwohl man ihr davon abriet, bestand sie darauf, die Behandlung abzubrechen. Sie plante, sich von Phil scheiden zu lassen und ihren Doktor in klinischer Psychologie zu machen.

Die Illusion: Glücklich für immer

Heirat wird in unserer Gesellschaft häufig als der Anfang eines Lebens der völligen Erfüllung angesehen, als ein endlich erfüllter Traum für jedes Paar. Viele Menschen haben das Empfinden, daß sie nur den richtigen Partner zu treffen brauchen, um dann durch eine Heirat in jeder Hinsicht Erfüllung zu finden – im gefühlsmäßigen, ökonomischen, sozialen und persönlichen Bereich. Viele betrachten diesen neuen Abschnitt in ihrem Leben als einen, in dem sie sich für viele vergangene Jahre der Einsamkeit, der mangelnden Anerkennung, der fehlenden Selbstverwirklichung entschädigen können. Die Ehe ist für sie eine Art von persönlicher Rechtfertigung, vielleicht sogar ein rachsüchtiger Triumph über die verkorkste Vergangenheit. Diese Illusion, die in unserem gesellschaftlichen Umfeld noch weiterhin genährt wird, findet man vor allem bei Menschen, die sehr stark von anderen abhängig sind, die ganz besonders geneigt sind, den Versprechungen vom »Paradies auf Erden« Glauben zu schenken und dann auch unweigerlich unter einer möglichen schweren Enttäuschung leiden. Schließlich ist es der Traum des sich selbst hassenden, unterwürfigen, abhängigen Menschen, mit einem vollkommeneren Selbst zu verschmelzen und durch dieses Selbst das Leben als starker, tüchtiger Mensch zu leben und zu erfahren. Diese emotionale Verschmelzung soll dann in der Ehe stattfinden. Die Ansprüche, die man dann an den Partner und an die Ehe stellt, sind in der Tat enorm. Sie bestehen eigentlich in der aufgeblähten Erwartung, daß man nun für alle Zeiten und auf jeder Ebene glücklich sei. Bei vielen Menschen entstehen im Lauf des Ehelebens genau daraus Gefühle von Selbsthaß, von gegenseitigen Schuldzuweisungen und Wut. Das Gefühl mißbraucht worden und zum Märtyrer gemacht worden zu sein, bestimmt den Alltag. Selbst wenn sich alle Illusionen über die Ehe als eine katastrophale Enttäuschung herausstellen, werden sie doch immer weiter verfolgt. Mit großem Energieaufwand versucht man, sie krampfhaft aufrechtzuerhalten. »Andere haben eben mehr Glück«, »Ich habe mir eben nur den falschen Partner ausgesucht«, dies sind in dem Zusammenhang sehr häufige Aussagen. Solche Menschen werden dann, vor allem wenn sie innerlich sehr abhängig sind, weiterhin träumen und ihre Sehnsüchte haben. Sie werden glauben, daß der Mythos wahr sei und daß es nur eine Frage der Zeit sei, den richtigen Partner zu finden. Sie warten auf den perfekten Partner, auf den Märchenprinzen, der den Traum von einem ewig glücklichen Leben wahr machen wird.

Die Sucht nach Stimulation

Ungewollt und unbewußt sind wir alle stimulationssüchtig geworden - süchtig nach Lärm, Unterhaltung, Nachrichten, Klatsch, allen möglichen Formen der Aktivität. Und in dem Maße, wie unser Bedürfnis nach immer mehr Aufregung wächst, wächst auch unser Bedürfnis nach immer stärkerer Stimulation, obwohl zugleich unsere Reaktionen immer schwächer werden und unsere Sensibilität abstumpft. Langeweile ist die am meisten verbreitete Angst des Stimulationssüchtigen. Langeweile ist auch das Gefühl, wodurch ein Mensch unfähig wird, eine Beziehung zu seinem Partner aufrechtzuerhalten. »Sie hat mich einfach gelangweilt. Jetzt sehen wir einander nicht mehr«, klagte einer meiner Klienten.

Aber es ist nicht korrekt zu meinen, daß gewisse Menschen uns langweilen. Wir selbst langweilen uns nur, weil wir uns nicht wirklich auf eine echte Beziehung zu ihnen einlassen wollen. Da ein Stimulationssüchtiger seine Droge außerhalb seiner selbst sucht, liegen seine inneren Reserven brach und bleiben unterentwickelt. Sie werden zudem immer unzugänglicher. Wenn er in einer Beziehung steckt, dann beschuldigt er seinen Partner für die Langeweile und die innere Leere, die er empfindet. Er meint, es sei ausschließlich die Aufgabe seines Partners, ihn aus seinem Unglück zu erlösen. Da sein Problem von innen heraus kommt, gibt es keine äußere Lösung, und sein Partner kann ihm keine Erleichterung verschaffen. Das Opfer der Langeweile sucht dann nach anderen Partnern und ist überzeugt, daß das Problem einfach nur in einer falschen Beziehung liegt. Dies ist natürlich die Fortsetzung eines Prozesses der Externalisierung und zeigt, wie die Stimulationssucht in unserem kulturellen Umfeld unsere persönlichen Beziehungen beeinflußt.

Eine tiefe, langanhaltende Beziehung hat zwar auch ihre Höhepunkte, aber im Alltag gibt sie uns nicht die fortwährende Stimulation, die der Süchtige braucht. Kooperative Beziehungen vertragen sich nicht mit stark stimulierenden Einflüssen. Menschen, die stimulationssüchtig sind, neigen dazu – vor allem wenn diese Sucht chronisch geworden ist – destruktiv-kämpferische, sadomasochistische Beziehungen einzugehen.

Kooperative und auch kämpferische Beziehungen können gewöhnlich die Bedürfnisse des Süchtigen nicht stillen. Tatsächlich werden häufig sogar langandauernde sadomasochistische und destruktiv-kämpferische Beziehungen langweilig.

Als Reaktion auf Frustrationen sucht der Süchtige häufig nach Krisenbeziehungen und nach Krisensituationen. Wenn er aber sogar in solchen Krisensituationen taub und unempfindlich wird, dann erschafft er eine Krise, ohne daß er sich seiner Motivation oder seiner Verantwortung für die Situation bewußt wäre. Eine krisenhafte Beziehung bedeutet, daß man sich einen Partner sucht, mit dem Krisen unvermeidbar sind. Menschen, die sehr stark stimulationssüchtig sind, suchen dann möglicherweise die Gesellschaft von ernsthaft gestörten Menschen, von Drogensüchtigen, Alkoholikern und Menschen, die innerlich sehr stark abhängig sind, von chronischen Spielern und anderen Psychopathen. Oder sie suchen sich möglicherweise Partner aus, mit denen sie sehr leicht in Krisensituationen hineingeraten können. Dann bewegen sie sich häufig an den Grenzen zur Illegalität oder im Bereich von riskanten geschäftlichen Abenteuern.

Eine der häufigsten Arten, auf Stimulationssucht zu reagieren, ist die Suche nach neuen und bisher unbekannten Beziehungen. Tatsächlich kann das »Festsitzen« in einer Beziehung, aus welchem Grunde auch immer, bei dem Stimulationssüchtigen sehr starke Angst und Depressionen hervorrufen. Das permanente Verlangen nach neuen Beziehungen schließt häufig die Möglichkeit aus, daß man langfristig auf einer fruchtbaren Basis eine Beziehung entwickelt. Wenn man ihn in eine langfristige Beziehung hineinzwingt, dann fühlt sich der Süchtige häufig sehr stark bedrängt. Er reagiert dann häufig mit Wutanfällen, die durch untergründige Suchtbedürfnisse motiviert sind, von denen er überhaupt nichts weiß. Vielleicht beginnt er, einen Streit vom Zaun zu brechen, um der Beziehung ein dramatisches Element zu geben. Möglicherweise entwickelt er in der Beziehung zu seinem Partner rachsüchtige und sadistische Züge. Er setzt alles ein, um stimuliert zu werden. Man braucht nicht ausdrücklich zu sagen, daß sein Verhalten jede Art von kooperativer Beziehung zerstört.

Der Stimulationssüchtige neigt dazu, Menschen, die weniger »süchtig« sind als er - ganz zu schweigen von solchen, die überhaupt nicht süchtig sind -, als Feiglinge und Langweiler anzusehen. Er neigt außerdem dazu, seine Sucht auf seine Umwelt zu übertragen, vor allem auf seine Kinder. Er bringt ihnen dann bei, für die »Langweiler« nichts als Mitleid zu empfinden und die sogenannten »lebendigen«, »nichtspießigen« Leute zu bewundern. Diese Lektion kommt vor allem bei Kindern und bei krankhaft abhängigen oder zwanghaft unterwürfigen Erwachsenen besonders gut an. Gesunde Menschen haben gewöhnlich gar kein Interesse an dem, was sie als seichtes, oberflächliches Leben ansehen. Deshalb entwickeln stimulationssüchtige Menschen nur selten längerfristige Beziehungen zu relativ gesunden Menschen.

Offensichtlich ist die Tendenz zur Zerstörung bei Menschen, die von der Stimulationssucht beherrscht werden, sehr stark. Sie neigen dazu, Beziehungen zu zerstören - ihre eigenen und die von anderen Menschen. Sie neigen dazu, Beziehungen einzugehen, die von Anfang an den Kern der Zerstörung in sich tragen. Nur allzu häufig leben sie im wesentlichen nur in ihrer Phantasiewelt, wo übertriebene Vorstellungen vom Leben ihnen dann, wenn keine wirkliche Stimulation vorhanden ist, ein wenig Erleichterung verschaffen können. Aber diese Vorstellungen ziehen dann wiederholt Enttäuschungen nach sich, Enttäuschungen mit dem wirklichen Leben, mit wirklichen Menschen und mit wirklichen Partnern. Nur allzu häufig zermürben sie sich selbst und ihre Partner bei dem Versuch, um jeden Preis Aufregung hervorzurufen. Sie versuchen zwanghaft, alle Arten von Situationen und Konstellationen zu provozieren, die möglicherweise eine stimulierende Wirkung haben könnten. So habe ich beispielsweise eine ganze Reihe von Menschen kennengelernt, die insgeheim ihre Partner zu Seitensprüngen ermutigen, um so das erregende Risiko eines Verlustes einzugehen und zugleich Kummer und das Gefühl einer Krise heraufzubeschwören.

Ein Leben sozusagen »zwischen den Bahnsteigen«, wie es der Stimulationssüchtige führt, bedeutet, daß man seinen Lebenswandel so einrichtet, daß man sich in einem permanenten Zustand des Aufruhrs befindet - geographisch, beruflich, wirtschaftlich, sozial und gefühlsmäßig. Dies ist für tiefe, anhaltende Beziehungen außerordentlich zerstörerisch. Wenn Ihr Kalender - oder der Ihres Partners - für sechs Wochen im voraus bis auf die letzte Minute ausgebucht ist, dann ist die Stimulationssucht auch Ihr Problem. Es ist dann an der Zeit, einmal über eine andere Art von Risiko nachzudenken: Riskieren Sie es, einmal mit sich selbst alleine zu sein.

Misha und Mindy

Für beide war es Liebe auf den ersten Blick. Sie sind nun seit fast dreißig Jahren verheiratet. Sie betrachteten sich selbst lange als ein »lustiges Paar«, aber ganz plötzlich ist alles nicht mehr so lustig. Irgend etwas hat an ihrer Beziehung von Anfang an genagt, und jetzt besteht die Gefahr, daß sie ganz auseinanderbricht.

Ihr Problem ist, daß sie niemals fähig waren, die Vorstellung zu ertragen, daß sie sich nicht das leisten könnten, was sie gerne haben möchten - und sie wollten immer eine ganze Menge haben. Beide lieben sie teure Autos, Restaurants, Kleidung, Theater, Reisen und eine ganze Menge anderer Dinge. Und sie haben es immer als schwierig empfunden, zu sich selbst Nein zu sagen. Sie müssen einfach das, was sie haben wollen, auch wirklich bekommen. Und während der ganzen Zeit ihres Ehelebens sind sie von Kredithaien verfolgt worden.

Misha hat sich in allen Arten von Geschäften versucht, und Mindy hat ihm bei seinen vielen geschäftlichen Unternehmungen immer geholfen. Aber keiner dieser Versuche hat wirklich geklappt. Es gab infolgedessen eine große Anzahl von Prozessen,

Bankrotterklärungen und Offenbarungseiden. Ihre Kreditwürdigkeit bei Banken und Geschäften ist inzwischen vollkommen verspielt. Sie betrachten sich zwar nicht als Spieler, obwohl sie beide zugeben, daß die meisten ihrer geschäftlichen Unternehmungen wirklich allzu gewagt und unüberlegt waren. Trotz all dieser Probleme sind sie jedoch immer gut miteinander ausgekommen. Vor einigen Jahren gab es eine Zeit, in der sie voneinander sehr enttäuscht waren und eine Zeitlang getrennt lebten. Sie sagen, sie hätten zu dem Zeitpunkt eine Art von »Midlifecrisis« durchgemacht. Jeder von beiden hatte ein Verhältnis, das jedoch nicht von Dauer war, und sie waren schließlich glücklich, wieder zusammenzukommen.

Jetzt allmählich bekommen sie Angst. Sie möchten gerne bei irgend etwas Solidem bleiben. Sie sind jetzt beide Mitte Fünfzig und können sich nicht vorstellen, eines Tages von Sozialhilfe leben zu müssen. Misha fragt sich, wie sich die Dinge entwickelt hätten, wenn sie es »wirklich geschafft« hätten. Er beneidet immer noch die Menschen, denen das gelungen ist. Er glaubt, daß ihr Leben vielleicht interessanter sei, und stellt sich vor, daß deren Lebensabend bestimmt angenehmer ist als der ihre.

Sie führen eine ausgesprochen kooperative Beziehung aufgrund ihrer gemeinsamen Vorstellungen darüber, was im Leben erstrebenswert ist. Zusammen haben sie all das inszeniert, was der Stimulationssüchtige braucht, und jetzt haben sie Angst vor der »toten« Zukunft, die vor ihnen liegt. Da sie beide sehr kooperativ sind und sich gegenseitig unterstützen, haben sie eine bessere Chance als die meisten anderen Paare, ihre Stimulationssucht letztlich abzulegen, obwohl es gerade diese Bereitschaft zur Kooperation war, die sie in Schwierigkeiten gebracht hatte.

Jugendkult, Oberflächlichkeit, unnatürliches Verhalten

Die Stimme eines anderen Menschen oder die Art und Weise, wie er tanzt oder ein Auto fährt oder in einem Restaurant das Essen bestellt, wie er sich anzieht oder welchen Eindruck er auf andere zu machen scheint und wie er eine Zigarette hält - all dies kann nicht allein die Basis für eine wirkliche Beziehung sein. Diese Aspekte dürfen nicht verwechselt werden mit den grundlegenden Wertvorstellungen, Geschmäckern, wirklichen Interessen und mit der persönlichen Entwicklung, mit der Fähigkeit, offen, zärtlich, intim, vertrauensvoll und fürsorglich zu sein, und mit der Fähigkeit, sich wirklich begeistern und einsetzen zu können.

Jedoch wird uns in unserem kulturellen Umfeld häufig vermittelt, daß diese oberflächlichen Attribute den eigentlichen Kern von Beziehungen ausmachen würden, daß Partner, die miteinander eine Beziehung haben, bloße Schauobjekte sind, deren wesentliche Aufgabe und Funktion darin besteht, so hell zu glänzen, daß andere sie bewundern. Jede Frau, die in dieser Weise von anderen benutzt worden ist, kann ein deutliches Wort dazu sagen, wie sehr oder wie wenig sie sich dabei als ein ganzer Mensch gefühlt hat. Jedoch werden viele langandauernde und engagierte Beziehungen, einschließlich vieler Ehen, auf Oberflächlichkeiten und auf kulturellen Symbolen von Anziehungskraft aufgebaut. In solchen Beziehungen läßt meist eine geringe Frustrationstoleranz die Beziehung immer noch weiter zersplittern, und es wird dadurch unwahrscheinlich, daß sie sehr lange überlebt. Enorm viel Zeit und Energie wird darauf verwandt, Gefühle zu heucheln. Es gibt in der Tat Beziehungen, in denen der Kontakt der Partner im wesentlichen darin besteht, daß man gewisse Posen einnimmt und bestimmte Gefühle vorspielt. Jeder Partner versucht, den anderen in dieser Weise zu beeindrucken, und beide zusammen versuchen so, wiederum andere zu beeindrucken. Manche Menschen spielen immer nur bestimmte Rollen und erfinden immer noch mehr Rollen für sich selbst hinzu. Denken Sie nur an das Paar, bei dem ein Partner das kleine Kind spielt und der andere den Papa. Plötzlich jedoch engagiert sie sich politisch, fängt an, die Welt aus den Angeln zu heben, und erwartet von ihm (obwohl er ja das ungeschriebene Drehbuch nicht kennt), daß er ihr folgt und ihr Schüler wird. Manche Paare ziehen sich sogar ganz ähnlich an, um ein Kostüm für die Rolle, die das Leben ihnen anbietet, zu finden. Diese Art von Verhalten spielt sich vielleicht auch zwischen Eltern und Kind ein. Eine meiner Patientinnen fühlte sich von ihrer Mutter schrecklich ausgebeutet. Während vieler Stunden war sie von ihrer Mutter »hübsch« angezogen worden, damit sie für die Mutter, die sich selbst als »große Dame« sah, die richtige Ergänzung darstellte. Stundenlang hatte sie als quicklebendiges dreijähriges Kind stillsitzen müssen, während man ihr Haar perfekt arrangierte und sie kleine steife Kleider angezogen bekam, die zu der äußeren Erscheinung ihrer Mutter paßten. Derartig auf Äußerlichkeiten fixierte Menschen kleben häufig aneinander. Sie beneiden sich gegenseitig um die Rolle des am besten angezogenen, reichsten Partylöwen. Ihre Beziehungen bleiben so lange erhalten, wie sie andere und sich gegenseitig zu beeindrucken vermögen. Aber sie kennen einander kaum und haben Angst davor, sich selbst zu erkennen. Immer stärker empfinden sie Langeweile und Zynismus. Ist es ein Wunder, daß sie sich häufig in destruktive Handlungen, einschließlich Selbstmord, flüchten?

Sie sind ganz wesentlich damit beschäftigt, jung auszusehen und jung zu bleiben. Eine krampfhafte Jugendlichkeit hat auf jeden Fall eine destruktive Wirkung. Sie ist offensichtlich nicht an der Realität orientiert, denn wir müssen auf jeden Fall älter werden. So ist nun einmal unser Leben. Der Jugendkult versucht, diese Tatsache zu leugnen - und erzeugt so Selbsthaß und Haß auf die Menschen, zu denen wir eine Beziehung haben. Dadurch wird unsere Stimulationssucht nur noch weiter gefördert. Man empfindet häufig Verachtung für ältere Menschen und beraubt sie ihrer Würde und der Möglichkeit zu fruchtbaren und gesunden Beziehungen. Der Wert weiser Erfahrung wird dadurch herabgesetzt. Der Jugendkult steht dem Leben entgegen – er propagiert den Mythos eines glücklichen, aber kurzen Erdendaseins. Er fördert eine Tendenz zu narzißtischer Selbstbespiegelung. Unsere eigene Sterblichkeit und die Tatsache, daß das Leben aller Menschen bestimmten Bedingungen und Beschränkungen unterworfen ist, werden dadurch zu schreckenerregenden Bedrohungen.

Wenn wir Zeit und Energie darauf verwenden, eine Rolle zu spielen, Gefühle zu heucheln und uns an Oberflächlichkeiten zu orientieren, dann haben wir kaum oder nur sehr wenige Möglichkeiten, wirklich gefühlsmäßig in unseren Partner etwas zu investieren. Ohne solch ein wirkliches emotionales Engagement bleiben alle Beziehungen seicht und unbefriedigt. Schließlich werden sie langweilig, und die Partner versuchen angestrengt, ihre Langeweile zu vermindern, indem sie immer mehr oberflächliche Begegnungen und kurzfristige neue Erfahrungen suchen. Aber all dies vermindert nicht jenes Gefühl von innerer Leere, denn alle anderen Gefühle werden nicht voll und tief empfunden. Und so setzt sich der Teufelskreis von Gefühlsheuchelei und oberflächlichen Beziehungen weiter fort.

Egoismus

Wir könnten unser soziales kulturelles Umfeld als die »Egoistische Gesellschaft« bezeichnen. Sozialer Autismus und die ausschließliche Beschäftigung mit der eigenen Person wird inzwischen als eine Form der Fürsorge für sich selbst oder als Bereicherung seiner selbst angesehen. Aber es ist in Wirklichkeit nur eine Form narzißtischer, innerer Distanz, eine Entfremdung von anderen und das Gegenteil von wirklichem Interesse an sich selbst. Letztendlich werden durch eine solche egoistische Einstellung alle Beziehungen zerstört.

Das ewige »Ich zuerst!«, zu dem uns unsere Wettbewerbsgesellschaft ermutigt, bewirkt, daß wir die Gefühle, Wertvorstellungen, persönlichen Prioritäten, Geschmacksrichtungen und Entscheidungen von anderen, mit denen wir tiefergehende Beziehungen haben könnten, ignorieren. Liebe und Mitgefühl für sich selbst bedeutet auch, daß wir uns selbst akzeptieren. Es bedeutet, daß wir alle Aspekte der Bedingungen, unter denen Menschen leben, akzeptieren, einschließlich der Gefühle und Eigenschaften, derer wir uns eigentlich schämen. Es bedeutet nicht, daß das Akzeptieren unseres Selbst von Leistungen abhängig ist. Die Psychologie des »Ich zuerst!« ist vollkommen leistungsorientiert.

Eine liebevolle und einfühlsame Beziehung zu anderen ist die natürliche Konsequenz einer liebevollen und einfühlsamen Beziehung zu uns selbst. Zu einer liebevollen und von gegenseitiger Sympathie erfüllten Beziehung gehören auch unweigerlich die geringfügigeren, kleineren alltäglichen Angelegenheiten, bei denen Entscheidungen zusammen mit einem kooperativen Partner getroffen werden. Dies ist das genaue Gegenteil des egoistischen Lebensstils. Aber so lange wie Menschen die narzißtische Beschäftigung mit sich selbst mit wirklicher Selbstliebe gleichsetzen, solange ist eine wirkliche Liebe zu sich selbst, sind die Möglichkeiten einer fruchtbaren Beziehung in der Tat sehr gering.

Beliebtseinwollen und Bekanntseinwollen: Das zwanghafte Bedürfnis, geliebt zu werden

In unserem gesellschaftlichen Umfeld meint man, daß Beliebtheit und Berühmtheit eine Garantie gegen Einsamkeit und Langeweile seien. Beliebtheit wird mit Erfolg gleichgesetzt. Wenn ihre Kinder noch ganz klein sind, sind Eltern schon schrecklich besorgt darum, ob ihre Sprößlinge bei anderen Menschen auch wirklich beliebt sind. Wer der beliebteste Junge, das beliebteste Mädchen in der Schule ist, das ist häufig von größerer Bedeutung als jede andere Leistung. Und Beliebtheit wird gleichgesetzt mit Fachwissen: Es ist nicht ungewöhnlich, daß man Filmstars und andere Prominenz im Fernsehen sieht, die sich über politische, soziologische oder psychologische Angelegenheiten äußern, von denen sie wenig oder gar keine Ahnung haben.

Um der Allerberühmteste zu sein, müssen wir anderen etwas vormachen. Wir werden deshalb zu Schauspielern. Die Schauspielerei wird schließlich wichtiger als die Sache selbst. Wir wissen zuletzt nicht mehr, wer wir sind, und brauchen andere Menschen nur noch, um ein Gefühl für unsere Identität und Orientierung zu entwickeln.

Es gibt Menschen, die ohne Beliebtheit und Berühmtheit nicht »sie selbst« wären. Dadurch wird eine Beziehung gefördert, in der jeder Partner sich andauernd Gedanken darüber macht, welche Wirkung er auf andere hat. In einer solchen Beziehung kann kein wirklicher Austausch stattfinden.

Man hat uns beigebracht, daß es für uns von entscheidender Bedeutung ist, gemocht zu werden und jedem nett zu erscheinen. Dies ist in der Tat von entscheidender Bedeutung – insofern als es eine destruktive Wirkung auf unser Leben ausübt. Wenn man immer nur »nett« ist, dann bedeutet das, daß man für andere Menschen nichts anderes ist als ein Spiegelbild: Sie bekommen von uns nichts außer dem, was *sie* hineinlegen. Hinzu kommt, daß dadurch schmerzhafte innere Widersprüche entstehen: Denn Beliebtheit auf der einen und Durchsetzungsfähigkeit auf der anderen Seite sind beides gleichermaßen Eigenschaften, auf die in unserem gesellschaftlichen Umfeld großer Wert gelegt wird. Es ist nicht möglich, durchsetzungsfähig und gleichzeitig allgemein beliebt zu sein, denn gewöhnlich setzen wir Durchsetzungsfähigkeit gleich mit Aggressivität. Erfolg und Aggressivität sind in unserer Gesellschaft wie Geschwister. Eine Frau, die mich kürzlich aufsuchte, fragte: »Wer möchte schließlich nicht von allen gemocht oder noch besser: geliebt werden? Wer möchte nicht berühmt und beliebt sein?« Sie war in meine Sprechstunde gekommen, weil sie lernen wollte, sich besser durchzusetzen. Sie sagte, sie hätte schreckliche Angst davor, wenn sie es auch nur versuchte, und sie würde sich hinterher immer deprimiert fühlen - gleichgültig, ob sie es nun geschafft hätte, sich durchzusetzen, oder nicht. Für mich war es klar, in welchem Konflikt sie sich befand - aber sie konnte ihr Problem nicht durchschauen.

Das zwanghafte Bedürfnis, gemocht zu werden, gefährdet Beziehungen aber noch in anderer Weise. Es gibt deutliche Zusammenhänge zwischen diesem zwanghaften Bedürfnis und dem, was man im allgemeinen als krankhafte Abhängigkeit oder krankhafte Selbstaufgabe bezeichnet. Krankhafte Selbstaufgabe gibt es dort, wo unsere innere Sicherheit und unsere Selbstachtung so erschüttert worden sind, daß wir das Gefühl haben, wir müßten auf Zehenspitzen durchs Leben gehen, als müßten wir immer nur nett, freundlich und anpassungsbereit sein und dürften niemals Wellen machen, sonst würde man uns nicht mehr mögen. In diesem Fall wird Liebe als ein Allheilmittel betrachtet. Selbstaufgabe erzeugt möglicherweise Falschheit, Frustrationen und Störungen in Beziehungen, denn wir können ganz einfach nicht zwei oder noch mehr Herren dienen. Häufig können wir nicht gleichzeitig uns selbst und anderen gefallen. Und wenn wir uns selber unterdrücken, um gemocht zu werden, dann bezahlen wir einen hohen Preis: Wenn wir unser Selbst opfern, dann bleibt nur sehr wenig von unserer Persönlichkeit übrig, mit dem der andere in Beziehung treten kann. Wenn wir unsere Identität unterdrücken, dann gelangen wir unweigerlich dahin, daß wir kaum noch in Kontakt stehen mit unseren wirklichen Gefühlen und Bedürfnissen. Die Abhängigkeit wird genau proportional zum Verlust des Selbst immer stärker. Im gleichen Maße werden, gewöhnlich im Namen der Liebe, an den Partner unerfüllbare Ansprüche gestellt. Wenn diese Ansprüche unerfüllt bleiben, dann erzeugt das Wut und immer mehr Verdrängung.

Personen, die sich ernstlich selbst aufgeben und zwanghaft anpassungsbereit sind, versuchen in anderen Menschen zu »lesen«. Sie antworten dann genau so, wie sie annehmen, daß ihre Partner es hören wollen. Es ist ihnen ein Greuel, die Dinge beim Namen zu nennen, mitzuteilen, was sie wirklich fühlen und glauben, geschweige denn, was sie sich wünschen. Häufig wissen sie es auch ganz einfach nicht. Sie haben keine Übung darin. Die Botschaften, die sie aussenden, verändern sich permanent mit der Person, für die diese Botschaft bestimmt ist. Für den Partner eines solchen Menschen ohne Rückgrat ist es unbefriedigend und frustrierend, mit einer »undefinierbaren Masse« umzugehen, mit einem sich dauernd verändernden Spiegelbild. Es ist einfach frustrierend. Aber Menschen, die sich selbst aufgeben, können nicht verstehen, warum der andere unzufrieden ist. Sie haben das Empfinden, als hätten sie sich selbst vollkommen um der Liebe willen aufgeopfert, und erkennen dabei nicht, daß es sich dabei überhaupt nicht um Liebe handelt, sondern nur um das zwanghafte Bedürfnis, gemocht zu werden, um sich sicher fühlen zu können.

Gerechtigkeit, Schuld, Belohnung, Bestrafung, Verantwortung

In einer gesunden, kooperativen Beziehung sitzen wir über unseren Partner nicht zu Gericht, weil er bestimmte Eigenschaften hat, menschlichen Grenzen und Fehlern unterliegt, von denen man in unserer Gesellschaft meint, daß sie nicht dem Ideal entsprechen. Wir kämpfen darum, alles, was in uns selbst und bei den Menschen, die zu uns eine Beziehung haben, menschlich ist, anzuerkennen, ohne zu moralisieren und ohne sie für ihre wirklich vorhandenen oder auch nur scheinbaren Fehler zu bestrafen. Aber unglücklicherweise geht es in unserer Gesellschaft immer wieder nur um die sogenannte »Gerechtigkeit«. Man ist geradezu besessen von den Gesetzen, von Beweis, Schuld, Unschuld, Belohnung und Bestrafung. Und entsprechend behandeln wir uns selbst und unsere Mitmenschen.

In einer Beziehung kann jedoch das Erzeugen von Schuldgefühlen eine chronische Feindseligkeit hervorrufen. Wenn eine Ehefrau keine befriedigende sexuelle Reaktion zeigt und ihren Mann dafür beschuldigt, dann hilft dies nicht, um die Situation zu verbessern; denn wenn es nur darum geht, festzustellen, wer recht und wer unrecht hat, dann werden die eigentlichen Beziehungsprobleme nicht berührt.

Gelegentlich sehe ich Paare, die seit langer Zeit nur noch miteinander kämpfen. Häufig geschieht es, daß jeder behauptet, der andere hätte unrecht, und beide versuchen, mich zum Richter zu machen, mich dazu zu bringen, einem von beiden die Schuld zuzuschreiben. Sie versuchen, sich zu rechtfertigen, indem sie den anderen schlechtmachen. Gewöhnlich gebrauche ich dann ein Bild, um die Situation zu verdeutlichen: Wenn keiner von beiden verantwortlich ist, dann ist die Verantwortung offensichtlich irgendwo zwischen den beiden auf den Boden gefallen. Bis zu dem Zeitpunkt, wo jeder der beiden einen Anteil aufhebt, kann kein Fortschritt in Richtung auf eine Heilung gemacht werden. Ich nenne das scherzhaft das »Fußboden-Phänomen«.

Eines der wesentlichen Charakteristika für eine gesunde Familie ist die Bedeutung, die man den Bedürfnissen, den Vorzügen und Zielen des einzelnen beimißt. Dies bedeutet, daß die Kommunikation zwischen den Partnern nicht belastet werden darf durch das Pochen auf Gerechtigkeit, auf richtig oder falsch, auf gleiche Pflichten und die dauernde Beschäftigung damit, ob man auch wirklich »seinen Anteil« bekommt. In gesunden Familien werden die individuellen Bedürfnisse respektiert. Individuelle Vorzüge, Fähigkeiten oder Talente werden wirksam eingesetzt.

Wenn Eltern den narzißtischen Drang ihrer Kinder nach Gerechtigkeit fördern und unterstützen, dann entsteht häufig Geschwisterrivalität. Jedes Kind macht sich zwanghaft Sorgen, ob er oder sie aus dem großen Kuchen vielleicht nur ein kleineres Stück als seine Brüder und Schwestern bekommt. Dies bedeutet, daß dann, wenn es um wirkliche Bedürfnisse geht und wenn ein Familienmitglied einmal etwas mehr braucht als die anderen, sich in einer Familie, die vom Zwang zur rücksichtslosen Gleichberechtigung beherrscht wird, große Feindseligkeit ausbreitet. Dieses zwanghafte Streben nach Gleichberechtigung bringt manche Familien auch dahin, die natürlichen Fähigkeiten ihrer Mitglieder zu übersehen und den Versuch zu machen, bestimmte Reserven anzuzapfen, die eben gar nicht vorhanden sind. Wenn beispielsweise ein Kind musikalisches Talent hat und jedoch nicht genug Geld vorhanden ist, um Klavierstunden für beide Kinder zu finanzieren, dann entscheiden die Eltern, daß keiner von beiden Klavierstunden bekommt, weil für sie gleiche Behandlung wichtiger ist als individuelle Bedürfnisse.

In einer Familie, in der es um Beschäftigung mit Gleichheit um jeden Preis geht und um Gerechtigkeitsempfinden, das auf Schuld oder Unschuld basiert und zu einem System von Belohnungen und Bestrafungen führt, besteht die Tendenz zur Zersplitterung, zur Einkapselung ihrer Mitglieder und zur Isolation.

Dies ist für zukünftige Beziehungen eine schlechte Lektion. Es ist kein Wunder, daß in so vielen Ehen das Geld nicht geteilt wird, sondern jeder sein eigenes Geld hat.

Geld ist ein starkes Symbol: Häufig werden wir entdecken, daß in solchen Ehen und Familien auch sonst wenig geteilt wird, daß es dort wenig Offenheit und Vertrauen gibt. Im Vordergrund steht dann die Beschäftigung mit abstrakten Ideen von Gerechtigkeit und Verantwortlichkeit. Häufig werden dann individuelle Bedürfnisse und die wirkliche menschliche Substanz, durch die eine gesunde Beziehung genährt wird, vernachlässigt.

Neurotischer Stolz

Kein Aspekt des menschlichen Verhaltens kann auf Beziehungen eine destruktivere Wirkung haben als Stolz und Arroganz. Stolz verdient es, daß man ein ganzes Buch über ihn schreibt. An dieser Stelle wollen wir jedoch den Stolz nur insoweit in unsere Überlegungen einbeziehen, als er menschliche Beziehungen berührt.

Ich meine, daß es so etwas wie einen »gesunden Stolz« nicht gibt. Was wir gesunden Stolz nennen, ist in Wirklichkeit eine Form der Selbstverwirklichung oder aber das Gefühl der Befriedigung, das aus der Selbstverwirklichung heraus entsteht. Diese Befriedigung hat nichts zu tun mit dem Gefühl der Verletzlichkeit, mit Angst, mit der zwanghaften, besessenen Suche nach unrealistischen, unmöglichen Zielen, mit dem Erlangen von Überlegenheit über andere und damit, daß man sich selbst zwingt, sozusagen mit den eigenen inneren vertraglichen Vereinbarungen konform zu gehen. Selbstverwirklichung stellt an Partner, die eine Beziehung zueinander haben, keine Ansprüche. Aber der Stolz tut das.

Unser gesellschaftliches Umfeld bombardiert uns fortwährend mit der Aufforderung, stolz zu sein: stolz auf das Land, auf sich selbst, auf das Aussehen, auf Leistungen, Siege und Größe. Die Bereiche, in die wir unseren Stolz hineinlegen sollen, werden uns vorgeschrieben. Wir sollen stolz sein auf unsere Stärke, auf unsere Schlauheit, auf Macht, auf Beliebtheit, auf unsere Jugend, unser Aussehen, Meisterschaft und Dominanz, Märtyrertum, Sexualität, rassische und nationale Identität. In all diesen Bereichen ist Stolz das große Schutzschild, die große Maske. Er versteckt uns vor unserem wirklichen Selbst, sowohl vor unseren menschlichen Grenzen als auch vor unseren eigentlichen Fähigkeiten und Vorzügen. Er verzerrt das Bild, das wir von uns selbst haben. Er zerstört den inneren Frieden und hat auf eine wirkliche Beziehung eine außerordentlich zerstörerische Wirkung. Die

Griechen wußten das genau – um was sonst geht es in ihren großen Tragödien, wenn nicht um die Sünde des Stolzes?

Stolz ist direkt proportional zu geringer Selbstachtung, Unsicherheit, Angst und Furcht. Er ist das Gegenteil von wirklicher innerer Stärke, von Demut und Selbstverwirklichung. Er erzeugt Selbsthaß, Wut, Depression, Selbstmord, Mord, Gefühle von Verfolgungswahn und Krieg – das Schlimmste aller möglichen sozialen Übel.

Menschen leben immer in Unsicherheit. Angst ist ein Begleiter des Menschseins und des Lebendigseins. Aber wenn man uns beibringt, daß wir solche Gefühle nicht haben dürfen, dann bekommen wir Angst, eben weil wir uns unsicher und ängstlich fühlen. Durch diesen Schneeballeffekt wird die Angst unerträglich. Man bringt uns bei, mit diesem »unerträglichen« Zustand eines wirklichen Menschseins fertigzuwerden, indem wir ihn mit dem Mantel des Stolzes zudecken. Wir konstruieren ein falsches, idealisiertes, stolzes Bild von uns selbst, um unser wirkliches Selbst, unsere echten Gefühle und Grenzen, unsere wirkliche Menschlichkeit vor uns selbst zu verstecken.

Wenn wir das tun, dann beginnen wir allmählich, uns selbst zu hassen. Dieser Selbsthaß ist die eigentliche Kraft, die den Stolz und die Suche nach Ruhm lebendig erhält. Die Einsicht, daß wir unserem idealisierten Selbstbild in bestimmten Bereichen nicht nahekommen – seien dies nun unser Aussehen, Reichtum, Leistungen, was auch immer – bewirkt Anfälle von Selbsthaß. Zum Beispiel wird ein Geschäftsmann, der seinen ganzen Stolz darauf gesetzt hat, immer hervorragende Entscheidungen zu treffen, und im Grunde eine entsetzliche Angst davor hat, dumm und hilflos zu sein, einen geschäftlichen Fehlschlag als einen schweren Schlag für sein stolzes Selbstbild ansehen. Dadurch wird er in Kontakt kommen mit den wirklichen Grenzen seiner Persönlichkeit und mit seinem Selbsthaß. Wenn sein Selbsthaß allerdings sehr stark ist, dann wird ein solcher Fehlschlag eine schwere Depression nach sich ziehen.

Aber sehr häufig wird unerträglicher Selbsthaß auch auf andere Menschen projiziert oder übertragen – vor allem auf die, die anscheinend unseren Stolz angegriffen haben. Das Ergebnis ist dann, daß der, dessen Stolz verletzt worden ist, gegen jemand anderen sehr starke Wut empfindet. Um bei unserem Beispiel zu bleiben: Unser Geschäftsmann wird wütend werden auf seine Teilhaber, weil sie ihm fehlerhafte Informationen übermittelt haben, oder auf seine Konkurrenten, weil sie sich gegen ihn verschworen haben, um ihn zu ruinieren.

In welcher Weise wirkt sich Stolz auf Beziehungen destruktiv aus?

In manchen Teilen der Welt gilt derjenige als stolz, der das Gesicht wahren kann. Wenn wir die Dinge so betrachten, ist das Gesicht oder die Oberfläche, also wie wir anderen erscheinen, wichtiger als das, was wir wirklich sind. Wenn wir versuchen, zu dieser Oberflächenperson einen Kontakt herzustellen und dabei angestrengt vermeiden, ihren Stolz zu verletzen, dann kann dies außerordentlich ermüdend sein. Wir fühlen uns leer, erniedrigt und unklar. Wenn stolzerfüllte Menschen eine Beziehung aufbauen, dann geraten sie häufig in »Sackgassen des Stolzes«, in Situationen, in denen keiner nachgibt und die dann schließlich mit Verletzungen enden. Aber Stolz übt auch häufig auf sehr subtile Weise und auf relativ unbewußter Ebene einen Einfluß auf unser Verhalten aus, auch wenn Situationen, die Verletzungen des Stolzes verursachen können, sorgfältig vermieden werden. Ich kannte einen Mann, der auf bestimmte Parties, zu denen er eingeladen war, einfach nicht ging, und zwar anscheinend grundlos, während er bei anderen gesellschaftlichen Anlässen sehr gern anwesend war. »Ich gehe nur einfach nach meinem Gefühl, das ist alles«, sagte er. Schließlich stellte sich heraus, daß er alle diejenigen Parties vermied, zu denen Leute, die mehr Geld verdienten als er, eingeladen waren. Als er sich dieses Problems bewußt wurde und daran arbeitete, es in den Griff zu bekommen, verminderte sich der Stolz, den er in seine eigene Fähigkeit zum Geldverdienen hineingelegt hatte. Seine Selbstannahme hing nicht länger ab von dem Geld, das er verdiente. Schließlich schaffte er es auszugehen, ohne sich fürchten zu müssen, daß er jemand treffen würde, der mehr Geld verdienen könnte als er.

Es gibt zwei Arten, auf verletzten Stolz zu reagieren, einmal auf einer individuellen und ein anderes Mal auf einer globalen Ebene. Beide wirken sich auf Beziehungen äußerst destruktiv aus. Ein Ausweg besteht häufig darin zu versuchen, den verletzten Stolz wieder aufzubauen, durch Rache und dadurch, daß man auf rachsüchtige Weise über den anderen triumphiert und »es ihm zeigt«. Phantasien darüber, wie man es »jemandem zeigt«, »ihm eine reinwürgt«, sind häufig zurückzuführen auf die frühe Jugendzeit und manchmal sogar auf die Kindheit - aber sie werden auch leicht erlernt in einer Gesellschaft, die sich andauernd mit dem Problem des verletzten Stolzes befaßt. Im Alltag können wir dieses Phänomen gelegentlich beobachten bei dem unbeliebten Manager, der, wenn er schließlich in seiner Firma an die Spitze gelangt, jeden anderen, der ihm unterstellt ist, entläßt. Und wie sehen wohl dann die Beziehungen aus, die ein solcher Mensch zu seinen Geschäftspartnern hat?

Wir können auch auf verletzten Stolz mit einem Rückzug reagieren. Dies hat auf Beziehungen eine besonders bösartige Wirkung. Wir haben diesen Mechanismus bereits in dem Abschnitt über Ärger und Wut erörtert, und in der Tat ist ein Rückzug durchaus ein Weg, um in einer Beziehung Ärger und Wut auszudrücken. Aber im wesentlichen dient ein Rückzug auch dazu, den Stolz wiederherzustellen, denn es soll dadurch eine Haltung der Überlegenheit geschaffen werden. »Ich kann auch ohne euch alle wunderbar zurechtkommen.« Diesen Mechanismus beobachtet man häufig bei schmollenden Kindern, die - symbolisch und tatsächlich - sehr häufig in der Vergangenheit auf verletzten Stolz reagieren, indem sie »ihre Murmeln nehmen«, nach Hause gehen und so den anderen ihre Gesellschaft vorenthalten. Die schlimmste Form des Rückzugs ist Selbstmord, der bewirken soll, daß ein anderer einen bemitleidet und sich schuldig fühlt. Der Selbstmord ist Ausdruck von stolzer Verachtung für jeden, der an dem »niedrigen«, verachtenswerten Leben des Alltags teilnimmt.

Stolz bewirkt, daß Partner in einer Beziehung alle Arten von unangemessenen Ansprüchen an andere stellen. Sie meinen, daß sie ein Recht auf die Erfüllung dieser Ansprüche haben. Die Botschaft hier ist: »Du bist es mir schuldig, mir alles Mögliche zu beweisen, aus dem ich erkennen kann, daß Du meinen besonderen Status anerkennst.« Zum Beispiel hat ein Mann, der seinen Stolz darauf setzt, ein großartiger Liebhaber zu sein, an eine Frau den Anspruch, daß sie auf seine Art zu lieben mit unglaublicher Leidenschaft reagieren müßte. Wenn die Frauen dies nicht tun, dann empfindet er, daß seine Stellung als großartiger Liebhaber bedroht sei: Er kommt dann in Berührung mit seinem Selbsthaß, den er dann auf die betreffende Frau überträgt. Er wird unglaublich wütend auf sie und versucht seine Rolle und Position als großartiger Liebhaber wiederherzustellen, indem er sie rachsüchtig für ihre mangelnde Reaktionsbereitschaft anklagt. Bewußt betrachtet er dann solche Ansprüche als vollkommen berechtigt.

Wo eine Beziehung nicht durch Stolz beeinträchtigt wird, da ist die Kommunikation einfacher. Die Botschaften, die man aussendet, sind klar und unmißverständlich. Sie sind weder darauf angelegt, den anderen in seinem Stolz zu verletzen, noch dienen sie dazu, ihn zu manipulieren oder ihn in seinem Stolz noch weiter zu bestärken. Mißverständnisse werden auf diese Weise leicht behoben. Menschen wissen, was sie fühlen und was sie wollen, und die Botschaften, die sie aussenden, dienen dazu, wirkliche Informationen über das, was sie tatsächlich fühlen und wollen, weiterzugeben.

Wenn der Stolz ernsthaft verletzt ist und dadurch eine Depression ausgelöst wird, dann wird einer der Partner folgenden Weg einschlagen: Der Stolz wird möglicherweise am Ende wiederaufgebaut – auf dem Wege über rachsüchtige Phantasien, wie man es ihnen »zeigen« könnte. Oder indem man sich zurückzieht, indem man »die Murmeln aufhebt« und nach Hause geht. Oder aber man wird sich dieses Stolzes klar bewußt und beginnt, ihn abzubauen. Wenn Menschen sich verändern und in Richtung auf größere Gesundheit hin wachsen, dann hat der Kampf um den Abbau des Stolzes begonnen. Wenn wir unseren Stolz loslassen, dann kommt unser wirkliches Selbst zutage.

Sie haben es »einfach nicht geschafft«, obwohl ihre Schwester und seine beiden Geschwister alle sehr erfolgreich sind, obwohl sie in großen Häusern leben, große Autos haben und über eine ganze Menge Geld verfügen. Einer ist sogar ein sehr bekannter Schriftsteller. Aber die Bassets sind selbst nicht erfolgreich. Sie wissen, daß sie gescheit sind. Ihre Eltern und ihre Lehrer haben es ihnen immer gesagt. Aber irgendwie gelang es ihnen nicht, ihre Intelligenz einzusetzen, um das zu erreichen, was sie als Erfolg ansehen.

Sie leben ganz gut, aber im Vergleich zu den anderen haben sie das Gefühl, daß sie nur sehr wenig haben. Sie setzen alles, was sie selbst besitzen, herab – und sie setzen ebenso die Dinge herab, die andere haben. Ihre drei Kinder im Teenageralter haben zu den Eltern bereits ein sehr distanziertes Verhältnis, aber da sie, wie so viele von uns, nur die Opfer von Opfern sind, legen sie bereits jetzt einige der Haltungen und Verhaltensweisen ihrer Eltern an den Tag.

Die Bassets leben sehr zurückgezogen: Sie haben nur sehr wenige soziale Kontakte und sind chronisch wütend auf ihre Eltern und auf den Rest der Welt. Sie können mit ihren Eltern und mit ihren anderen Verwandten nicht auskommen. Sie schaffen es nicht, über längere Zeiträume hinweg Freunde zu halten.

Sie glauben, daß die Welt, ihre Familie, andere Menschen ihnen mehr schulden, als sie in Wirklichkeit bekommen. Sie haben das Gefühl, man würde sie ausnützen, und meinen, daß früher oder später jeder, mit dem sie in Kontakt treten, ihnen Böses antun will. Aus dieser Wahnvorstellung heraus haben sie ein märtyrerhaftes Überlegenheitsgefühl entwickelt. Sie meinen, sie stünden allein gegen den Rest der Welt. In einer Partnerschaft bindet sie ihr gemeinsames Gefühl, für das Ertragen allen Unglücks besonders auserwählt worden zu sein, besonders stark aneinander. Der Rest der Welt, so scheint es ihnen, müßte eigentlich anerkennen, daß sie einzigartig sind, und ihnen spezielle Zugeständnisse machen. Diese Einstellung überträgt sich häufig auch auf ihre Kinder. In ihrem Haushalt herrscht eine Atmosphäre von Unglück und fast völliger Isolation. Eigentlich ist das wesentliche Ziel ihres Lebens, eine Position des Stolzes aufrechtzuerhalten. Sie haben eigentlich in Wirklichkeit schon lange »ihre Murmeln zusammengesucht« und sind »nach Hause gegangen«. Doch während sie andere beneiden, haben sie immer noch die Illusion, daß sie überlegen seien, »über allem stehend«. Als Partner haben sie zueinander eine scheinbar kooperative Beziehung, die auf einer grundsätzlichen Feindseligkeit gegenüber den menschlichen Lebensbedingungen aufgebaut ist.

Ihre Isolation und ihre Bitterkeitsgefühle haben sie von ihrer Familie und ihren Freunden entfremdet. Die Konsequenz davon ist, daß sie ihre eigenen inneren Reserven ignorieren. Sie sind so sehr damit beschäftigt, sich immerzu überlegen zu fühlen, daß sie gar keine Zeit und keine Energie mehr dafür übrig haben, wirklich etwas Positives zu bewirken. So setzt sich der Teufelskreis ihrer Isolation und ihres Unglücks bis in alle Ewigkeit fort.

Wettbewerb und Erfolg

Es gibt praktisch keine dynamischere Kraft in der Gesellschaft, die so zerstörerisch auf Beziehungen wirkt, indem sie den einzelnen aushöhlt und die Einheit zwischen zwei Partnern so sehr in Frage stellt, wie das Streben nach Leistungen, Konkurrenz und Erfolg.

Ich glaube nicht, daß der Mensch instinktiv und von Natur aus wettbewerbsorientiert oder auch aggressiv ist oder daß er dazu neigen würde, zwanghaft sich etwas anzueignen, was einem anderen gehört. Ich glaube nicht, daß die Rangeleien und Rivalitäten zwischen Geschwistern instinktiv oder erblich bedingt sind. Wie alle anderen Aspekte einer durch Wettbewerb total bestimmten Umwelt ist auch das Konkurrenzdenken angelernt. Wir treten in einen Wettbewerb ein, wir kämpfen Kriege aus, wir befassen uns ins zwanghafter Weise mit unserer Stellung in der Hierarchie, wir wollen Karriere machen, weil wir eben gelernt haben, so zu sein. Dies geschah aufgrund krankmachender kultureller Einflüsse, die von einer Generation zur anderen weitergegeben werden.

Wettbewerb bringt nicht unsere besten Seiten ans Tageslicht, sondern vielmehr die schlechtesten. Wenn wir mehr am Ergebnis interessiert sind als an den Mitteln, mehr am Produkt als am Prozeß, dann schätzen wir auch unser eigenes Engagement für gute, selbstverwirklichende Arbeit ausgesprochen gering ein. Eine wettbewerbsorientierte, hierarchisch strukturierte Gesellschaft setzt bestimmte Maßstäbe des Funktionierens, bestimmte Bedingungen und bestimmte Kriterien dafür, wie und ob wir uns selbst akzeptieren. Wenn es uns nicht gelingt, mit anderen Schritt zu halten, dann weisen wir uns in vielen Bereichen selbst zurück und sind zahlreichen negativen Konsequenzen für unser Selbstbewußtsein und für unsere Beziehungen hilflos ausgesetzt.

Wenn einmal bestimmte, wettbewerbsorientierte Kriterien für das Akzeptieren der eigenen Persönlichkeit aufgestellt werden, dann werden wir eben uns selbst ganz sicher nicht wirklich akzeptieren können. Dies ist deshalb der Fall, weil die Maßstäbe immer höher geschraubt werden – bis zu dem Punkt, an dem wir unweigerlich scheitern. Es ist ganz einfach unmöglich, alle unsere Rivalen zu allen Zeiten zu schlagen. Wenn wir uns für einen Fehlschlag bestrafen, dann geschieht dies in Form von Selbsthaß, Depression, Selbstanklagen, einer Schwächung des Selbstbewußtseins, gesteigerter Labilität und Verletzbarkeit oder ähnlich schädlichen Einflüssen.

Die Tendenz, sich dauernd mit allen möglichen Konkurrenten zu vergleichen und mit ihnen zu rivalisieren, ist ein grausamer innerer Zwang, der unsere gesamte Aufmerksamkeit erfordert: Für den wettbewerbsorientierten Arbeitssüchtigen beispielsweise ist jeder Moment, den er zusammen mit seiner Familie und mit Freunden verbringt, voller Angst- und Schuldgefühle. Durch Wettbewerb werden wir auch im Berufsleben zu engstirnigen Fachidioten, weil es einer Spezialisierung bedarf, um mit der Konkurrenz Schritt halten zu können. Dadurch verlieren wir noch mehr andere Interessen, die uns vielleicht weiterhelfen könnten. Der zwanghaft wettbewerbsorientierte Ingenieur nimmt sich niemals die Zeit für einen Museumsbesuch, für die Musik oder für eine andere sinnvolle Bereicherung seines Lebens. Wie sehen wohl die Beziehungen von solchen Menschen aus?

Wenn wir mit anderen rivalisieren, mit ihnen in einen Wettbewerb eintreten, dann verlagert sich der Schwerpunkt unseres Gefühlslebens von innen auf einen Punkt außerhalb unserer Persönlichkeit. Tatsächlich richten wir unsere ganze Kraft und alles, was unsere Selbstidentifikation ausmacht, auf die Person oder die Personen und Institutionen, welche mit uns rivalisieren. Unsere Konkurrenten, die wir unbedingt überholen müssen, sind diejenige Kraft, die bestimmt, auf welcher Stufe der Hierarchie wir uns befinden und was wir nach Möglichkeit noch erreichen müssen.

Diese zwanghafte Reaktion auf äußere Einflüsse zerstört unsere Spontaneität und unsere Fähigkeit, mit unserer inneren

Stimme in Kontakt zu bleiben. Dieser Prozeß zerstört unweigerlich bestimmte Gefühle, die Verbindungen zu unserer eigentlichen inneren Kraft, persönliche Werte und das individuelle Orientierungssystem. Sie hat verschiedene zerstörerische Auswirkungen auf die eigene Identitätsstruktur. Sie schwächt und entleert das Selbstbewußtsein. Paare, die beide miteinander rivalisieren, haben häufig sehr leere Beziehungen und funktionieren wie Roboter, welche die Bedingungen ihres Lebens und ihrer Aktivitäten diktiert bekommen.

Als eine sehr stark externalisierende Kraft hindert uns das Wettbewerbsdenken daran, den anderen Menschen wirklich kennenzulernen. Er wird für uns zu einem Bildschirm, auf den wir unsere Projektionen werfen, und verliert als der wirkliche Mensch, der er oder sie ist, an Wert. Projektionen oder Externalisierungen bewirken sehr viel Negatives. Die Attribute, die wir auf unsere Partner projizieren, zerstören die Realität dessen, was wir wirklich sind. Tatsächlich haben wir auf diese Art nur eine echte Beziehung zu unseren eigenen projizierten Zielen und Aufgaben; wir wollen nur noch sozialen Status erlangen, den andere Personen anscheinend schon erreicht haben. Menschliche Beziehungen interessieren uns dann nicht mehr.

Schließlich bringt uns der Zwang zum Wettbewerb in eine Sackgasse, die ich den Kooperations-/Wettbewerbskonflikt nennen möchte. Dies ist eine Falle, die ich vor einiger Zeit bei der Behandlung meiner Klienten entdeckt habe. Ich glaube, daß Menschen als Wesen, die zueinander Beziehungen entwickeln, eine natürliche Neigung und ein Bedürfnis zur Kooperation haben. Das neugeborene Kind kann auf jeden Fall während vieler Jahre nicht für sich selbst sorgen. Dieses Bedürfnis ist die Grundlage für jede Art von Familienbeziehungen; es erstreckt sich später auch auf die Gemeinschaft im allgemeinen und formt einen Grundpfeiler dessen, was wir als Gesellschaft und kulturelles Umfeld bezeichnen.

Aber der äußere Zwang zum Wettbewerb zerreißt uns, zusammen mit dem inneren Bedürfnis nach Kooperation, in zwei Teile. Er erzeugt große innere Konflikte und starke Angstgefühle. Wir können ganz einfach nicht zugleich kooperieren und mit anderen in einen Wettbewerb treten. Wenn wir versuchen, mit einem Kollegen zu kooperieren und zugleich uns selbst andauernd über die Schulter blicken, nur um sicherzugehen, daß er uns nicht übertrifft und überholt, dann bekommen wir Gefühle von Verfolgungswahn. Der Versuch, nach außen hin zu rivalisieren und im Privaten zu kooperieren, schlägt gewöhnlich fehl und hat auf jeden Fall unbefriedigende Beziehungen zur Folge. Ich glaube, daß uns diese Einstellung durch wettbewerbsorientierte Eltern anerzogen wird, die ihren Kindern dauernd unbewußte Botschaften übermitteln, in denen sie sie lehren, mit anderen zu rivalisieren. Eltern können miteinander ebenso rivalisieren wie mit ihren Kindern. Sie lassen so den Wettbewerb in das Familienleben übergreifen und schließen eine wirkliche Kooperation aus. Die darauf beruhenden Konflikte und Risse erzeugen eine chronische Unruhe und Schuldgefühle, denn zwar haben wir einen Teil von uns zufriedengestellt, aber der andere bleibt immer unglücklich. Der Versuch, diese unhaltbare Situation zu verbessern, besteht dann häufig darin, in kämpferisch-destruktiver Weise sadomasochistische Beziehungen einzugehen und diese Beziehungen als eine umfassende Lösung anzusehen, in der man beiden Herren dient. Dies wird jedoch immer nur eine kurzfristige Scheinbefriedigung unserer wirklichen Bedürfnisse sein.

V
Beziehungen – und was sie »kosten«

Selbstenthüllung von Beziehungsmustern

Die wesentlichen Aspekte unserer Beziehungen zeigen sich auf vielerlei Weise. Komplikationen treten zwangsläufig auf - vor allem durch den Zusammenprall von individuellen Bedürfnissen und kulturellen Zwängen. Es gibt eine bestimmte »Währung von Beziehungen«, eine täglich benutzte Münze, die wir im Umgang miteinander gebrauchen: Geld, Sex, Zeit, Führung und eine ganze Reihe von anderen Dingen bestimmen ihren Kurs. Natürlich entsteht zwangsläufig Verwirrung über den Kurs dieser Währung: Geld ist manchmal mehr als Geld, Sex ist fast immer mehr als Sex, und Gefühle können auf verschiedene Weise ausgedrückt und interpretiert werden.

Während ich bis jetzt weitgehend versucht habe, Beziehungen in bezug auf die Partner zu beschreiben, die daran beteiligt sind, vor allem hinsichtlich ihrer Charakterstrukturen, werde ich jetzt darüber sprechen, wie sie im Alltagsleben funktionieren.

Geld

Die Art und Weise, wie Paare mit ihrem Geld umgehen, sagt in unserer geldorientierten Gesellschaft häufig mehr aus über tiefe, unbewußte Aspekte einer Beziehung, als irgend etwas anderes. Geld wird als Symbol des Glücks betrachtet, als Ausdruck von Intelligenz, Macht oder Selbstachtung - auf jeden Fall hat es sehr viel mit unseren Gefühlen zu tun.

Gefühle, die mit Geld zusammenhängen, sind extrem stark. Sehr häufig werden sogar die tiefsten, längsten und intimsten Freundschaften den besonderen Gefühlen unterworfen, die mit dem Geld in Zusammenhang stehen. Dies wird dadurch ganz deutlich, daß viele Freunde es ablehnen, einander Geld zu leihen, und daß es sogar noch weniger gibt, die einander tatsächlich Geld geben, wieviel auch immer sie davon haben und wie sehr auch immer sie dieses Geldes bedürfen mögen. Sie würden in der Tat lieber ihr eigenes Blut verschenken! In unserer Gesellschaft betrachtet man das Geld als etwas Heiliges. Selten, meist nicht einmal unter nahen Freunden, spricht man offen darüber, wieviel Geld man auf seinem Konto hat. Man tauscht sich über fast alles andere aus, aber Geldangelegenheiten bleiben geheim.

Der Grund, warum jede Beziehung in so ausdrucksvoller Weise durch die Rolle, die das Geld und der Umgang mit ihm spielen, beschrieben werden kann, ist der Stolz, den man in den finanziellen Status hineinlegt - und durch den zugleich ein großes Potential für Kränkungen und Verletzungen geschaffen wird. Der Kampf um das Geld in einer Beziehung ist gewöhnlich der Kampf um die Stellung in der Hierarchie, um den Stolz und um die allgemeine Kontrolle. Finanzielle Krisen, plötzliche Geldverluste und Zwänge schaffen Streßsituationen, die dann ein klares Licht auf die Beziehung werfen. Reagiert das Paar darauf als ein kooperatives, sich gegenseitig unterstützendes Team? Oder reagieren die Partner darauf in bösartiger, rachsüchtiger Weise, mit wechselseitigen Beschuldigungen, Externalisierungen und gegenseitigen Ansprüchen?

In vielen Beziehungen zu den Kindern, also nicht nur in der Beziehung zum Partner, wird Geld sehr leicht dafür benutzt zu manipulieren, zu bestrafen, zu belohnen, zu frustrieren, jemanden in Versuchung zu führen und zu erpressen.

So gewinnen wir dadurch, daß wir durchschauen, was mit dem Geld geschieht, häufig sehr tiefe Einblicke: Das Paar mit den streng getrennten Finanzen und Bankkonten geht häufig auch entsprechend vorsichtig mit seinen Gefühlen um.

Keiner von beiden gibt sich dem anderen wirklich hin. Das Vertrauen, das sie ineinander setzen, ist möglicherweise wirklich sehr gering. Ihre Fähigkeit, offen zu sein und Gefühle auszutauschen, ist wahrscheinlich ebenfalls sehr stark eingeschränkt.

Ehefrauen, die nur ihr Haushaltsgeld zugeteilt bekommen, aber über wichtige finanzielle Angelegenheiten im Dunkeln gelassen und in Geldangelegenheiten nicht als gleichwertige Partner betrachtet werden, verhalten sich häufig vollkommen infantil und unselbständig. Sie werden vom Partner bewußt in Abhängigkeit gehalten. Aussagen wie: »Ich muß erst einmal meinen Mann fragen, ob ich es haben kann« oder: »Es ist schließlich sein Geld, er verdient es, und also ist es nur gerecht, daß er der Boß ist«, sind gewöhnlich sehr aufschlußreich. Dieser kindähnliche Status wird dann auch in allen anderen Bereichen festgehalten und spielt eine wichtige Rolle bei allen Entscheidungen, welche die ganze Familie betreffen, auch wenn dies meist nicht ganz offensichtlich ist.

Partner, die sich auf Geldangelegenheiten nicht verstehen, geschweige denn sich an der gemeinsamen Verwaltung dieses Geldes beteiligen wollten, spielen möglicherweise in allen Bereichen der Beziehung die Rolle des Kindes, oder aber sie drücken durch diese Haltung eine gefühlsmäßige innere Distanz aus. Einige narzißtische, infantile Menschen möchten, daß man ihnen bei jeder Gelegenheit Geschenke bringt, aber sie wollen auf keinen Fall an finanziellen Angelegenheiten teilhaben und die Verantwortung für sie übernehmen. Einige sehr stark auf ihre weibliche Rolle fixierte Frauen möchten Geldangelegenheiten immer als die Sache des männlichen Partners betrachtet wissen. Sie wollen an Geldproblemen keinen Anteil nehmen. Wir haben dann häufig den Eindruck, daß solche Menschen ihr gesamtes Leben an geschlechtsspezifischen Vorurteilen über das, was männlich oder weiblich ist, orientieren.

Kooperative, demokratisch eingestellte, reife Menschen, welche jede Art von Verantwortung miteinander zu teilen bereit sind, die sich in ihrer Beziehung gefühlsmäßig engagieren und einbringen, demonstrieren ihre Kooperation fast immer dadurch, daß sie sich die Macht teilen und auch für Gelddinge gemeinsam die Verantwortung übernehmen. Wenn Sie also einen schnellen Einblick bekommen wollen, wie eine bestimmte Beziehung funktioniert, dann fragen Sie nach der Rolle, die das Geld in ihr spielt.

Brown gegen Brown

Ums Geld drehte sich alles. Als sie heiratete, hatte sie schon so viel gespart, daß sie von den Zinsen leben konnte. Er wiederum verdiente nicht genug. Ihr Vater war ein reicher Mann und bestand darauf, daß sie »ein gutes eigenes finanzielles Polster« in die Ehe mitbringen müsse. Und er meinte wirklich: »eigenes«. »Schließlich«, so sagte er, »weiß man nie, wie sich eine Ehe entwickelt. Er erscheint dir zunächst zwar vielleicht wie ein toller Mann, aber das Geld muß trotzdem auf deinem eigenen Konto bleiben.« Und so blieb es dann dort 27 Jahre lang.

Abgesehen von ihrer unterschiedlichen finanziellen Situation war ihr kultureller Hintergrund weitgehend ähnlich. Beide stammten aus traditionsbewußten, gutbürgerlichen Familien. Sie hatten beide die Hochschule besucht. Ihr familiärer Hintergrund war sehr stabil. Beide hatten einen ähnlichen Geschmack und legten großen Wert auf ein gelungenes Familienleben und eine gute Erziehung ihrer Kinder. Der große Unterschied war das Geld. Nicht, daß der Ehemann etwa aus ärmlichen Verhältnissen gekommen wäre. Seine Familie hatte noch nie Not gelitten.

Sowohl er als auch sein Bruder konnten, finanziert von der Familie, Jura studieren. Es fehlte ihnen wirklich an nichts. Sie sind nur einfach niemals reich geworden.

Tim Brown hatte auch nach der Eheschließung weiterhin ein gutes Einkommen. Er wurde schließlich sogar Teilhaber an einer »recht guten« Anwaltskanzlei. Aber von Anfang an fühlte er sich seiner Frau gegenüber wie ein »armer Verwandter«, und dieses Gefühl ließ ihn auch während der ganzen Zeit seiner Ehe nicht mehr los. Ihr finanzielles Arrangement war ziemlich einfach und klar. Sie lebten von seinem Einkommen. Das Geld seiner Frau Janet blieb »ihr Geld«, und sie gab ihm immer eine Extrasumme, wenn er für besondere Dinge mehr Geld brauchte, wie etwa die Schulausbildung und Ferienlager der Kinder, die besonderen medizinischen Rechnungen, die kamen, das neue Auto oder ihre Pelzmäntel (sie bezahlte dafür, aber er kaufte sie als »Geschenk« für sie). Mit ihrem Geld erwirtschaftete sie immer mehr Geld, und so wurde sie im Laufe der Zeit immer reicher. Seine finanzielle Situation dagegen blieb unverändert, denn es gelang ihm nie, genug investieren zu können.

Nach den ersten paar Monaten wurde ihre Beziehung destruktiv-kämpferisch und verbittert. Er behauptete, daß ihr das Geld wichtiger sei als er selbst. Sie sagte, das Geld würde in dem Sinne verwendet, wie sie es brauchten, und es sei auf keinen Fall so, daß sie es nur für sich selbst brauche. Er meinte dagegen, daß sie es gemeinsam verwalten und auch gemeinsam besitzen sollten.

Sie sagte, dies würde den Wünschen und Erwartungen ihres Vaters nicht entsprechen. Darüber hinaus hätte sie, unter Anleitung ihres Vaters, sehr kluge Investitionen vorgenommen, war dies etwa nicht zu ihrem gemeinsamen Wohle gewesen? Sie behauptete, er sei im Berufsleben nicht aggressiv genug. Er beschuldigte sie der Gefühllosigkeit und eines schrecklichen Materialismus. Sie sagte, er sei im Grunde sehr faul und, ganz anders als die Männer in ihrer Familie, wisse er nicht, was es bedeute, der Herr im Hause zu sein.

Diese »Geldkämpfe« erstreckten sich allmählich auf alle Bereiche ihres Lebens, so daß sie sich schließlich über nichts mehr einigen konnten und überall zu Feinden wurden - sei es in Hinblick auf Geschmack, Werte oder Bedürfnisse. Sie konnten sich nicht einmal darüber einigen, welche Filme sie sehen, wie sie ihre Kinder erziehen, mit welchen Freunden sie zusammensein wollten oder wie ihre Ferien aussehen sollten. Im Laufe der Jahre wurden »Kämpfe über Geld« zu nur einem unter vielen Aspekten auf einer langen Streitliste.

Insgeheim haßte sie ihn dafür, daß er nicht genug Geld verdiente, um die Macht des Geldes ihres Vaters auszulöschen, so daß sie anschließend die Gefühle, die sie für ihren Vater hegte, auf ihn übertragen könnte. Er hatte das Gefühl, daß sie ihre Beziehung niemals wirklich akzeptiert und ihm niemals wirklich vertraut hätte. Er gab ihr dafür die Schuld, daß er im beruflichen Bereich nicht »das große Geld« machte, weil sie sein Selbstvertrauen untergraben hätte.

Als sie sich scheiden ließen, entwickelte sich ihr Haß aufeinander fast bis zum Wahnsinn. Und all dies war schon von Anfang an erkennbar gewesen - in der Art und Weise, wie sie ihr Geld verwalteten.

Harry, Dorothy und Sam

Harry und Dorothy sind verheiratet und haben drei kleine Kinder. Sie gehen beide zum Psychoanalytiker. Harry hat immer »gutes Geld verdient«, und während der zehn Jahre ihrer Ehe ist ihr Einkommen ständig gestiegen. Sie sind »sehr glücklich miteinander«, haben »wunderbare Kinder« und besprechen und lösen Probleme in einer konstruktiven Weise. Sie gehen miteinander und mit ihren Kindern offen, ehrlich, vertrauensvoll und intim um. Die Kinder sind glücklich, gehen gern zur Schule und kommen mit ihren Freunden gut aus. Aber das war nicht immer so: Es gab eine Zeit vor ihrer Ehe, in der beide, Harry und auch Dorothy, ziemliche Schwierigkeiten mit sich selbst und mit anderen Menschen hatten.

Vor allem Dorothy litt unter schweren Depressionen, Gefühlen von Unsicherheit und Selbsthaß. Die Behandlung half ihnen sehr viel weiter, und heute führen sie ein aktives, glückliches Leben, auch im sozialen Bereich.

Ihr großes Problem ist das Geld. Das war schon immer so. Gleichgültig wieviel Geld Harry verdient, es ist niemals genug. Die Kinder müssen aber unbedingt auf eine Privatschule gehen. Hinzu kommen die Kosten für ihre Psychoanalyse, die Steuern und die Inflation. Ihr Auto ist in New York ein großer Ausgabenfaktor, »das Parken und die Reparaturen kosten sehr viel«, aber sie brauchen es eben sehr häufig, »um den Kindern ein wenig Spaß zu machen« und sie ein wenig dorthin zu fahren, wohin sie sonst nicht gelangen würden. Im übrigen sind sie es auch gewöhnt - sie haben immer ein Auto gehabt. Hinzu kommen Arztrechnungen und andere Dinge. »Irgend etwas liegt immer an, und es kostet immer Geld.«

Dorothys Vater, Sam, der ein erfolgreicher Geschäftsmann ist, schenkt ihnen häufig Geld. Er setzt ihnen zwar immer ziemlich zu, aber letztlich bekommen sie immer die gewünschte Summe - nicht genügend, um sorglos davon leben zu können, aber genug, um mit jeder Krise, die kommt, fertigzuwerden. Und solche Krisen »kommen immer«. Sam macht ihnen häufig Vorwürfe, indem er immer wieder ihre Psychotherapien in Grund und Boden verdammt und vorschlägt, daß sie doch endlich damit aufhören mögen. Er hält ihnen immer wieder vor, daß sie über ihre Verhältnisse lebten und sich unbedingt einschränken müßten. Obwohl Sam seinen Lebensunterhalt damit verdient, daß er Wertpapiergeschäfte macht und anderer Leute Geld verwaltet, diskutiert er doch niemals mit Dorothy und Harry, auf welche Weise sie nun praktisch ihr Geld verwalten könnten. Er macht ihnen nur Vorhaltungen und holt dann doch wieder den Scheck hervor.

Dorothy ist eines von drei Kindern, aber sie hat immer das Gefühl gehabt, ihres Vaters Liebling gewesen zu sein. Tatsächlich beruhen viele der Schwierigkeiten, die sie schließlich in die Therapie brachten, darauf, daß sie schon als Kleinkind »überbeschützt« wurde. Diese Form, Kinder zur verhätscheln, hat mit Liebe aber nur sehr wenig zu tun und ist weitgehend Ausdruck einer elterlichen Unsicherheit und Angst, die auf das Kind verlagert wird, das als ein verletzlicher Teil der eigenen Persönlichkeit empfunden wird. Überbeschützt zu werden bewirkt ein Gefühl des Erstickens. Bei Dorothy wurde dadurch ein Gefühl der Labilität und Verletzlichkeit bis ins Erwachsenenalter hinein hervorgerufen.

Harry hingegen kam aus einer Familie, in der allzu viel erlaubt wurde. Seine Eltern haben sich um ihn »ganz einfach nicht besonders gekümmert«. Er hat das Gefühl, daß dies besonders für seinen Vater, einen ziemlich distanzierten, verschlossenen Mann, galt. Harry hatte immer, solange er sich zurückerinnern konnte, andere Jungen beneidet, die eine sehr enge, nahe Beziehung zu ihrem Vater hatten.

So kam es, daß Harry schließlich nicht unglücklich darüber war, im Verhältnis zu seinem Schwiegervater die Rolle des Sohnes zu spielen, auch wenn er sich immer wieder von ihm Vorhaltungen anhören mußte. Tatsächlich spielten beide, Harry und Dorothy, Geschwisterrollen. Sie wurden unter dem Schutz von Sam, dem wohlwollenden Vater, beide zu seinen »Kindern«. Sam arbeitet seinerseits unbewußt darauf hin, Dorothy ewig in der Rolle des Kindes zu halten, und er war darüber hinaus auch bereit, Harry zu »adoptieren«. Sams Rechnung ging auf. Dorothy und Harry kooperierten bereitwillig mit ihm. Harry hatte immer einen Vater gewollt, der anders sein sollte als sein eigener – und den bekam er auch. Dorothy wollte den eigenen Vater nicht loslassen – und sie tat es auch nicht. Harry und Dorothy blieben im wesentlichen weiterhin in ihrer Abhängigkeitsrolle, und Sam benutzte beide dazu, seine Dominanzbedürfnisse auszuleben.

Jedoch bedeutete Dorothys und Harrys Psychotherapie eine Bedrohung des Status quo, vor allem für Sam. In gewisser Weise wurden ihre Psychiater für Harry und Dorothy zu rivalisierenden »schlechten« Eltern. Voller Eifersucht machte Sam die Therapeuten fortwährend schlecht und versuchte, ihren Einfluß zu beschränken; Harry und Dorothy pflegten dann ihren Analytikern über seine wütenden Ausfälle zu berichten und benutzten ihre Erzählungen indirekt, um ihren eigenen Ärger über ihre

Analytiker auszudrücken. Sie beide waren schließlich auch insgeheim nicht mit ihrer Therapie einverstanden, weil dadurch möglicherweise ihre Abhängigkeit hätte beendet werden können.

In diesem Fall war Geld das große Manipulationsmittel, und alle drei benutzten es auch zu diesem Zweck. Es war offensichtlich, in welcher Weise Sam es einsetzte. Er half den beiden jungen Leuten niemals, sich wirklich auf eigene Füße zu stellen und ihr Geld selbst zu verwalten. Seine Hilfeleistungen beschränkten sich vielmehr auf Rettungsaktionen in letzter Minute. Dorothy und Harry spielten ebenfalls die Rolle, die man von ihnen erwartete: Sie verbrauchten immer gerade ein kleines bißchen mehr, als sie sich leisten konnten – gleichgültig, wieviel sie hatten. Und einer der wesentlichen Bereiche für ihre Geldschwierigkeiten waren die Kosten für ihre jeweiligen Therapien. Dies war das Thema, über das Sam sich am häufigsten ausließ, und da die Therapeutenrechnungen im allgemeinen erst ziemlich spät bezahlt wurden, waren die Zahlungsaufforderungen und Rechnungen, bei denen Sam dann von Zeit zu Zeit zu Hilfe kommen mußte, immer ziemlich hoch. Alle drei benutzten das Geld als die Sprache, mit der sie ihre Gefühle zu sich selbst und zueinander ausdrücken konnten.

Sex

Die sexuellen Beziehungen eines Paares sind möglicherweise ein Aspekt und Ausdruck ihrer sonstigen Beziehungsmuster. Sexuelle Anziehungskraft hat in unserer Gesellschaft mehr zu tun mit Symbolen und Konditionierung als mit wirklicher innerer Nähe und echter Liebe. Man bringt uns bei, auf bestimmte sexuelle Reize zu reagieren. Wir reagieren auf solche Stimulantien sogar dann, wenn kein wirklicher Gefühlsaustausch stattfindet. Dies gilt vor allem für solche Menschen, die sich von ihren eigenen Gefühlen entfremdet haben, die weniger deutlich mit ihnen in Kontakt sind als andere und deshalb unfähig sind, sexuelle Gefühle und innere Nähe zu integrieren.

Es gibt Menschen, bei denen der einzige positive, konstruktive Aspekt ihrer Beziehung im sexuellen Bereich liegt. Einige dieser Beziehungen sind sehr stark kämpferisch-destruktiv und sadomasochistisch angelegt, aber im sexuellen Bereich gehen die Partner sanft und liebevoll auf die gegenseitigen Bedürfnisse ein. Tatsächlich funktionieren einige solcher Paare nur, nachdem sie einander in außerordentlich verletzender Weise gegenseitig angegriffen haben: Es ist, als brauchten sie diese gegenseitigen Vorwürfe, um ihren Stolz zu brechen und sexuell stimulierende Gefühle aufkommen zu lassen. Für einige solcher Paare ist ihr alltägliches kämpferisch-destruktives Verhalten eine Art Vorspiel und Ausdruck ihrer sexuellen Bedürfnisse. Es gibt auf der anderen Seite jedoch auch Paare, die außerhalb des Bettes warm und zärtlich sind und sich im Bett unglaublich brutal und sadistisch zueinander verhalten. Häufig brauchen sie sogar physische Schmerzen und Erniedrigungen, um unterdrückte sexuelle Gefühle zu aktivieren.

Freud glaubte, daß neurotische Schwierigkeiten ein Ergebnis von sexuellen Problemen seien, die aus frühen verdrängten sexuellen Gefühlen für einen Elternteil heraus entstanden sind. Wenn dies der Fall wäre, dann würden wir immer auf einen sexuellen Grund stoßen, wann auch immer wir bestimmten Verhaltensschwierigkeiten nachgehen. Zwar mag dies in einigen Fällen zutreffen, jedoch bin ich eigentlich genau der entgegengesetzten Meinung. Ich glaube, daß das sexuelle Leben weitgehend eine Fortsetzung und ein Ausdruck unserer allgemeinen Beziehungen zu anderen ist, daß sexuelle Probleme häufig nur allgemeine Beziehungsschwierigkeiten widerspiegeln. Dies ist natürlich nicht immer der Fall. Manchmal gibt es wirkliche körperliche Probleme. Manchmal werden Probleme auch durch Verwirrung und Unwissenheit erzeugt. Aber meistens steht das sexuelle Verhalten in ganz engem Zusammenhang mit anderem Verhalten, und eine Überprüfung dessen, wie Menschen sich im sexuellen Bereich verhalten, kann häufig etwas darüber aussagen, was wirklich zwischen ihnen vorgeht.

Sexuelles Verhalten kann möglicherweise sehr viel deutlichere Hinweise darauf geben, was für Gefühle zwischen bestimmten Menschen entstanden sind, als dies ihr generelles Verhalten tun kann. Ich habe viele überangepaßte, sehr stark abhängige, unterwürfige Frauen kennengelernt, die ihre Partner im Bett frustrieren und herabsetzen – an dem einen Platz, wo unterdrückte Feindseligkeit aktiv ausgedrückt werden kann. Einige der am stärksten angepaßten Menschen gebrauchen Sex als Mittel zur Belohnung und Bestrafung und um ihren verletzten Stolz wiederherzustellen. Ich habe auch einige sehr unterwürfige Männer kennengelernt, die in der Liebe auf sadistische Weise aggressiv sind.

Manche Menschen, die gewöhnlich sehr stark zurückhaltend und reserviert sind, zeigen auf dem Wege über Sex eine enorme Wärme und Zärtlichkeit. Häufig ist der anscheinend passive Partner in einer Beziehung fast immer der Initiator sexueller Begegnungen. Er ist möglicherweise in allen Angelegenheiten die »graue Eminenz«, welche die Fäden eigentlich in der Hand hält. Für Freunde des Paares ist dies allerdings meist gar nicht so offensichtlich – und häufig wird dies nicht einmal von dem Paar selbst erkannt. Viele Menschen ziehen vor ihren Freunden eine Schau ab mit vielerlei Koseworten wie »Herzblatt« und »Liebling«, während sie doch in Wirklichkeit ein sehr distanziertes Verhältnis zueinander haben. Dies zeigt sich dann sehr deutlich darin, daß sie sexuell keinerlei Wärme füreinander empfinden.

Das Verständnis dessen, was sexuell in einer Beziehung vor sich geht, kann uns häufig dabei helfen, unter die Oberfläche des Verhaltens zu blicken. Zum Beispiel glauben die Freudianer, daß Frauen, die träumen, sie hätten einen Penis, unter »Penisneid« leiden und sich in Wirklichkeit ein solches Organ wünschen würden. Ich zähle mich zu einer anderen psychoanalytischen Richtung und glaube, daß der Penis in einem machtbesessenen kulturellen Umfeld ein Symbol der Macht ist. Ich glaube, daß viele Frauen, die träumen, einen Penis zu haben, sich im allgemeinen in ihrem alltäglichen Leben nach mehr Macht sehnen. Anders als die orthodoxen Freudianer nehme ich an, daß Angst vor einer Kastration wenig zu tun hat mit der Angst, dieses Organ zu verlieren, und sehr viel damit, daß man im allgemeinen Angst hat, die Macht zu verlieren.

Wenn wir jedoch Sex isoliert betrachten, um daraus hinsichtlich der Kommunikation unsere Schlüsse zu ziehen, dann führt dies eher zu beträchtlicher Verwirrung als zu einer Klärung. Ähnlich verhält es sich mit der Interpretation von Träumen. Jeder Traum ist sehr vielsagend, aber nur, wenn wir die Bedeutung seiner Symbole in bezug auf das Leben des einzelnen Träumers richtig verstehen.

Viele eindeutig sexuelle Träume geben uns tatsächlich mehr Informationen über Gefühle und Aktivitäten zu anderen im allgemeinen als über das eigentliche Sexualleben des Träumers. Träumer benutzen vielleicht den Sex, um andere Gefühle zu verstecken, und auch als ein Mittel, um starke Gefühle auszudrücken, denn ihre sexuellen Gefühle sind die stärksten. Ich erinnere mich in diesem Zusammenhang an einen übermäßig anpassungsbereiten Mann, der sehr starke Wutgefühle gegen seine aggressive Ehefrau unterdrückte. In Wirklichkeit war er im sexuellen Bereich sehr passiv. In seinen Träumen erschienen seine sexuellen Aktivitäten als extrem stark und heftig. Die Assoziationen, die er in Zusammenhang mit seinen Träumen hatte, machten deutlich, daß Geschlechtsverkehr für ihn bedeutete, es ihr »einmal zu geben«, ihr endlich einmal gründlich die Meinung zu sagen. Das süßliche Verhalten, das er ihr gegenüber an den Tag legte, erwies sich als Heuchelei, als Tarnmantel für seine feindseligen Gefühle, die dann in seinen sexuellen Träumen deutlich wurden. Die beträchtlichen Angstgefühle dieses Mannes verminderten sich erst, als er begann, seine Wut zu akzeptieren und mit seiner Frau auf einer gesünderen Grundlage umzugehen. Als dies geschah, wurde die Beziehung zu ihr ehrlicher, interessanter und konstruktiver.

Dianas Dilemma

Es scheint, als käme sie mit gar keinem Mann klar. Sie ist außerordentlich attraktiv, ja sogar schön, fröhlich, talentiert und intelligent. Sie wirkt auf viele Männer anziehend. Diejenigen, die nicht sofort von ihren offensichtlichen Reizen überwältigt sind, möchten fast immer doch zumindest mit ihr ausgehen, mit ihr zusammensein. Sie ist ein sensibler, lebendiger Mensch.

Mehr als alles andere sehnt sie sich nach einer »langdauernden, festen Beziehung«. Aber es klappt eben alles nicht. »Entweder kommt die Beziehung gar nicht erst zustande, oder wir beginnen, uns zu streiten, und es geht insgesamt bergab – bis zum Schluß. So viele Männer sind irgendwie gar nicht bei dir. Sie sind zwar körperlich vorhanden, aber sie sind gefühlsmäßig nicht da. Andere sind so fürchterlich schwach. Sie können sich zu keiner eigenen Meinung durchringen. Sie können keine Entscheidung treffen. Sie wissen nicht, wohin sie gehen und was sie tun sollen. Das sind die sogenannten ›netten Typen‹, die im Grunde furchtbar langweilig sind. Die interessanten Männer dagegen, die lebensfroh, talentiert und lebendig sind, schaffen es nicht, mir meinen Freiraum zuzugestehen, mich ›mich selbst sein‹ zu lassen. Sie wollen alles übernehmen. Dann muß man sie bald nur noch bedienen und zufriedenstellen. Hinzu kommt dann meist eine schreckliche ›Macho‹-Haltung. Tausendmal am Tag muß man ihnen sagen, wie gut, wie wunderbar sie sind. Mein Gott, gibt es denn nirgendwo einen interessanten, normalen, reifen und erwachsenen Mann? Oder liegt alles nur an mir?«

Diana projiziert ihre eigenen, ungelösten psychischen Konflikte auf die Männer, mit denen sie eine Beziehung eingeht. Nach außen hin ist sie expansiv und narzißtisch, aber obwohl sie ihre eigene Tendenz zur Anpassungsbereitschaft und zur Distanz unterdrückt hat, sind diese Neigungen doch immer noch stark in ihr vorhanden. Sie werden durch die Männer, mit denen sie zusammenkommt, an die Oberfläche gebracht.

Sie kann Männer, die innerlich distanziert sind, nicht ausstehen. Sie betrachtet sie und ihre eigene unterdrückte Neigung zur Distanz als tot, unlebendig und lustlos.

Sie verachtet Männer, die sich selbst aufgeben und anpassen, ebenso wie sie ihre eigenen Abhängigkeitsgefühle widerlich findet. Sie glaubt, daß diese Seite in ihr Ausdruck von Schwäche und Verletzlichkeit sei, und unterdrückt diese Tendenzen in sich selbst. Wenn sie aber Männer trifft, die sich unterwerfen und selbst aufgeben, dann erkennt sie in ihnen ihre eigene unterdrückte Abhängigkeit. Sie nennt sie »nett«, aber bezeichnet sie gleichzeitig als »schwach, inkonsequent, verletzlich und unmännlich«.

Auf der anderen Seite hat sie das Empfinden, daß expansive Männer stark, männlich, interessant und talentiert sind – aber daß sie ihr die Schau stehlen. Es scheint ihr, als würden solche Männer mit ihr rivalisieren, als würde durch sie ihre eigene Persönlichkeit bedroht und ihre eigenen, verhaßten Neigungen zur Selbstaufgabe an die Oberfläche kommen.

Was kann sie tun?

Sie kann eine Psychotherapie machen, um mit allen Aspekten ihrer Persönlichkeit vertraut zu werden. Die Macht und die Zwanghaftigkeit aller Charakterzüge, die sie hat, müssen verstanden und akzeptiert werden, so daß sie sie ohne Furcht annehmen kann. Sie muß ihre Projektionen verstehen und einschränken. Sie muß unklare Gefühle und Vorurteile hinsichtlich von Schwäche, Stärke, Weiblichkeit und Männlichkeit klären – und ebenso ihre unrealistischen Ideen über eine perfekte Beziehung zwischen Partnern. Dies ist keine leichte Aufgabe. Es gehört dazu ein beträchtlicher Kampf. Aber dieser Kampf lohnt sich, und Diana hat die Gesundheit, die Stärke und die Intelligenz, das auch durchzustehen.

Führungsrolle

Gewöhnlich gibt es in jeder Beziehung einen dominanten Partner. Jedoch ist es möglicherweise nicht von Anfang an erkennbar, wer das ist. Es ist sicherlich auch richtig, daß die Führungsrolle in verschiedenen Lebensbereichen geteilt ist und daß sie auch von einem zum anderen Partner übergehen kann.

Es mag so aussehen, als läge die Führung im Umgang mit Geld, im sozialen Verhalten und bei wesentlichen Familienentscheidungen, zum Beispiel über Fragen der Erziehung, bei der am stärksten expansiven Person. Schließlich ist diese Person auch diejenige, die sich um die Führung am meisten Gedanken macht, während ein angepaßter Partner dazu neigt, abhängig zu agieren. Aber dies muß nicht notwendigerweise der Fall sein.

In einigen Familien und in manchen Geschäftsbeziehungen fällt die Führungsrolle häufig demjenigen zu, der am wenigsten ein Experte ist, der am verletzlichsten ist und am stärksten die anderen manipuliert. Man kann durch ein märtyrerhaftes Leiden und durch das Erzeugen von Schuldgefühlen mindestens ebenso effektiv manipulieren wie durch große Versprechungen und direkte Dominanz. Im sadomasochistischen Zusammenspiel manipulieren beide Partner gleichermaßen, zu verschiedenen Zeiten und in verschiedenen Rollen.

Zum Beispiel kenne ich ein Paar, bei dem der Mann sehr stark expansiv und dominant ist. Wenn ich dabei bin, erzählt er sehr viel. Er bestreitet in der Tat den Großteil jedes Gespräches. Sie bleibt dagegen meistens still wie eine Maus und unterwirft sich letztendlich immer seiner Meinung. Aber zugleich weiß ich, daß dieses Paar, obwohl dieser Mann ein großes Bedürfnis nach Freunden und sozialen Aktivitäten hat, häufig allein und einsam bleibt, eingekapselt und getrennt von fast jedem Gemeinschaftsleben. Wenn man der Sache auf den Grund geht, dann wird deutlich, daß sie es so lieber hat – und so ist es dann auch. Wenn man weiter nachbohrt, dann wird deutlich, daß sie das Vorgehen in fast allen Lebensbereichen bestimmt, obwohl es an der Oberfläche nicht danach aussieht. Er ist von ihr abhängiger als sie von ihm; er ist nur nach außen hin expansiv und nach innen versteckt unterwürfig.

Abhängigkeit ist häufig Ausdruck einer fehlenden Selbstachtung. Während also ein expansiver Mensch irgendeine Form von Abhängigkeit entsetzlich findet und seinen ganzen Stolz einsetzt, um seinen Partner in arroganter Weise zu übergehen und zu bevormunden, so ist er doch wegen seiner geringen Selbstachtung immer noch sehr abhängig von ihm. Wenn die Selbstachtung des überangepaßten Partners dagegen recht gut entwickelt ist, dann ist er vielleicht nicht einmal von seinem Partner abhängig. Er ist vielleicht unterwürfig, aber nicht notwendigerweise abhängig. Jede Charakterstruktur bedingt auf ihre Weise eine gewisse Abhängigkeit. Der expansive Mensch braucht jemanden, den er beherrschen kann oder bei dem er seine Illusion aufrechterhalten kann, daß er der Herr ist. Der Unterwürfige braucht jemanden, um die Tatsache oder die Illusion aufrechtzuerhalten, daß man für ihn sorgt und sich um ihn kümmert. Der Distanzierte braucht jemanden, von dem er sich distanzieren kann, der ihm den Eindruck oder die Illusion von Distanz vermittelt. Eine Führungsrolle kann jedem dieser drei Typen zufallen - ob sie nun führen, indem sie Schuldgefühle erzeugen (unterwürfig), indem sie andere tyrannisieren (expansiv) oder indem sie über allem stehen (distanziert).

In einer gesunden Beziehung wechselt die Führungsrolle von einem zum anderen - entsprechend dem jeweiligen Talent und Geschick der Partner in einem bestimmten Bereich. Der Partner, der zum Beispiel über Geld am besten Bescheid weiß, hat in finanziellen Entscheidungen eine führende Rolle. In kranken Beziehungen liegt die Führung bei demjenigen, der am unflexibelsten ist, bei dem besonders zwanghaften, diktatorischen, manipulativen und selbsthasserischen Partner.

Um das wirkliche, nicht nur das oberflächliche Führungszentrum eines Paares oder einer bestimmten Familie zu entdecken, müssen wir nach der Person suchen, die am stärksten die allgemeine Stimmung des Paares oder der Familie beeinflußt. Die allgemeine Stimmung derer, die untereinander in enger Beziehung stehen, ist ein Ausdruck der Stimmung des eigentlichen Führers. Der wirkliche Führer wird, mehr als jeder andere in der Beziehung, Einfluß darauf haben, in welchem Maße in einer Beziehung wirkliche Gefühle ausgedrückt und ausgetauscht werden. Er wird bestimmen, in welchem Maße Informationen, welche die Familie betreffen, ausgedrückt und geteilt werden, in welcher Weise die Familie in bezug auf die Gemeinschaft, in der sie lebt, funktioniert. Es ist auch wichtig, sich zu fragen, ob dieser Führer aufgrund seiner Talente führt oder aufgrund von ungesunder Manipulation.

Zeit und Aktivität

Zeit ist das einzige, von dem wir sicher sein können, daß wir damit geboren wurden. Und es ist das einzige, von dem wir wissen, daß wir es verbraucht haben, wenn wir sterben. Was wir mit unserer Zeit anfangen, beschreibt, wer wir sind. Die Zeit, die wir miteinander verbringen, sagt uns etwas darüber, welche Gefühle wir zueinander haben. Wenn wir nur einfach einem anderen Menschen körperlich nahe sind, dann garantiert das in keiner Weise Intimität, Vertrauen oder gegenseitigen gefühlsmäßigen Einsatz. Es gibt Menschen, die sehr viel Zeit miteinander verbringen – und die doch einsam bleiben. In einer solchen Situation hält vielleicht jeder in strenger und wirksamer Weise Wache über die eigene Isolation und Einkapselung, so daß Gefühle letztlich nicht geteilt werden, nicht fließen können. Einige einfache, konkrete Fragen können sehr viel Licht auf eine Beziehung werfen:

Vermeidet man es, Zeit zusammen zu verbringen? Wie wichtig ist die gemeinsame Zeit für die Beziehung? Sucht man, wenn man zusammen ist, zwanghaft nach anderen Menschen oder nach ablenkenden Aktivitäten? Wie häufig und wie lange kann man zusammen allein sein? Empfindet man die Gegenwart anderer Menschen jemals als eine unangenehme Störung? Wie, wann und wie häufig verbringt man Zeit zusammen?

Wird die Zeit, die man gemeinsam verbringt, auch genutzt, um wirkliche Gefühle, ehrliche Meinungen, Ideen und Informationen auszudrücken – oder ist sie charakterisiert durch oberflächliche Rituale oder durch Schweigen?

Sind die Aktivitäten, denen man sich am häufigsten und am meisten hingibt, gemeinsame oder getrennte? Zum Beispiel: Wenn geschäftliche Angelegenheiten vier Fünftel der Zeit, die ein Mann wach ist, absorbieren, nimmt dann seine Frau auch aktiv an diesen geschäftlichen Angelegenheiten teil? Wenn dies nicht der Fall ist, dann ist er weitgehend von ihr isoliert. Wenn sie aber daran teilnimmt, dann dient dieser geschäftliche Bereich als ein Mittel, um auch den Gefühlsaustausch und die Verbindung zu intensivieren.

Folgen auf die Zeit, die man miteinander verbringt, gute oder schlechte Gefühle? Wird die gemeinsame Zeit gebraucht, um Ansprüche aneinander zu stellen, um sich zu beklagen, um grüblerischen Gesprächen und Gedanken nachzuhängen, um zu klatschen oder auch um einander anzugreifen?

Wieviel Zeit kann jeder der beiden Partner allein verbringen, ohne verletzte Gefühle des anderen hervorzurufen?

Wieviel Interesse hat man an den gemeinsamen Aktivitäten? Werden diese Aktivitäten leicht und gerne gemeinsam ausgeübt oder hat man das Gefühl, daß man etwas opfert oder zu etwas gezwungen wird und nur eine notwendige Pflicht erfüllt?

Wird es leicht ertragen, daß man gelegentlich die Gesellschaft anderer Menschen vorzieht? Oder versucht man, dies zu unterdrücken? Fühlt man sich dann mißbraucht und mißachtet?

Wieviel Spaß hat man zusammen?

Spricht immer nur eine Person? Redet keiner von beiden, oder sitzen beide immer nur gebannt vor dem Fernsehapparat?

Dreht sich das gemeinsame Gespräch immer um etwas, was mit der Beziehung nichts zu tun hat (Politik, ein neues Buch, das Wetter)? Dreht sich das Gespräch im wesentlichen nur um einen der beiden Partner? Oder gleichermaßen um die Sorgen und Erfahrungen von beiden?

Wenn man einmal dem nachgeht, was ein Paar im Laufe einer Woche so alles tut, dann ist das für die Beziehung sehr aufschlußreich, vor allem, wenn man einmal diese Zeit vergleicht mit einem ähnlichen Zeitraum zu einer anderen Jahreszeit oder in den Ferien. Ich erinnere mich in diesem Zusammenhang an einen Mann, der schockiert war, als seine Frau, die diesen Vergleich der Zeiträume angestellt hatte, die Scheidung verlangte – nach vielen Jahren einer, so wie er meinte, wunderbaren Ehe. Er war ebenfalls schockiert, als auch ihm klar wurde, daß die Zeit, die sie gemeinsam verbrachten, immer mit den erbittertsten Kämpfen ausgefüllt war. Tatsächlich gab es einmal einen Riesenkrach während eines Urlaubs, so daß sie nach Hause fuhren und vorzeitig wieder zur Arbeit gingen.

Eine andere Frau in einer ähnlichen Situation war sehr erstaunt zu entdecken, daß in ihrer sehr »engen und liebevollen« Ehe sie und ihr Mann 90 Prozent der Zeit getrennt verbrachten.

Menschen, die unterschiedliche Interessen haben, können eine angenehme und konstruktive Beziehung haben, aber nur dann, wenn sie ihren Interessen ohne Schuldgefühle nachgehen können, ohne die Tyrannei von Abhängigkeitsbedürfnissen, bösartigen Besitzansprüchen oder einer vom kulturellen Umfeld erzwungenen Nähe.

VI
Muster gefühlsbetonter Beziehungen

Konstruktive und destruktive Beziehungen

Bis jetzt haben wir immer nur über die einzelnen Komponenten unserer Beziehungen gesprochen – über die verschiedenen menschlichen Charaktere und über die Charaktertypen, mit denen wir eine Beziehung eingehen. Wir haben die bestimmten Muster erörtert, denen unsere Beziehungen folgen, und die Sackgassen analysiert, in die wir uns manchmal selbst hineinbegeben. Wir haben die Kräfte in uns selbst beschrieben und auch die von außen wirkenden Kräfte, die einen Einfluß auf die Art und Intensität unserer Beziehung ausüben. Wir haben die Währung beschrieben, mit der unsere Gefühlsbeziehung »bezahlt« wird.

Aber wie können wir die relative Gesundheit von Partnerschaften ermessen? Welche inneren Maßstäbe benutzen wir? Was brauchen wir als Voraussetzung für eine gesunde Beziehung? Was *ist* überhaupt eine gesunde Beziehung?

Es gibt sogar in den konstruktivsten Beziehungen einige destruktive Faktoren – und umgekehrt. Wenn wir von einer schlechten Beziehung sprechen, dann meinen wir, daß sie weitgehend schlecht sei. Eine gesunde Beziehung ist im wesentlichen konstruktiv, aber sie hat auch einige destruktive Aspekte. Dies ist in einer Gesellschaft, die den individuellen emotionalen Neigungen und Bedürfnissen ihrer Mitglieder weitgehend feindlich gegenübersteht, unvermeidlich. Aber die vielen einzelnen Menschen, deren natürliches Bedürfnis in Richtung auf eine gesunde Kooperation geht, stellen auch eine gesellschaftliche Kraft dar.

Die meisten Menschen sind sich dessen bewußt, ob sie sich in einer Beziehung relativ wohl oder unwohl fühlen, ob sie erregt oder gelangweilt sind, ob sie bestimmte Aspekte mögen oder nicht mögen, ob sie frei sind oder ob sie festsitzen, ob sie ängstlich sind oder deprimiert oder relativ glücklich, ob sie neidisch sind oder eifersüchtig, ob sie sich angegriffen fühlen oder Vertrauen haben. Nur selten betrachten sie ihre Beziehungen unter dem Aspekt von Gesundheit oder Krankheit. Nur selten fühlen sie sich für das verantwortlich, was sie allmählich als destruktiv erkennen.

Der wichtigste Aspekt einer konstruktiven Beziehung besteht darin, daß die Gefühle in Fluß kommen und daß sie auf diese Weise auch fühlbar und verfügbar werden.

Die tiefen (oft nicht leicht erkennbaren) und wesentlichen Merkmale einer destruktiven Beziehung sind ihre lähmenden Wirkungen auf die Gefühle all derer, die daran teilhaben. Jede Kraft und jeder Einfluß, die das Wachstum, die Entwicklung, das Entstehen und Ausdrücken von Gefühlen blockieren, sind destruktiv. Dieser Einfluß kann in dem davon betroffenen Menschen selbst entstanden sein oder auch von jemand anderem auf ihn ausgehen. Schwer sadomasochistische Beziehungen, kämpferisch-destruktive Beziehungen und einige kämpferisch-gegnerische Beziehungen haben, wie wir gesehen haben, letztlich die Wirkung, die Gefühle abzutöten und die Spontaneität zu zerstören.

Was ist es denn, was eine Beziehung gesund oder krank werden läßt? Ist sie immer so gesund oder so krank wie diejenigen, die in dieser Beziehung stecken? Zwar ist dies häufig der Fall, aber nicht immer. Wir haben gesehen, daß eine schlechte Beziehung durchaus die kranken Aspekte verstärken kann und dabei zugleich die gesunden gänzlich unterdrückt, daß sie auf diese Weise jeden der beiden Partner noch kränker macht. Es gibt bestimmte Konstellationen von Beziehungen zwischen neurotischen Menschen, die bewirken, daß die Partner in geradezu psychotischer Weise aufeinander reagieren – und manchmal auch auf andere. Solche Menschen haben zusammen weitaus stärkere neurotisch-destruktive Tendenzen als getrennt.

Aber bisweilen findet genau das Gegenteil statt: Zwei sehr gestörte Menschen üben aufeinander eine therapeutische Wirkung aus. Gelegentlich gelingt es solchen Paaren, in der Welt ganz gut zu funktionieren, vorausgesetzt, daß sie recht viel Zeit zusammen verbringen, denn sie brauchen einander, um die Realität in ihrem Sinne adäquat zu interpretieren. Dies geschieht vor allem bei sehr ängstlichen, abhängigen Menschen, die einander brauchen, um sich selbst erst fühlen und auf diese Weise überhaupt funktionieren zu können.

Es gibt Menschen, die eine kranke Beziehung miteinander haben, die aber getrennt relativ gesund sind. Dies ist nicht ungewöhnlich in einigen Beziehungen zwischen Eltern und Kindern. Das Kind wird sozusagen als ein Teil der Persönlichkeit der labilen und verletzlichen Eltern empfunden. Die Eltern sind dann in fast paranoider Weise »überbeschützend«, obwohl das Kind vollkommen selbständig ist und der Vater oder die Mutter zu anderen Gelegenheiten durchaus ein entspannter, couragierter Mensch sein kann. Es gibt auch Kinder, seien sie nun im mittleren Alter oder bereits erwachsen, die weitgehend angemessen im Alltag zurechtkommen, die aber als Folge von vielen Jahren der Konditionierung infantil und hilflos werden, wenn ihre Eltern oder Menschen, die sie an ihre Eltern erinnern, zugegen sind.

Das Spektrum der Möglichkeiten ist, wie immer, wenn es um Menschen geht, enorm groß, aber relativ gesunde Beziehungen – diejenigen, die ich wirkungsvolle oder »fühlende« Beziehungen nenne – haben bestimmte gemeinsame Charakteristika. Es werden darin Gefühle, Weisheit und Reife ausgedrückt. Es gibt eine Bereitschaft, sich umeinander zu bemühen und gewisse Anstrengungen auf sich zu nehmen, um Frustrationen und faire Kämpfe auszuhalten. Es gibt Leidenschaftlichkeit, die Möglichkeit für Entschuldigungen und Dankbarkeit.

Gefühlsheuchelei

Wenn wir eine Beziehung eingehen, dann sind wir bereits relativ stark oder auch weniger stark mit unseren Gefühlen in Berührung. Einige verhalten sich zurückhaltender und andere weniger zurückhaltend; aber die Beziehung selbst wird immer durch Gefühle ausgedrückt. Der Grad der Ehrlichkeit und des ehrlichen Ausdrucks unserer Gefühle ist das Maß des Erfolges unserer Beziehung.

Wir müssen dabei zwischen authentischen und geheuchelten Gefühlen unterscheiden. Heuchelei und Falschheit sind bei uns sehr verbreitet. Unsere Zivilisation bombardiert uns täglich mit Botschaften, wie wir uns zu fühlen haben, wie wir jene Gefühle zeigen und wie wir schauspielern sollen. Sehr viele Menschen haben es sich angewöhnt, die meiste Zeit wie ein Schauspieler zu handeln. Wir sind uns nicht einmal mehr bewußt, daß wir nur eine bestimmte Rolle spielen oder heucheln.

Aber Schauspielerei und Heuchelei führen schließlich dazu, daß das Selbst unterminiert wird - und ebenso der Beziehungsprozeß zwischen dem eigentlichen Persönlichkeitskern zweier Menschen. Und, was noch schlimmer ist, Doppelzüngigkeit und Heuchelei töten das Vertrauen und schaffen eine Atmosphäre von Ängstlichkeit und Verfolgungswahn, in der Gefühle auf verschlungenen, labyrinthischen Wegen übermittelt werden.

Manchmal wird die Heuchelei von beiden Partnern in gleicher Weise betrieben, und sie leben beide in einer Art gemeinsamer Phantasiewelt. Es gibt in der Tat viele Menschen, die von sich selbst ein sehr kompliziertes Bild entworfen haben. Und tatsächlich empfinden diese Menschen sehr viel, aber ihre Gefühle beziehen sich immer auf bestimmte Phantasiegespinste und nicht auf die Realität. Die gesamte Struktur ihres Beziehungslebens beruht auf einer gegenseitigen Idealisierung. Sie kann jederzeit ins Wanken geraten, wenn die Realität einmal mit Gewalt ans Tageslicht drängt.

Unter den ehrlichen, wirklichen Gefühlen ist das Gefühl der Freude - die Fähigkeit, sich über das Zusammensein mit dem anderen zu freuen und mit ihm gemeinsam etwas zu erleben - für eine Beziehung lebenswichtig. Das Gefühl der Freude ist ganz sicherlich eine der großen menschlichen Erfahrungen und Empfindungen. Aber Heuchelei schließt Freude aus, und wenn wir vorgeben, glücklich zu sein, so hat das mit wirklicher, spontaner Freude nichts zu tun. Wie kommt es, daß Heuchelei und der Stolz, welcher der Heuchelei zugrunde liegt, die Freude ausschließen? Freude kommt aus dem wirklichen Selbst und wird im wirklichen Selbst erfahren.

Wir haben sie zuerst im Babyalter erlebt - als schutzlose, lächelnde, Laute von sich gebende Säuglinge. Wenn wir der Rivalität mit anderen oder einer heuchlerischen Selbstidealisierung unsere Zeit und unsere Energie widmen, dann bleibt uns keine Zeit und keine Energie für die Freude.

Wir dürfen Erfolge in der Konkurrenz und rachsüchtigen Triumph über andere nicht mit wirklicher Freude verwechseln. Erstere sind das Ergebnis zeitlich begrenzter Siege über andere. Die Freude kommt dagegen aus dem Selbst, aus dem wirklichen Kern der Persönlichkeit, sie bedarf keines außenstehenden Bezugspunktes, keines Rivalitätsmaßstabs, an dem sie sich messen kann. So ist sie ein Mittel gegen den kranken Stolz, und unsere Fähigkeit zur Freude - wirklicher Freude - ist ein Maßstab dafür, wie weit wir diese Art von Stolz besiegt haben.

Freude hat zwei Blutsbrüder - Humor und Traurigkeit -, die für eine Beziehung von wesentlicher Bedeutung sind. Das Leben ist schwierig! Probleme - kleine, große, einige davon sogar unlösbar - sind unvermeidlich. Die Schwierigkeit ist nicht, daß es Probleme gibt, sondern es ist problematisch, wenn wir etwas anderes erwarten und glauben, daß es ein Problem ist, Probleme zu haben. Das Ertragen von angemessener Traurigkeit, eine gegenseitige Unterstützung in der Traurigkeit ist in einer Beziehung sehr wichtig. Aber zwischen vielen Paaren besteht eine derartige Abhängigkeit, daß Traurigkeit oder Krankheit als eine so große Bedrohung erscheinen, daß dadurch Wut hervorgerufen wird oder daß man den anderen sogar verläßt. In anderen Beziehungen ist natürlich genau das Gegenteil der Fall: Schwierigkeiten rufen eine echte gegenseitige Unterstützung hervor und die Weiterentwicklung der eigenen Stärken, der eigenen Kraftquellen und der eigenen Kreativität. Es kann nicht genug betont werden, wie ausgesprochen wichtig der Humor ist. Die Fähigkeit zu lachen und andere zum Lachen zu bringen, kann nicht hoch genug eingeschätzt werden - auch als ein Gegenmittel zu Situationen, die sich sonst zu chronischen, bedrückenden Verzweiflungszuständen entwickeln könnten. Humor überbrückt auch ausweglose Situationen in der Kommunikation. Er ist einer der besten Mechanismen, um ein Sichverrennen in den Sackgassen des Stolzes zu verhindern. Humor hilft uns dabei, einen künstlichen und prätentiösen Ernst zu vertreiben. Er ermöglicht es, daß man sich sehr nahe kommt. Wenn man einen gemeinsamen Sinn für Humor entwickelt hat, dann ist dies fast immer ein Zeichen dafür, daß man im allgemeinen ein ähnliches Bezugssystem hat, und er kann sehr hilfreich sein in Situationen, in denen ein solches Bezugssystem allein nicht ausreicht. Während ein gemeinsamer kultureller Hintergrund und ein irgendwie ähnlicher Bildungsstand dabei helfen können, sich gegenseitig besser zu verstehen, kann ein gemeinsam entwickelter Sinn für Humor häufig dabei helfen, bestehende Schwierigkeiten zu überbrücken. Er kann auch ein Hinweis darauf sein, daß scheinbare Unterschiede tatsächlich weniger ins Gewicht fallen, da es eine große Ähnlichkeit in der Wahrnehmung gibt. Ich glaube, daß dies der Fall ist, weil der Humor uns häufig sagt, in welcher Weise wir geistig abstrahieren und wie wir auf Symbole reagieren. Er sagt uns auch, in welcher Weise wir assoziieren und auf welche Weise uns eine Sache an eine andere erinnert. Menschen, die in ähnlicher Weise fähig sind, eine symbolische Sprache zu benutzen, zu abstrahieren und zu assoziieren, haben eine große Fähigkeit, sowohl auf einer nonverbalen als auch auf einer verbalen Ebene zu kommunizieren. Auf verbaler Ebene neigen sie dazu, dieselbe Sprache zu sprechen und zu verstehen. Auf einer nonverbalen Ebene sind ihre Reaktionen auf die Ereignisse um sie herum sehr ähnlich, ohne daß sie jedoch dabei ihre Identität als eigenständige Persönlichkeit verlören.

In unserem kulturellen Umfeld wird uns immer wieder eingehämmert, wie wichtig es ist, gemocht und bewundert zu werden. Tatsächlich aber ist es von sehr viel größerer Bedeutung, wie wir uns selbst fühlen, welche Gefühle wir zu uns selbst und zu den Partnern entwickeln, mit denen wir in Beziehung stehen. Der Partner, in dessen Gegenwart es uns gelingt, uns selbst lebendig zu spüren, ist ein Gegenmittel gegen die Einsamkeit und die Entfremdung von uns selbst. Können wir uns einfühlen, Sympathie entwickeln, uns auch an der Freude und an dem Humor unseres Partners erfreuen? Werden unsere Gefühle für ihn lebendig? Dies ist es eben, worum es bei liebevoller Fürsorge, beim Entwickeln von Gefühlen und bei Beziehungen geht.

Und es ist eine simple Tatsache, daß die meisten von uns dazu neigen, das zurückzugeben, was sie zuvor erhalten haben. Wenn wir liebevolle Fürsorge - und die Gefühle, die Wärme und Freundlichkeit ausmachen - Liebe nennen, dann gibt es nur wenige von uns, die wirkliche Liebe erfahren, ohne sich auch selbst in gewissem Maße liebevoll zu verhalten. Einigen Menschen gelingt es einigermaßen leicht, diese Gefühle - weder in idealisierender noch in besitzergreifender Form - in sich selbst zu spüren. Anderen gelingt es nur, wenn sie durch die Gegenwart eines Partners hervorgerufen werden. Wenn wir für eine lange Zeit nicht mit ihnen in Berührung gekommen sind, dann können diese Gefühle auf uns zunächst eine erschreckende und irritierende Wirkung ausüben, aber das Gefühl des Lebendigseins, das sie uns vermitteln, hat die Tendenz, in uns zu wachsen. Schließlich lernen wir solche Gefühle wertzuschätzen. Erst dann werden wir unseren Partner wirklich von Herzen lieben. »Ich liebe dich«, bedeutet vielleicht vor allem, »Ich liebe es, bei dir zu sein, weil ich es liebe, die lebendigen Gefühle, die du in mir weckst, zu spüren. Durch sie gelingt es mir auch, mich selbst mehr zu lieben.«

Der Austausch von Gefühlen, der für eine gesunde Beziehung charakteristisch ist, darf nicht verwechselt werden mit einer Situation, in der Paare sozusagen von den Gefühlen füreinander überwältigt werden. Bei solchen symbiotischen Beziehungen leiden sozusagen beide, auch wenn nur einer Schmerzen verspürt. Tatsächlich erscheint es dann so, als ob die Grenzen des Selbst weggewischt worden seien: Beide Partner funktionieren wie ein einziges, zweiköpfiges Wesen. Dieser Zustand ist allerdings oft das Ergebnis von schwerer destruktiver Abhängigkeit und nicht von Einfühlungsvermögen und Liebe.

Ein wirklicher Austausch von Gefühlen wird durch verbale Kommunikation erhöht: Ich glaube, daß das Aussprechen von Gefühlen uns dabei hilft, unsere Gefühle wirklich zu spüren. Wir können natürlich Gefühle haben - alle Arten von Gefühlen, einschließlich derer, die wir füreinander hegen - ohne überhaupt irgend etwas über sie zu sagen. Aber das Verbalisieren von Gefühlen ist mehr als nur ein Weg, sie jemand anderem mitzuteilen. Es ist wahrscheinlich eine wesentliche Möglichkeit, diese Gefühle zu üben und sie dadurch stärker zu entwickeln - in allen ihren Schattierungen, von sanft, zart und süß bis zu ihrer ganzen Fülle, bis zu lautem Getöse und Tumult.

So gehört zu einer gesunden Beziehung das Kommunizieren, der Austausch von Ideen, Werten und Gefühlen. Wir tauschen Gefühle mit unseren Partnern aus, und dies erzeugt dann wiederum mehr Gefühle. Dieser Austausch, diese Entladung von Gefühlen und Affekten, ist ein wirksamer Schutz vor Depressionen, denn er hat die Wirkung, Gefühle zu stimulieren. Er ist in der Tat ein wesentlicher Bestandteil jeder erfolgreichen Therapie. Und dieser Vorgang ist auch bei kreativen Prozessen von besonderer Bedeutung. Wie wichtig ist zum Beispiel für einen Künstler ein Partner oder eine Muse, wenn er sein Werk hervorbringt! Vielleicht ist es eben dies, was sich in Künstlerkolonien und in literarischen Zirkeln abspielt.

Sicherlich hat auch ein gegenseitiges freies Assoziieren über Gefühle und kreative Prozesse, die entstehen, wenn man in dieser Weise aufeinander eingeht, eine therapeutische, belebende Wirkung auf diese Gefühle - und eben dies ist dann das Wesen von Veränderung, Wachstum und Lebendigkeit.

Wir müssen in diesem Zusammenhang festhalten, daß Beziehungen auch über eine gewisse Distanz hinweg bestehen können. Wir können mit Menschen, selbst dann, wenn sie nicht persönlich anwesend sind, Gefühle austauschen. Wir können sogar bestimmte Gefühle zu Menschen, die wir nicht kennen, haben. Ein verwirrter junger Mann hat vielleicht Phantasien über eine Beziehung zu einem Filmstar, den er in Wirklichkeit niemals getroffen hat. Möglicherweise sind seine Gefühle für sein Idol so stark, daß er sogar gewalttätig wird, nur um dessen Aufmerksamkeit zu erringen. Aber ich glaube, daß solche Gefühle nur Ausdruck von autistisch-narzißtischer Selbstbezogenheit sind – sie sind nicht Ausdruck des wirklichen Austausches, der zwischen wirklich existierenden Menschen stattfindet. Man kann Gefühle auch durch Briefe oder über das Telefon austauschen. Aber wenn wir einmal in Betracht ziehen, wie viele Gefühle durch die Körpersprache und den körperlichen Kontakt vermittelt werden, dann verstehen wir auch, warum es von großem Wert ist, wenn sich die Partner tatsächlich berühren können.

Weisheit und Reife

Bei unserer Erörterung von Beziehungen sind Weisheit und Reife fast austauschbare Begriffe. Man sollte die Bedeutung dieser beiden Faktoren für Beziehungen nicht unterschätzen. Bei sehr begrenztem Kontakt, bei sehr kurzfristigen Beziehungen und bei sehr seichten, oberflächlichen Beziehungen spielen sie allerdings eine geringe Rolle. Es gibt kaum eine Gelegenheit, weise zu sein, wenn wir mit unserem Zeitungshändler zu tun haben oder mit einem sogenannten Freund, zu dem wir nur sehr oberflächliche soziale Beziehungen haben.

Wenn ich zwischen beiden Kategorien eine begriffliche Unterscheidung machen müßte, dann würde ich sagen, daß es Reife ist, die Realität zu erkennen, und daß es Weisheit ist, sie zu akzeptieren oder, noch besser, sie mit Wärme anzunehmen. Es ist zwar häufig der Fall, daß wir Illusionen aufbauen, um uns selbst zu schützen und um Frustrationen zu kompensieren, aber das Ergebnis von Illusionen sind wiederum Frustrationen, vor allem in unseren Beziehungen. Sie führen nämlich unweigerlich dazu, daß wir aneinander überhöhte Ansprüche stellen, uns mit Erwartungen belasten, daß wir externalisieren, verwirrt und wütend werden, daß die Kommunikation abbricht, daß wir unsere Gefühle für eine Person auf eine andere übertragen und daß wir persönlich und mit dem anderen Menschen zusammen unglücklich, ängstlich und deprimiert sind.

Das Leben ist schwierig und kompliziert. Nicht unmöglich, aber schwierig und hart. Die Konsequenz daraus ist, daß ein Preis bezahlt werden muß. Es gibt keine kostenlose Fahrkarte für die Reise des Lebens. Alle Menschen, die sehr stark in Illusionen befangen sind, finden es sehr schwierig, sich an die Beschränkungen, die nun einmal zu den menschlichen Lebensbedingungen gehören, anzupassen. Ihre Illusionen erstrecken sich unweigerlich auf fast alle Aspekte des Lebens: Da ist die Mutter oder der Vater, die glauben, daß ihre Kinder niemals krank werden; der Arzt, der meint, daß alle seine Patienten gesund werden; der Spekulant, der glaubt, daß er immer nur gute Geschäfte machen wird; der Liebhaber, der meint, daß er niemals zurückgewiesen würde; der Sportler, der meint, er würde niemals verlieren und sich niemals verletzen; der Vater oder die Mutter, die glauben, sie könnten ihr Kind vor allen Schmerzen bewahren; Liebende, die das Gefühl haben, daß ihre Leidenschaft alles andere überdauern wird. Solche Arten von Illusionen müssen auf die Dauer unweigerlich die Struktur einer Beziehung zerstören. Das Gefühl der Demoralisierung und Entmutigung, wenn man schließlich doch der Realität ins Auge blicken muß, kann Beziehungen nur beeinträchtigen und kompliziert machen. Dies erzeugt das Gefühl, anderen gegenüber fortwährend benachteiligt zu sein.

Menschen, die reif, weise und humorvoll sind, werden mit liebevollem Einfühlungsvermögen und mit Geschick mit der Welt fertig. Dies macht ihre Beziehungen sehr viel unkomplizierter und fruchtbarer. Sie werden nicht durch Stürme von desillusionierenden Ereignissen sozusagen »bewußtlos geschlagen«. Ihre deutliche Wahrnehmung der Realität wirkt letztlich wie ein Stoßdämpfer, und ihr Humor hilft ihnen, mit den unvermeidlichen Tragödien und Verlusten des Lebens fertigzuwerden. Vielleicht hilft uns der Humor auch dabei, einige Aspekte der Realität anzunehmen, die uns sonst zerstören würden. Vielleicht wirkt der Humor in diesem Sinne als ein Ersatz für Illusionen.

Wenn wir in bezug auf uns selbst, auf unseren Partner und auf das Verhältnis zu ihm Illusionen hegen, dann hat dies katastrophale Auswirkungen auf die Beziehung. Wenn man mit einem Menschen zusammenlebt, der sich selbst etwas vormacht, dann bedeutet dies häufig, daß man in einer Schattenwelt lebt, in einer

Welt, die voll ist von schlimmen Überraschungen und von Mißverständnissen. Das Zusammenleben mit einem idealisierten Menschen führt unweigerlich zu Gefühlen von Enttäuschung und chronischer Feindseligkeit. Wenn wir glauben, daß echte Gefühlsbeziehungen in einer Partnerschaft einfach von Anfang an vorhanden sind, ohne daß wir ihnen Zeit geben und uns um sie bemühen, führt das zwangsläufig zu Reibereien und zu schweren Enttäuschungen.

Auf der anderen Seite ist das Wissen, das wirkliche Wissen darum, daß ernsthafte Beziehungen Zeit brauchen, um sich entwickeln zu können, sehr wertvoll. Es ist ebenso sehr wichtig zu wissen, daß Kommunikation in jedem Fall ihre Grenzen hat und Beschränkungen unterworfen ist. Es ist ein Zeichen von Weisheit, sich dessen bewußt zu sein, daß in allen Beziehungen unweigerlich Schwierigkeiten auftreten. Wenn Partner nicht in der Illusion der gegenseitigen Idealisierung leben, sondern wenn sie einander kennen, wirklich als menschliche Wesen kennen, dann erst ist ein gegenseitiges liebevolles Verständnis möglich. Und Verständnis und liebevolle Bereitschaft, sich in den anderen einzufühlen, macht wiederum eine tiefgehende Beziehung möglich. Und es macht manchmal einfach auch sehr viel Spaß.

Enttäuschungen aktiv überwinden

Ebenso wie die Kommunikation mit sich selbst, der Kontakt mit den eigenen Gefühlen und Bedürfnissen nur durch Anstrengung und Bemühung möglich ist, so ist dies auch bei der Kommunikation mit einem anderen Menschen der Fall. Es gibt in der Tat keine Möglichkeit, ohne ein ernstes Bemühen mit einem anderen eine Beziehung aufzubauen, und alle Erwartungen, daß dies anders sei, basieren auf falschen, kindischen Vorstellungen über die menschlichen Lebensbedingungen. Aber wir dürfen Einsatz und Anstrengung nicht mit Leiden verwechseln. Ich meine, daß das eine das absolute Gegenteil des anderen ist. Neurotisches Leiden – ich schließe hier das Leiden aus, über das wir nur wenig oder gar keine Kontrolle haben – steht immer im Dienste des Selbsthasses. Es orientiert sich an den Anforderungen des Stolzes, die wir an uns selbst stellen. Es sagt: »Sieh mich an. Sieh, wie sehr ich leide!« Die Absicht, die dahinter steht, ist, in dem Partner, zu dem man eine Beziehung hat, Schuld hervorzurufen – oder vielleicht Neid bei denen, die es sich nicht leisten können, in gleicher Weise zu leiden.

Leiden findet in einer Beziehung fast immer dann statt, wenn man jemand anderem seinen Willen aufdrängen will, häufig indem man eine Märtyrerpose einnimmt und versucht, Schuldgefühle zu erzeugen. Dies ist das Gegenteil einer flexiblen und toleranten Haltung, die eine gesunde Beziehung charakterisiert.

Die Bereitschaft eines Menschen, sich zu bemühen und zu kämpfen, sind wesentliche Faktoren in allen, vor allem aber in langandauernden Beziehungen. Aber sie sind sehr stark kulturellen Einflüssen unterworfen. In unserem gesellschaftlichen Umfeld wird die Realität des kämpferischen Sichbemühens durch die Botschaft einer idealisierten Liebe untergraben. Idealisierte Liebe bedeutet, daß wir sofort und perfekt kommunizieren, sie leugnet die Tatsache, daß es überhaupt Schwierigkeiten in der Kommunikation geben kann und daß man sich in allen Beziehungen erst aufeinander einstellen und sich anpassen muß, vor allem dann, wenn man über längere Zeit zusammenlebt. Zu welchen schweren Enttäuschungen muß es führen, wenn wir erkennen, daß dieses Ideal nicht existiert – ganz zu schweigen von den Gefühlen der Enttäuschung über unsere Partner.

Kleine Akte der Anpassung reichen bei wirklichen Beziehungen nicht aus. Es ist durchaus nicht so einfach, die Sprache eines anderen Menschen zu interpretieren – ihre besondere Bedeutung und die bestimmte Art und Weise, in der sie gebraucht wird, ihren Humor und Witz, ihre Ideen, ihren Geschmack, Bedürfnisse, Ziele, Stimmungen und Gefühle. Jedoch ist die Bereitschaft, sich um des gegenseitigen Verständnisses willen auf diesen Kampf einzulassen, sehr wichtig. Ohne unser ernstes Bemühen sind wir wie Schiffe, die orientierungslos in der Nacht treiben.

Das Sicheinstellen auf und das Sichanpassen an den anderen sind offensichtlich wichtige Aspekte des Bemühens um eine fruchtbare Beziehung. Ein Geben und Nehmen und die Fähigkeit, den anderen sein zu lassen, wie er ist, sind nicht möglich, wenn man sich nicht den individuellen Bedürfnissen anpaßt, wenn man vor allem keine Rücksicht nimmt auf die Grenzen des anderen, auf seine Probleme, seine Eigenheiten und Empfindlichkeiten und auf die Bereiche, wo er verletzlich ist. Wenn man meint, daß solche Problembereiche nicht existierten, dann handelt man sich zweifellos ernsthafte Rückschläge ein, möglicherweise geht dann eine Beziehung gänzlich in die Brüche. Sogar für die ganz gewöhnliche Alltagsroutine – etwa das gemeinsame Benutzen bestimmter Dinge – bedarf es einer großen Bereitschaft zur Anpassung.

Unweigerlich gibt es zwischen den Partnern in einer Beziehung immer gewisse Unterschiede. Das Bemühen darum, auf die Bedürfnisse von jemand anderem einzugehen, ist sicherlich ein Zeichen für Reife in einer Beziehung. Wenn zwei Menschen dieselben Prioritäten haben, wenn es ihnen gelingt, sich ihre Bedürfnisse in diesem Bereich zu erfüllen, dann kommt es nur zu geringen Reibungen und Kämpfen. Aber sogar Menschen, die außerordentlich gut zusammenpassen, können nicht immer ihre Prioritäten synchronisieren, und gewöhnlich kommt es dann zu Auseinandersetzungen. Es ist ein Anzeichen für die Gesundheit einer Beziehung, wenn man sich der Notwendigkeit dieser Auseinandersetzungen bewußt ist und bereit ist, sich ihnen zu stellen. Menschen, die ihren ganzen Stolz in ihre Prinzipien legen und nicht so sehr in ihre Beziehung, ziehen es vor, um dieses Stolzes willen zu leiden, anstatt um das Wachstum ihrer Beziehung zu kämpfen. Menschen, für die der Partner wichtiger ist als ein bestimmtes Prinzip, sind in ihrem Kampf um bestimmte Prioritäten und Vorlieben sehr viel flexibler.

Wir hören sehr häufig den Vorwurf der Unvereinbarkeit. Es gibt eine Form von Unvereinbarkeit und Unverträglichkeit, die auf einen Mangel an gegenseitiger sexueller Anziehungskraft zurückgeht. Aber in den meisten Fällen wird plötzlich dann das Wort von der Unvereinbarkeit geäußert, wenn die Motivation und der Wille, sich zu bemühen und einzusetzen, fehlen.

Sehr eng verbunden mit unserer Bereitschaft, uns zu bemühen und zu kämpfen, ist unsere persönliche Beziehung zu Mangel und Frustration. Mangel und Frustration sind universelle Lebenstatsachen: Wir begegnen ihnen, sobald wir das Licht der Welt erblicken und sind mit ihnen das ganze Leben lang konfrontiert. Unsere Anpassungsfähigkeit, die Fähigkeit, uns mit Frustrationen abzufinden und einen »modus vivendi« zu finden, hat einen entscheidenden Einfluß auf unsere Fähigkeit zum Glück. Es ist auch der Maßstab unserer Fähigkeit, Frustration und Angst zu ertragen, und er spielt eine sehr große Rolle bei der Entwicklung einer bestimmten Stimmung. Eine heitere Stimmung ist beispielsweise unmöglich, wenn wir auf jeden Mangel, jede Frustration mit Wut, Selbsthaß und Verbitterung reagieren.

Jedesmal, wenn wir eine Wahl treffen, müssen wir dafür etwas anderes aufgeben, denn wir müssen dann auf jeden Fall bestimmte Möglichkeiten zurückweisen, ob es sich nun um unseren Beruf handelt, um die Auswahl unserer Nahrung oder um die vielen Möglichkeiten, wie wir unsere Zeit verbringen, wo wir leben wollen, wie wir Ferien machen. Das Leben ist ganz einfach nicht lang genug, um alle möglichen Erfahrungen zu machen. Es ist notwendig, bestimmte Prioritäten zu setzen, eine Wahl zu treffen und mit der Frustration, nicht alles zugleich haben zu können, umgehen zu lernen. Die Alternative ist das Chaos.

Bei Beziehungen geht es auch zu einem großen Teil um das Zurückweisen bestimmter Möglichkeiten. Wir können nicht eine unendliche Anzahl von Beziehungen zu gleicher Zeit haben. Damit eine Beziehung überhaupt funktionieren kann, müssen wir uns zumindest in einem ganz geringen Maße selbst beschränken. Wir müssen beispielsweise unser eigenes Redebedürfnis unterdrücken, wenn wir dem zuhören, was ein bestimmter Mensch uns sagt. Wir müssen jedesmal, wenn wir etwas Persönliches von uns mitteilen, unsere eigene Intimsphäre ein wenig aufgeben.

In diesem Leben ist es nur möglich, daß wir einige von vielen

Entscheidungen treffen. Deshalb können wir, wenn wir uns um ein Wahrnehmen der Realität, um ein realitätsbezogenes Leben bemühen, nicht immer darauf verlassen, daß wir die »beste« Entscheidung treffen - wir müssen vor allem sehr klar wissen, daß wir beim Treffen einer Entscheidung immer etwas aufgeben müssen. Leider bereitet uns unser kulturelles Umfeld auf diese Art von Kampf und Bemühung nicht besonders gut vor, denn es wird uns fortwährend eingehämmert, daß wir uns mit keinem bißchen weniger als mit »allem« zu »jeder Zeit« zufriedengeben dürfen.

Da der Zustand eines bestimmten Mangels in unserem Leben zu jeder Zeit gegenwärtig ist, ist unsere Reaktion auf diesen Mangel wichtiger als die Frage, was wir im Einzelfall vermissen und aufgeben müssen. Eine schlechte Anpassung an bestimmte Erfahrungen des Mangels und der Frustration führt zu einem Leben voller Enttäuschungen, Zynismus und sogar Hoffnungslosigkeit und Verzweiflung. Man findet durchaus Paare, die meinen, sie seien die einzigen, die unter bestimmten Frustrationen zu leiden haben und nicht alles haben können. Sie führen ein Leben voller chronischer Depression. Manche dieser Menschen werden zu ewigen Jammerern, weil sie meinen, sie seien immer besonders arm dran.

Das Leben ist nicht leicht. Es erfordert von uns, zu wählen und Entscheidungen zu treffen. Es gibt Zeiten, in denen wir tatsächlich unter Mangel zu leiden haben. Eine Entscheidung zu treffen, ist in gewisser Weise durchaus mit einem Verzicht gleichzusetzen. Wenn wir uns ehrlich einsetzen und bemühen, dann können wir einen Verzicht gelassener akzeptieren. Wenn wir kommunizieren und zu anderen Beziehungen aufbauen wollen, dann ist es absolut notwendig, daß wir uns ehrlich einsetzen und bemühen. Neurotisches Leiden steht der Kommunikation im Wege. Im wesentlichen geht der entscheidende Kampf darum, den eigenen ungesunden Stolz zu erkennen, zu verstehen und möglichst herabzuschrauben. Dies bedeutet dann zugleich einen Kampf um eine wirkliche Selbstannahme und um liebevolles Einfühlungsvermögen in sich selbst. Und diese Liebe zu sich selbst wird dann unweigerlich auch eine Liebe zu denen, mit denen wir eine Beziehung haben.

Lösungsansätze bei Meinungsverschiedenheiten und Auseinandersetzungen

Wenn wir mit einer gesunden Art der Auseinandersetzung - mit uns selbst und mit unseren Partnern - rechnen, dann bedeutet das, daß wir auch auf Meinungsunterschiede und Kämpfe mit unserem Partner gefaßt sind, daß wir sie als Zeichen von Gesundheit ansehen. Wir dürfen diese normalen Meinungsunterschiede nicht verwechseln mit einem wirklichen Zusammenbruch der Kommunikation und mit Unvereinbarkeit der Charaktere. Wenn die Kommunikation wirklich zusammenbricht, dann gibt es entweder nur für den Augenblick keine gemeinsame Grundlage, oder diese Basis ist überhaupt nicht erreichbar. Dieser Zustand tritt am häufigsten dann ein, wenn wir unbedingt unseren Stolz wahren wollen und uns dies wichtiger ist als das Übermitteln einer Botschaft. Bei Unvereinbarkeit der Charaktere können keine Botschaften mehr gesendet werden, denn es besteht ein Mangel an gemeinsamen Erfahrungen, an ähnlich gelagerten Interessen, an gemeinsamen Zielen. Der Zusammenbruch der Kommunikation ist häufig nur vorübergehend, aber er kann sich auch lange hinziehen. Mißverstehen und Unvereinbarkeit sind gewöhnlich chronisch und können nur durch länger anhaltende, intensive Bemühungen geheilt werden. In beiden Fällen bedarf es einer sehr starken Motivation und Selbstprüfung.

Wenn wir einmal annehmen, daß der Zustand des Nicht-im-selben-Rhythmus-Seins, von dem ich schon früher gesprochen habe, eine Tatsache des menschlichen Lebens ist, dann erkennen wir zugleich auch, daß alle Arten von Meinungsverschiedenheiten in einer Beziehung unvermeidlich sind. Sehnsüchte, Gefühle und Meinungen werden für jedes Mitglied einer Beziehung von Zeit zu Zeit ganz unterschiedlich sein. Kurz gesagt: Die Partner werden nicht immer alles mit denselben Augen betrachten. Die

Art und Weise, wie man mit diesen Unterschieden umgeht, ist wichtiger als die Unterschiede selbst.

Ein guter Kampf ist auf jeden Fall eine gute Sache. Obwohl unter idealen Bedingungen vielleicht nicht einmal ein Kampf sein muß, sondern vielmehr ein leidenschaftliches Streitgespräch oder ein heftiger Dialog. In einem guten Kampf finden keine persönlichen Angriffe statt. Der Kampf geht um die Sache, die gerade anliegt, nicht darum, über den anderen persönlich zu triumphieren. Der Angriff zielt auf die Meinung des anderen Menschen, aber er ist in keiner Weise ein Angriff auf die *Person,* die für jene andere Meinung eintritt.

Zugleich ist der wichtigste Aspekt eines guten Kampfes, daß beide Partner sich offen und ehrlich verhalten. Nur sehr weniges wird bewußt zurückgehalten oder verdrängt. Es gibt keinen Rest von schlechten Gefühlen, der in unangemessener Weise zu einem späteren Zeitpunkt explodieren kann oder der verlagert wird, um dann in gegenseitiger Sabotage Ausdruck zu finden. In einem fairen Kampf ist es nicht das Ziel, die Gefühle des Partners zu verletzen, deshalb fühlt man sich ungehemmt beim offenen Äußern seiner eigenen Empfindungen. Man erlaubt seinen Gefühlen, frei zu fließen.

Merril und Philip können sich nicht darüber einigen, in welche Schule ihr Sohn Tom gehen soll. Philip sagt deutlich, was er vorziehen würde und warum er diese Meinung hat. Merril äußert ebenfalls, was ihr am liebsten wäre. Trotz ihrer Meinungsverschiedenheiten bleibt ihr Verhältnis zueinander ungestört, obwohl Philip allmählich sehr dramatische Töne anschlägt und seiner Frau Merril mit sehr lauter Stimme vorhält, wie einsam er sich doch früher im Internat gefühlt hat und wie wütend er deshalb auf seine Eltern war. Merril macht Philip deutlich, daß sie schreckliche Angst davor hat, Tom allzusehr zu beschützen, wenn sie ihn zu Hause behält. Viele Aspekte und Punkte werden diskutiert, und beide prüfen sehr gründlich, welches die beste Schule für Tom sein könnte. Philip sagt nicht: »Du hast doch nur Angst, daß Tom dir immer am Schürzenband hängen wird«, und Merril greift auch Philip nicht dafür an, daß er sich als Junge schwach und einsam fühlte. Ihr »Kampf« endet in einer konstruktiven Entscheidung. Sie fühlen sich einander näher, als diese Entscheidung einmal getroffen ist, denn beide haben sich einander offen und in ihren starken Gefühlen verletzlich gezeigt.

Der Kampf, den Merril und Philip ausfechten, ist durch folgende Merkmale gekennzeichnet:

1. Es gibt keine Externalisierungen oder Projektionen.
2. Keiner der beiden Partner stellt Ansprüche aufgrund seiner Vorurteile, seiner speziellen Bedürfnisse oder einer privilegierten Position.
3. Es gibt keine hemmenden Ängste in irgendeiner Form.
4. Keiner der beiden hat das Bedürfnis zu bestrafen oder eine bestimmte Überlegenheitsposition herzustellen.
5. Ihre Argumente orientieren sich an der Sache und nicht an der Person.
6. Die Argumente sind nicht bösartig oder rachsüchtig. Sie zielen nicht darauf ab, über die andere Person zu triumphieren.
7. Merril und Philip haben keinen falschen Stolz.
8. Argumente werden benutzt, um Meinungen, Gefühle und Informationen zu übermitteln. Es gibt keinen Gewinner und keinen Verlierer.
9. Nach der Auseinandersetzung fühlt sich keiner der beiden Partner mißbraucht oder überrumpelt, und es gibt keine Schuld- oder Triumphgefühle.
10. Ihre Auseinandersetzungen bewirken gewöhnlich eine gewisse sachliche Klärung und manchmal auch eine Meinungsänderung.
11. Ein Zugeständnis wird nicht als Niederlage erlebt.
12. Nach dem Streit ist aller Ärger vergessen, und beide fühlen sich ausgesprochen wohl.

Für mich sind *gute* Kämpfe die kleinen Auseinandersetzungen, die zwischen Freunden immer wieder stattfinden. Wenn diese kleinen Kämpfe nicht ausgetragen werden, dann ist das Resultat häufig ein großer Streit. Eine Explosion, in der sich lange Angestautes entlädt, kann jedoch sehr viel Schaden anrichten. Aber der gute Kampf bedeutet eine Übung in Freundschaft; denn ein freies Ausdrücken und ein freier Austausch von Gefühlen ist das Wesen jeder Freundschaft. Eine Beziehung, in der dauernd auf alles mögliche geachtet und Rücksicht genommen werden muß, ist eine begrenzte, manipulative Freundschaft. Tatsächlich ist so vieles, was man für Übereinkunft und Zustimmung hält, in Wirklichkeit leider nur ein zwanghaftes Sichanpassen. Man versucht dadurch, unfreundliche, wütende Gefühle zu maskieren. Das Auslöschen der eigenen Persönlichkeit auf dem Altar der Freundschaft hat letztendlich auf die Freundschaft selbst eine destruktive Wirkung. Denn es muß unbedingt ein Selbst geben, zu dem der Partner eine Beziehung entwickeln kann, vor allem dann, wenn der Partner ein Freund ist. Die Bereitschaft und die Fähigkeit guter Freunde, sich zu verändern, zu wachsen und durch gute Auseinandersetzungen immer noch bessere Freunde zu werden, ist für eine Beziehung von wesentlicher Bedeutung und ein Maßstab für ihre Qualität.

Leidenschaft

Wir haben es schon an anderer Stelle erörtert: Die intensiven Gefühlsexplosionen, welche die Verliebtheit kennzeichnen, sind gewöhnlich sehr kurzlebig. Und ganz sicherlich hat diese Form der »Leidenschaft« in einer kreativen, gesunden und langfristigen Beziehung nur sehr wenig Bedeutung. Solche starken Formen von Erregung sind sehr schwierig aufrechtzuerhalten, wie stark die anfängliche sexuelle Anziehungskraft oder Idealisierung auch gewirkt haben mag. Viele warten ihr ganzes Leben lang darauf, daß der »richtige Mensch« endlich kommt, und überwältigen diesen Menschen dann mit leidenschaftlichen Ausbrüchen emotionaler Idealisierung. Bei einigen geschieht das allerdings niemals. Sie leben in einem Zustand der andauernden Scheinerregung, gemischt mit Hoffnungslosigkeit, mit Gefühlen von Furcht und Einsamkeit. Für andere, denen ein solcher vermeintlicher Idealpartner wirklich über den Weg läuft, verwandeln sich die explosiven Gefühle der anfänglichen Verliebtheit in eine sadomasochistische Falle. Die Beziehung ist immer noch mit »Leidenschaft« geladen, aber diese Leidenschaft ist nur ein Ersatz. Wenn sie nachläßt, dann zerbricht die Beziehung häufig daran, denn sie war im wesentlichen nur auf dieser Form des leidenschaftlichen Zusammenspiels und auf sehr wenig anderem aufgebaut. Beide Partner sind dann häufig sehr enttäuscht, wenn sich ihre Erwartungen an eine leidenschaftliche Beziehung nicht erfüllt haben, und jeder läßt seine Enttäuschung am anderen aus.

Dieses frühe Auseinanderbrechen einer Beziehung verhindert, daß sie ausreichend Bestand hat, um bei denen, die an ihr teilhaben, einen wirklichen Zustand langanhaltender, leidenschaftlicher Gefühlswärme hervorzurufen. Denn Leidenschaft kann, im Gegensatz zur Verliebtheit, über sehr lange Zeit hinweg aufrechterhalten werden, selbst dann, wenn sie sehr stark ist. Diese Art von Leidenschaft kennen außerordentlich unreife, unentwikkelte und oberflächliche Menschen nicht. Den starken Narzißten ist sie ebenfalls fremd. Es gibt sie auch nicht bei Menschen, die einander nicht kennen und die vielleicht nur sehr kurzlebige Beziehungen haben.

Die Leidenschaft, die ich in diesem Zusammenhang meine, entsteht aus liebevoller Fürsorge. Sie ist charakterisiert durch sehr starke, tiefe Gefühle für den anderen Menschen. Sie wird auch im sexuellen Bereich erfahren. Auf jeden Fall haben die Gefühle, die damit in Zusammenhang stehen, fast immer eine therapeutische Wirkung, sie erzeugen ein Gefühl des Wohlbefindens, eine Art von innerem, warmem Glühen. Diese Leidenschaft hat die Neigung zu wachsen und im Laufe der Zeit wirklich aufzublühen.

Es darf hier jedoch kein Mißverständnis geben: Ich meine nicht die besessene Beschäftigung mit einem anderen Menschen, die aus der krankhaften Abhängigkeit kommt und eigentlich nur eine große Angst vor der Trennung ausdrückt. Ich meine echte Leidenschaft, das wirkliche Aufrühren machtvoller, lebendiger Gefühle zu einer Person, die wir lieben und für die wir sorgen – sogar mehr als wir für uns selbst sorgen. Zwar schließt solche Haltung Selbstsucht und Narzißmus aus, zugleich verlangt sie aber nicht nach einer krankhaften, abhängigen Aufgabe der eigenen Persönlichkeit. Ganz im Gegenteil. Wir brauchen ein sehr starkes eigenes Selbstbewußtsein, wirkliche Werte, spontane Vitalität und Kontakt mit unseren inneren Gefühlen, um uns wirklich um jemanden kümmern, für ihn sorgen zu können und erfüllt zu sein von der leidenschaftlichen Freude, die eine solche Fürsorge mit sich bringt. Sie braucht auch ihre Zeit: Zeit, um Gefühle einzusetzen, einmal einen Schritt zurückzugehen, sich zusammenzuschließen, eine gemeinsame Geschichte aufzubauen, sich auszutauschen, füreinander zu sorgen. Jede leidenschaftliche Beziehung ist ein Prozeß, der sich erst entwickeln muß. Die Fragen, die man in einem solchen Zusammenhang stellt, sind nicht: »Ist sie gut genug? In welcher Weise berührt und beeinflußt sie mich? Wie passen wir zusammen? Liebt sie mich?«, sondern: »Wie kann ich ihr helfen? Wie kann ich Freude in ihr Leben bringen?«

Diese Art von leidenschaftlicher Fürsorge entsteht nicht daraus, daß man selbst geliebt wird, und nicht daraus, daß wir uns durch den »idealen« Partner inspiriert fühlen. Sie wird geboren aus der Fähigkeit zu lieben, einen anderen Menschen aktiv liebzuhaben, ohne Angst davor, zurückgewiesen oder angegriffen zu werden. Es gibt dabei keine Garantie, daß man die eigenen Gefühle auf dieselbe Weise wieder zurückbekommt. Ein solcher leidenschaftlich liebender Mensch liebt nicht auf wilde, impulsive oder zwanghafte Weise. Seine Liebe richtet sich fast immer auf einen gleichermaßen reif entwickelten Menschen, der diese leidenschaftliche Entwicklung ebenfalls teilt und vervollkommnet, der die Art von Gefühlsaustausch ermöglicht, der das Kennzeichen für eine wirkliche und liebevolle Beziehung ist.

Schließlich verlangt eine wirkliche und tiefe Beziehung von beiden Partnern die Fähigkeit, sich bewußtzumachen, wann man den anderen ungerecht verletzt hat und sich anschließend mit relativem Gleichmut zu entschuldigen. Dasselbe gilt für das Empfinden und das Ausdrücken von Dankbarkeit. Keine dieser beiden Gefühlshaltungen hat etwas zu tun mit zwanghafter oder manipulativer, einschmeichelnder Unterwürfigkeit oder mit einer herablassenden, nur schlecht verborgenen Feindseligkeit. Ich spreche hier nur von den eigentlichen, echten Gefühlen.

Ich habe schon seit langem erkannt und empfunden, daß Demut eine der stärksten therapeutischen Kräfte ist, über die wir verfügen. In Beziehungen sind Entschuldigungen und Dankbarkeit die aktiven Übermittler von Demut. Demut darf nicht mit Demütigung verwechselt werden. Das eine ist das genaue Gegenteil des anderen.

Demütigung entsteht aus verletztem Stolz. Sie schließt ein wirkliches Sichentschuldigen, Dankbarkeit, Vergeben und Verzeihen aus. Durch Demütigung entsteht versteckte Wut. Dadurch wird eine ehrliche Kommunikation nur verhindert. Durch sie werden akute Probleme zu einer chronischen Belastung und Gefühle von Ungerechtigkeit, Mißbrauch und Verletzung hervorgerufen.

Demut ist im Kern das Wissen darum, wer wir sind, sowohl in Hinblick auf unsere Vorzüge als auch auf unsere Beschränkungen. Sie ist der Eckpfeiler einer wirklich für sich selbst gefundenen Identität, für das Akzeptieren seiner selbst. Sie erzeugt liebevolles Einfühlungsvermögen und Verzeihen, vor allem das Verzeihen der eigenen Fehler. Sie ist die stärkste Waffe gegen den falschen Stolz.

Dankbarkeit und die Bereitschaft, sich zu entschuldigen, stehen in sehr engem Zusammenhang mit der Demut, die man in einer Beziehung entwickelt. Dankbarkeit bedeutet, daß man Wärme und Freundlichkeit anerkennt. Gesunde Menschen wissen dies zu schätzen, zwar nicht in der Weise, wie der Narzißt sich nach Bewunderung und Beifall sehnt, und auch nicht in der Weise, wie ein unterwürfiger Mensch das Bedürfnis hat, von allen gemocht zu werden, sondern als klarer und wirklicher Ausdruck von Gefühlen.

Eine Entschuldigung kann dazu verhelfen, den eigenen ungesunden Stolz zu überwinden. Darüber hinaus ist sie ein Symbol und ein Signal der eigenen Fehlbarkeit, der Begrenzungen, denen Menschen unterworfen sind, und der Fähigkeit, sich zu irren. Sie ist ein Zeichen für Menschlichkeit und beweist, daß man die Gefühle und Empfindlichkeiten des Partners respektiert. Darüber hinaus ist die Bereitschaft, sich für seine Fehler und Irrtümer zu entschuldigen, ein Anzeichen dafür, daß man Kommunikation und eine ehrliche Beziehung für wichtiger hält als das gewaltsame Aufrechterhalten von bestimmten, durch Stolz diktierten Positionen von Perfektion, Überlegenheit und willkürlicher Rechthaberei.

Wie hart wir auch immer an unseren Beziehungen arbeiten, wieviel Mitgefühl und echte, liebevolle Gefühle wir in ihnen auszudrücken versuchen – es wird immer Mißverständnisse geben. Wir leben in einer unvollkommenen Welt, und wir selbst sind unvollkommene Menschen. Eine ehrliche Entschuldigung und ehrliche Dankbarkeit unterstützen das Wachstum liebevoller Gefühle – trotz aller Mißverständnisse und Verwirrungen. Harte Ecken und Kanten werden durch diese Haltungen und Gefühle geglättet. Sie helfen uns, Angriffe und Rachsucht zu verhindern, und dienen uns dazu, eine immer größere Harmonie mit unseren Partnern zu erreichen.

Schlußfolgerung

Eines ist sicherlich aus den bisherigen Erörterungen deutlich geworden: Die Art und Weise, wie wir zueinander in Beziehung treten, ist ein deutlicher Ausdruck und Gradmesser unserer psychischen Gesundheit. Durch eine destruktive Beziehung oder auch durch destruktive Aspekte in einer relativ gesunden Beziehung werden unsere Gefühle verzerrt und gedämpft. Verdrängte Gefühle können dann in anderer Form wieder an die Oberfläche kommen, etwa dadurch, daß ein chronisch ängstlicher Mensch bestimmte Körpersymptome wie Magengeschwüre entwickelt. Unklare, verzerrte Gefühle können durch gegenseitige Sabotage zum Ausdruck kommen, so etwa wenn ein Geschäftspartner dem anderen bestimmte Fallen legt, weil er nicht weiß, daß er dem anderen gegenüber überhaupt feindselige Gefühle hegt. Ein Dämpfen und Abstumpfen der Gefühle zeigt sich in einer allgemeinen Gefühlskälte, etwa in Aussagen wie: »Ich weiß nicht, welche Gefühle das in mir hervorruft« oder »Ich fühle überhaupt gar nichts in dem Zusammenhang«. In extremen oder chronischen Fällen kann ein solches Unterdrücken von Gefühlen zu Depressionen führen. Beziehungen, in denen die tödliche Kraft der Verdrängung weniger offensichtlich ist, werden häufig als »friedlich« charakterisiert, während sie doch in Wirklichkeit aus einem reinen Gefühlsvakuum bestehen. Aber immer, wenn die Beziehung zwischen den einzelnen Menschen, die an ihr teilhaben, kein freies Fließen von Gefühlen erlaubt, dann wird das Leben der Partner geradezu verschmutzt durch Gefühle von chronischer Hoffnungslosigkeit, Neid, Eifersucht, Besitzanspruch, Müdigkeit, durch ernste Körperbeschwerden, Grausamkeit, Angriffe und Vorwürfe, durch Einsamkeit, eine neurotische Anspruchshaltung, Übertragungen, Angst, Depression und innere Leere. Und eben dieses Gefühl der Leere kann häufig auch von Menschen, die außerhalb dieser Beziehung stehen, empfunden werden, wenn sie die gegenseitige Sabotage bemerken oder selbst von ihr betroffen sind.

Zerstörerische Beziehungen haben ihre eigenen Gesetze und ihren eigenen Energiehaushalt, durch den sie jahrelang in einem bestimmten Gleichgewicht fortbestehen - manchmal sogar ein ganzes Leben lang. Das Gefühl, unbefriedigt oder im allgemeinen unglücklich zu sein, kann zusammen mit den Fallen und Sackgassen, die durch solche Gefühle erzeugt werden, zu einer Lebensform werden. Die Rollen, die durch unsere neurotische Knechtschaft immer weiter am Leben erhalten werden, sind zum Teil deshalb so zählebig, weil sie uns vertraut geworden sind und weil es uns Angst macht, uns auf ein unbekanntes Territorium zu begeben - wieviel Glück dies neue Territorium auch immer in sich bergen mag. Unbeweglichkeit und Trägheit spielt vor allem in Familienbeziehungen eine enorm große Rolle. Das Unglück, das für eine destruktive Beziehung charakteristisch ist, wird auch unweigerlich die Kinder beeinträchtigen, die dann selbst das unglückliche Beispiel, das sie von den Eltern vorgeführt bekommen haben, in ihrem eigenen Leben weiterführen.

Ein Ausbrechen aus dem Teufelskreis eines destruktiven Beziehungsmusters ist selten ohne Bewußtsein und Motivation möglich. Viele Menschen sind schon seit so langer Zeit deprimiert und haben schon seit so langer Zeit eine unglückliche Beziehung, daß sie sich anderer Möglichkeiten überhaupt nicht bewußt sind. Tatsächlich zeigt sich dieser Mangel an Sensibilität, Wachheit und Bewußtheit auch in ihrem Beziehungsverhalten. Sehr häufig verhalten sie sich dann sehr skrupellos und rigide. Sie neigen dazu, die Welt in Schwarzweißfarben zu sehen und bemühen sich nicht wirklich darum, einander zu verstehen. Sie ziehen sich schnell auf »Positionen des Stolzes« zurück und sind häufig voller Furcht und Mißtrauen.

Aber diese Art von Beziehung steht den gesunden Neigungen der Menschen entgegen.

Solange es überhaupt ein Fünkchen von spontaner Lebendigkeit bei einem der Beziehungspartner gibt, droht die neurotische Falle aufzubrechen, und es bedarf, wie wir gesehen haben, konstanter Anstrengungen der Beteiligten, um die Falle geschlossen zu halten. Eine destruktive Form der Beziehung - sei sie nun offen antagonistisch oder nur sehr subtil feindselig – erfordert sehr viel mehr Zeit und Energie als eine gesunde Beziehung. Das Aufrechterhalten von rigiden, beschränkten und sogar monströsen Beziehungsmustern setzt häufig eine verbissene, ausschließliche Beschäftigung mit dieser Beziehung voraus. Manchmal lassen besonders kranke Beziehungen keinen Raum für andere Aktivitäten oder Freundschaften. Solche Beziehungen entwikkeln sich nicht selten zu abgekapselten, bizarren kleinen Welten mit fast gar keiner Beziehung zur Realität. Eine gesunde Beziehung – eine kooperative oder kreative Form der Beziehung – zeichnet sich dadurch aus, daß den Partnern spontanes Verhalten leichtfällt. Wenn beide Partner nicht fortwährend versuchen, sich gegenseitig dazu zu zwingen, sich entsprechend bestimmter, ungeschriebener Regeln zu verhalten und unausgesprochene Forderungen zu erfüllen, dann können sie dem Kampf um ein gegenseitiges Verständnis und Wachstum mehr Zeit widmen. Wenn sie nicht dauernd damit beschäftigt sind, sich gegenseitig immer wieder zu übertreffen und hereinzulegen, dann stehen ihnen mehr Energien für Interessen und Aktivitäten außerhalb der Beziehung zur Verfügung. Dies garantiert wiederum, daß man förderliche Impulse von außen bekommt und daß man die Welt und die menschlichen Lebensbedingungen deutlicher und klarer wahrnimmt. Diese Art von Beziehung ist für jeden von uns erreichbar, wenn wir uns nur darum bemühen. Und wenn wir uns um offenere und ehrlichere Beziehungen bemühen, dann bedeutet das zugleich, daß wir uns um unser eigenes Selbst, um unseren Persönlichkeitskern bemühen. Denn wenn wir zueinander auf ehrliche, kooperative und liebevolle Weise in Beziehung treten, dann gewinnen wir dadurch auch Einblick in bisher vielleicht versteckte, wertvolle Anteile unserer Persönlichkeit. So wie kranke Beziehungen auf Verdrängung aufgebaut sind, so verlangen und fördern gesunde Beziehungen Offenheit und Spontaneität. In dem Maße, wie wir kreative Beziehungen zueinander aufbauen, setzen wir in uns das Beste frei, was wir uns selbst und anderen zu geben haben.

VII
Ein therapeutisches Spiel

Spielanleitung

Dieses Spiel ist für zwei oder mehrere Partner – Lebenspartner – gedacht: Mann und Frau, ein Liebespaar, Vater oder Mutter und Kind, Freunde. Der Zweck dieses Spieles ist es, zu einer konstruktiven Beziehung beizutragen. Es ist nicht nur eine einfache Übung, um sich von Gefühlen zu befreien, es zielt vielmehr darauf ab, eine langanhaltende Wirkung von Veränderung und Wachstum zu erzielen, zu einer wirklichen Einsicht zu verhelfen.

Die Regeln sind einfach zu verstehen, aber das Spiel ist schwer zu spielen. Für das Spiel bedarf es einer starken Motivation. Die wesentliche Regel des Spiels ist, daß während des Spielens die Beziehung immer wichtiger ist als die einzelnen Spieler.

Das Spiel kann dann nicht stattfinden, wenn persönliche Interessen wichtiger sind als die Beziehung selbst. Wir müssen uns später immer daran erinnern, daß es in diesem Spiel wesentlich ist, daß die Beziehung gewinnen soll. Durch einen konstruktiven Beitrag zu der Beziehung gewinnt dann wiederum jeder einzelne Partner. Aber der Zweck des Spieles darf niemals in ein bestimmtes Ziel umgewandelt werden: daß nämlich ein Partner über den anderen bestimmen soll.

Alles, was ich hier aufliste, wird dem Spiel hinderlich sein oder wird sogar destruktive Wirkungen haben:

Selbstrechtfertigung

Rechthaberei, Selbstgerechtigkeit

Das Aufstellen von Forderungen und Ansprüchen

Externalisierungen, Beschuldigungen

Einander unterbrechen

Manipulation

Anschuldigungen, Angriffe

Den anderen anschwärzen, zum Bösewicht machen

Schuldgefühle oder zwanghafte Geständnisse

Verbitterte Gefühle des Mißbrauchtwerdens
Stolz
Sorge darum, ob man gemocht wird
Sorge darum, ob man Bewunderung bekommt
Sorge darum, ob man respektiert wird
Das Hinzuziehen einer (nicht-professionellen) dritten Partei als Schiedsrichter, Zuhörer oder Richter
Beurteilen und Moralisieren
Verurteilen, verdammen
Erwartung von Belohnung oder Anerkennung
Jede Art von Tyrannei
Bewußte Lügen, vorsätzliche Verdrehung der Tatsachen, Übertreibungen

Der Sinn dieses Spieles ist es, uns dabei zu helfen, etwas wahrzunehmen, ohne dabei zugleich in Werten zu urteilen und aus unseren Wahrnehmungen unmittelbare Schlüsse zu ziehen. Das Vermeiden eines kritischen Urteils ist sehr schwierig, aber auch außerordentlich lohnend. Dadurch lernen wir, nicht zuzulassen, daß unsere Gefühle unsere Wahrnehmung verzerren. Wir werden dadurch auch keine Moralurteile fällen – dies würde den Fortgang des Spieles auch nur hindern. Was durch das Spiel in einer Beziehung erreicht werden soll, ist Einsicht, nicht Gefühle der Befriedigung, die aus Rechthaberei entstehen.

Vorgehensweise und Spielverlauf

Ich schlage vor, daß das Spiel jeden Tag zur gleichen Zeit gespielt werden soll – und zwar am Anfang nicht länger als 20 Minuten. Wenn Sie erst einmal das Gefühl haben, daß Sie und Ihr Partner beginnen, sich besser zu verstehen, sich auf eine ähnliche Wellenlänge einzustellen, dann kann der Zeitraum ausgedehnt werden. Aber dies wird wahrscheinlich zumindest einige Monate lang erst einmal noch nicht eintreten. Der Versuch, die Dauer des Spiels auszudehnen, bevor die Spieler auch dazu bereit sind, bewirkt gewöhnlich nichts als Gefühle von Müdigkeit und Erschöpfung, Angst oder einen Abbruch des Spiels. Jedoch dürfen die 20 Minuten auf keinen Fall von äußeren Ereignissen unterbrochen werden. Soweit dies möglich ist, müssen Sie sich voll und ganz auf das Spiel konzentrieren.

Zehn Minuten lang konzentrieren sich die beiden Partner darauf, wie sie beide einem von ihnen dabei helfen können, irgendeine persönliche Schwierigkeit, die er hat, klarer zu sehen und zu beheben. Dann konzentriert sich die Aufmerksamkeit für weitere zehn Minuten auf den anderen Spieler. »Wie können *wir* dir helfen?«, ist die entscheidende Frage. Nicht: »Wie kann ich dir helfen?« »Ich« ist nicht dasselbe wie »wir«. Durch das »Wir« wird die Trennungslinie auf konstruktive Weise abgebaut, und es wird dadurch möglich, ein Konzept des »Wir« zu entwickeln.

So sagt zum Beispiel Alice zu Edward: »Wir wollen dir beide helfen.« Dann, nach zehn Minuten sagt Edward zu Alice: »Laßt uns beide *dir* helfen.«

Um spielen zu können, muß Edward sein Problem deutlich klarlegen und die Verantwortung dafür übernehmen. Er darf dafür niemals Alice beschuldigen. Und Alice muß in ihren zehn Minuten dasselbe tun. Vergegenwärtigen Sie sich immer wieder, daß Externalisierungen, Übertragungen, Ansprüche und Beschuldigungen das Spiel zerstören werden!

Wenn Edward also sagt »Ich habe Schwierigkeiten mit der Art, wie du Geld ausgibst. Wenn ich dich dazu bringen könnte, weniger auszugeben, dann hätte ich in diesem Bereich kein Problem«, dann zerstört er das Spiel. Dies ist eine Externalisierung. Edward spielt hier auf ein Problem an, das Alice hat. Die Verantwortung wird auf Alice geschoben. Dies soll dazu dienen, Schuldgefühle zu erzeugen. Das Resultat wäre genau das Gegenteil dessen, was das Spiel bezweckt.

Wenn Edward sagt: »Ich habe Angst wegen des Geldes. Ich habe das Gefühl, daß nicht genug dasein wird. Wenn Geld ausgegeben wird, dann werde ich wütend«, dann ist er fähig und bereit, das Spiel richtig zu spielen.

Alice kann dann sagen: »Laß uns einmal deiner Angst wegen des Geldes nachgehen.« Vielleicht besprechen Sie dann beide die Rolle des Geldes und was es für Edward bedeutet, vor allem welche Gefühle es in ihm auslöst, wenn es immer weniger wird. Und sie diskutieren auch, wie die Realität von Edwards Situation in bezug auf das Geld aussieht. Sie werden über Edwards Wut diskutieren, vielleicht auch über die Beziehung zwischen dieser Wut und seiner Angst zu verarmen und darüber, was er tun kann, wenn er wütend wird.

Anschließend tun beide natürlich gemeinsam dasselbe für Alice. Alice sagt vielleicht: »Ich fühle mich schrecklich schlecht, wenn ich zu irgend jemandem ›nein‹ sagen muß.« Edward muß sie dann dazu ermutigen, diesen Gefühlen nachzugehen, über ihr Bedürfnis, gemocht zu werden, zu sprechen, über ihre Befürchtung, nicht von allen geliebt zu werden, den Ärger und die Wut anderer auf sich zu ziehen etc. Er muß sich auf jeden Fall davor hüten zu beurteilen oder zu bestrafen.

Niemals darf das, was in dem Spiel besprochen wird, als Waffe gegeneinander eingesetzt werden, genausowenig wie ein Analytiker Informationen, die er von einem Patienten bekommt, gegen ihn verwendet.

Während der gesamten 20 Minuten darf Edward nichts von Alices Anteil der Zeit für sich selbst in Anspruch nehmen und umgekehrt.

Zielsetzung und Wirkung

1. Eine Kommunikation wird in Gang gesetzt.
2. Es fördert den gegenseitigen Respekt.
3. Das Spüren der eigenen Gefühle wird eingeübt.
4. Es verstärkt Offenheit, Vertrauen, Intimität und Zärtlichkeit.
5. Es verstärkt liebevolles Einfühlungsvermögen und Sympathie.
6. Es vermittelt Wissen über die wirklichen Gefühle des anderen.
7. Es verstärkt die Verantwortungsbereitschaft für sich selbst, für die eigenen Probleme und für die Möglichkeit, mit diesen Problemen fertigzuwerden.
8. Es verstärkt die gegenseitige Kooperation, während zugleich eine Beziehung des gegenseitigen Helfens entsteht.
9. Es bricht die Fallen des Stolzes auf sich selbst und vermindert den Narzißmus.
10. Es gibt gefühlsmäßige Nahrung.
11. Selbsthaß und Hoffnungslosigkeit werden vermindert.
12. Die liebevolle Einfühlung in sich selbst und in andere wird intensiviert.

Sonderfall: Nichts steht zur Diskussion

Wenn nichts Besonderes anliegt, dann können John oder Mary die zehn Minuten dazu benutzen, um über die Bereiche zu sprechen, in die sie einen besonderen persönlichen Stolz investieren – der Stolz darauf, stark zu sein, immer recht zu haben, auf sexuelle Leistungsfähigkeit und Potenz und so weiter. Er oder sie können dann möglicherweise den Gefühlen, die diesen Bereichen anhaften, weiter nachgehen. Man könnte vielleicht auch noch einmal die Regeln des Spiels durchgehen und über das sprechen, was man gerne tun würde und was der persönlichen Selbstverwirklichung förderlich wäre.

Versuchen Sie, das auszusprechen, was auch immer Ihnen in den Sinn kommt. Versuchen Sie, eine Zeitlang frei zu assoziieren, aber wenn diese Assoziationen die Form von Anklagen annehmen, dann lassen Sie sie fallen und gehen Sie zu etwas anderem über. Vermeiden Sie es ebenfalls, Ansprüche zu stellen und sich über Ungerechtigkeiten zu beklagen.

Es ist auch eine Möglichkeit, sich einmal still zusammenzusetzen und, wenn man Lust dazu hat, sich die Hände zu halten.

Spielteilnehmer

Jeder kann es versuchen. Einige Leute werden nicht dazu fähig sein zu spielen. Die tiefe Entfremdung von ihren eigenen Gefühlen, ihr Narzißmus, ihr Stolz, ihre Rigidität, ihr Verfolgungswahn, ihre unterdrückte Wut und ihre Unreife werden es unmöglich machen. Sie brauchen zunächst einmal professionelle Hilfe. Manchmal kann ein Dritter, ein Spieler auf Zeit, helfend eingreifen, wenn er oder sie nicht dafür benutzt wird, als Schiedsrichter oder als Richter aufzutreten, der festzustellen hat, wer recht und wer unrecht hat. Seine Rolle besteht darin, den Teilnehmern zu zeigen, wie man spielt.

Wenn es sich um eine kämpferisch-destruktive Beziehung handelt, dann kann das Spiel so lange nicht gespielt werden, wie jeder Spieler für wenigstens einige Monate vor dem Beginn des Spiels zumindest sechs persönliche Probleme auflisten kann, für die sein Partner nicht verantwortlich ist.

Das Spiel als Prognose-Instrument

Die Bereitschaft und die Fähigkeit, das Spiel entsprechend seinen Regeln zu spielen, sind ein Zeichen dafür, daß die Beziehung zu Ihrem Spielpartner sich wahrscheinlich positiv entwickeln wird.

Eine Unfähigkeit zum Spielen mag ein Hinweis darauf sein, daß der entsprechende Beziehungsprozeß möglicherweise schwer gefährdet ist.

Eine dauernde Unfähigkeit zu spielen signalisiert möglicherweise, daß es sinnvoll wäre, die Beziehung zu beenden.

Die am meisten verbreiteten Gründe für die Unfähigkeit zu spielen, sind bei einem oder beiden Partnern möglicherweise die folgenden:

1. Unreife, mangelnde Entwicklung
2. Schwere Entfremdung von den eigenen Gefühlen
3. Schwere emotionale Störungen
4. Schwer zu bearbeitende Externalisierungen
5. Bösartiger Narzißmus
6. Chronischer, Metastasen entwickelnder neurotischer Stolz
7. Mangelnde Motivation
8. Ein Leben voller Illusionen
9. Überwältigender Selbsthaß

Wenn ein Mensch durch einen oder mehrere der oben genannten Faktoren beeinträchtigt ist, dann ist dies möglicherweise ein Hinweis darauf, daß er professioneller psychoanalytischer Hilfe bedarf.

Wenn man sich allerdings aufgrund einer dieser Beeinträchtigungen in eine psychotherapeutische Behandlung begibt, dann gehört dazu eine starke Motivation und eine enorme Anstrengung. Die Bereitschaft, eine solche Psychotherapie überhaupt zu beginnen, kann als ein günstiges Zeichen angesehen werden und als Hinweis dafür, daß es für die Beziehung noch Hoffnung gibt. Aber sehr viel Zeit und Geduld sind erforderlich. Menschen, die unter den oben genannten Schwierigkeiten leiden, haben nur wenig Erfahrung damit, sich anzustrengen und zu warten.

Das Ende des Spiels

Das Spiel ist dann vorbei, wenn der normale Ablauf der Beziehung und das Spiel ein und derselbe kooperative Prozeß sind. In diesem Moment haben wir eine kreative Beziehung verwirklicht. Beide Partner gewinnen dann große Befriedigung daraus, an der Selbstverwirklichung des anderen teilzuhaben. Sie kümmern sich um die gemeinsamen Gefühle und um die Bereiche, wo das Potential für eine gesunde Veränderung und ein gesundes Wachstum vorhanden sind. Sie haben eine immer weiter wachsende Fähigkeit, sich zu freuen - sowohl zusammen als auch einzeln.